DOCUMENTS

PUBLIÉS PAR LA

SOCIÉTÉ HISTORIQUE & ARCHÉOLOGIQUE DU GATINAIS

VI

RECUEIL DES CHARTES

DE L'ABBAYE DE

SAINT-BENOIT-SUR-LOIRE

RÉUNIES ET PUBLIÉES

PAR

Maurice PROU	Alexandre VIDIER
Professeur à l'École des Chartes	Archiviste-Paléographe
Membre de l'Institut	Conservateur adjoint à la Bibliothèque Nationale

Tome II. — 1ᵉʳ fascicule.

PARIS

A. PICARD ET FILS, LIBRAIRES-ÉDITEURS

82, rue Bonaparte, 82

MDCCCCXII

RECUEIL DES CHARTES

DE L'ABBAYE DE

SAINT-BENOIT-SUR-LOIRE

CLXXIV

Vers 1161-1167[1].

Hervé de Vierzon renonce aux droits qu'il prétendait sur un moulin à parer les draps, appartenant aux moines de Saint-Benoit, et sis à Ménétréol-sur-Sauldre; en récompense de quoi, l'abbé Arraud lui accorde les prières de l'abbaye, pour lui, pour son père Geoffroy, pour sa mere et ses prédécesseurs.

C, p. 327. — D, fol. 266 v°, d'après B, fol. 151 r°, n° 635.

INDIQ. : b, fol. 328, d'après B, fol. 151.—K, p. 433, d'après B, fol. 151.

Quoniam vita humana brevis est labilisque memoria, que utilia et digna relatu videntur litterarum memorie commendare patrum decrevit auctoritas. Innotescat igitur omnibus tam futuris quam presentibus quod Herveus Virsionensis dominus, quidquid juris in molendino beati Benedicti, quod est situm apud Monasteriolum, reclamabat, amore Dei et interventu domni Arraudi, abbatis Floriacensis, omnino dimisit atque concessit ut illud molendinum ad pannos[a] aptandos edificatum deinceps monachi in[b] pace et quiete et absque omni querela in

---

CLXXIV. — a. panes CD. Corr. pannos. — b. monachi nostri D.

1. Cet acte où apparaît l'abbé Arraud, n'est pas antérieur à 1161, date de l'avènement de celui-ci; le nom du cellerier Arnoul nous fixe d'autre part l'année 1167 comme date extrême; en effet, ce personnage qui, d'après d'autres chartes, exerçait cette fonction en 1160 et 1161, était remplacé en 1167 par Gimo, à qui succédait, la même année, Pierre. Les dates extrêmes d'Hervé de Vierzon (1144 à 1189 au moins) ne sauraient apporter aucune précision pour déterminer l'année où cet acte fut rédigé.

perpetuum possideant; pro remuneratione hujus beneficii concessit Arraudus abbas eidem Herveo*c* et Gofrido*d* patri suo et matri sue et omnibus antecessoribus suis beneficium et orationes totius ecclesie.

Hujus rei testes sunt ex parte Hervei, Virsionensis domini : Gaucherius et Radulfus*e* filius ejus, Guillelmus de Sancto Amando, Josbertus Petri; ex parte domni Arraudi abbatis : Arnulfus prior de Stampis, Arnulfus cellerarius, Gimo Baet*f* prior de Diaco, Helias tunc Monasterioli prior, Rainaldus Calvus, Franco Meschins, Radulfus de Stampis.

CLXXV

1161-1171[1].

Arraud, abbé de Saint-Benoit-sur-Loire, notifie à Achard, évêque d'Avranches, les concessions qu'il consent en faveur des prêtres de Saint-James-de-Beuvron, actuellement en exercice, en vue de mettre fin aux difficultés qui s'élevaient entre eux et les religieux.

C, p. 403. — K, p. 433, d'après B, fol. 183. — M, Bibl. nat., ms. lat. 12775, p. 110.

Publ. : Ménard, *Histoire de Saint-James-de-Beuvron*, p. 419, d'après C.

Venerabili domino et amico suo A., Dei gratia Abrincensi episcopo, A., ecclesie Sancti*a* Benedicti Floriacensis humilis minister, salutem et dilectionem. Sanctitas vestra non ignorat quanta mala, quanta damna ecclesie et fratribus nostris de sancto Jacobo contigerint*b* per discordiam que inter eos et presbyteros tamdiu extitisse dignoscitur. Nos autem, audientes illud Apostoli ubi ait : « Vince in bono malum »[2], necesse puta-

---

CLXXIV. — *c*. Erveo D. — *d*. Goffrido D. — *e*. Radulphus D. — *f*. Guinobaes b; Guno Baet C; Guinobaet D. Corr. Gimo Baet.
CLXXV. — *a*. beati C. — *b*. contigerit C.

---

1. Achard a été évêque d'Avranches de 1161 à 1171.
2. *Rom.* XII, 21.

vimus ut aliqua fieret dispensatio^c per quam inter eos^d pax et concordia posset reformari. Concessimus igitur presbyteris sextam partem majoris decime que est in frugibus, medietatem quoque aliarum decimarum et panum de Natali, de Pascha, de Pentecosten, de quibus omnibus nihil omnino pertinet ad presbyteratum; de centum quoque solidis qui G. Crasso persolvuntur non nisi LX reddent^e. Hoc autem eis concessimus^f in vita sua vel quandiu ipsi ecclesiam illam tenuerint. Quam tamen pactionem auctoritate vestra volumus et precamur confirmari ne ecclesia nostra propter hoc damnum patiatur^g in posterum; videlicet ut ista compositio personalis sit neque transeat de persona in personam quodque istis intuitu pacis et concordie concessimus^h alius post eos non requirat vel habeat, istisque defunctis vel ad conversionem venientibus, ecclesie qui successerit antiquum habeat^i presbyteratum. Vale^j.

CLXXVI

Vers 1161-1175[1].

Pierre, doyen, et le chapitre de Saint-Aignan d'Orléans reconnaissent qu'Arraud, abbé, et le chapitre de Saint-Benoit-sur-Loire ont concédé sa vie durant à Martin, sous-doyen de Saint-Aignan, 2 sous 4 deniers de cens qu'ils avaient sur le territoire de Bricy, sous condition de payer chaque année à la Saint-Aignan d'hiver 3 deniers au maire de Saint-Benoit à Orléans, et sous réserve de retour à l'abbaye après la mort dudit Martin de tout ce qu'il aura pu acquérir dans la terre de l'abbaye, contigue à la dite censive.

C, p. 410.

Ego Petrus, Dei gratia ecclesie beati Aniani decanus, et universum ejusdem ecclesie capitulum notum facimus presentibus

---

CLXXV. - c. disputatio K. — d. inter eos après posset K. — e. reddentur C; persolvunt M. — f. concessimus eis KM. — g. ne propter hoc eccl. nostra pat. damn. K. — h. concedimus M. — i. habeat antiquum K. — j. valete K.

---

1. Pierre de Pise fut doyen de Saint-Aignan d'Orléans vers 1161-1175 (Hubert, *Antiquitez historiques de l'église royale de Saint-Aignan*, p. 99).

et futuris quod ecclesia sancti Benedicti habet in territorio Berciaci duos solidos et iv denarios singulis annis in terra censuali, quos dominus abbas Arraudus et capitulum sancti Benedicti Martino, subdecano nostro, in vita sua habendos concessit, eo tenore quod de illis duobus solidis et iv denariis majori sancti Benedicti qui est Aurelianis tres solidos (sic) annuatim in festo beati Aniani hyemali persolvet. Quidquid autem in terra illa beati Benedicti que attinet ad censivam duorum solidorum et iv^{or} denariorum, Deo annuente, poterit acquirere vel emendando perficere ad ecclesiam sancti Benedicti post ejus obitum sine omni calumnia revertetur, scilicet ne subdecanus aliquis, successor ejus, in terra illa quam prediximus possit reclamare aliquid, ad precem prefati subdecani predictam pactionem litteris nostris fecimus confirmari et chirographo roborari.

CLXXVII

Vers 1161[1].

Guillaume, comte de Nevers, met fin à un différend entre Thomas[2] de Bar-sur-Seine et l'église de Dié, au sujet du droit de vinage : Thomas abandonne à l'église la part de vinage qu'il percevait

---

1. Des deux copies qui nous ont conservé le texte de cet acte, l'une C, donne la date 1186 et l'autre M est sans date. La date 1186 ne saurait être acceptée, car elle est jointe à des souscriptions qui appartiennent non pas à la charte du comte de Nevers mais bien à une charte du seigneur de Ramerupt (voy. plus loin à l'année 1186), et d'ailleurs, en 1186, le comte de Nevers était Pierre de Courtenay, du chef de sa femme Agnès. D'autre part, l'absence de date dans l'original est confirmée par l'analyse b. Cette analyse indique « vers 1163 », en se référant à une autre charte d'un comte de Nevers, Guillaume, en l'espèce Guillaume IV (infra n° CLXXXIII); mais l'acte concernant Thomas de Bar-sur-Seine ne peut émaner du comte Guillaume IV; on doit l'attribuer à Guillaume III à cause de la souscription de son fils Guillaume. Guillaume III fut comte de Nevers de 1147 à 1161. La souscription de Narjot de Toucy fait présumer que notre charte date d'une époque plus voisine de 1161 que de 1147; en effet, ce personnage, dont le père Itier vivait encore en 1147 (voy. n° CLIV), n'apparait dans les documents que vers 1160 (supra n° CLXXIII), et M. Ernest Petit, dans le tableau généalogique des sires de Toucy, lui assigne les dates extrêmes de 1163-1192 (*Histoire des ducs de Bourgogne*, t. VII, p. 529).

2. Ce personnage est vraisemblablement celui dont le nom se trouve dans la charte-notice de fondation de l'abbaye de Mores (s. d., vers 1152) par Guy, comte de Bar-sur-Seine, et Agnès, veuve du comte Milon. Ce document mentionne les fils de Thomas, dont trois se retrouvent ici :

en retour de la protection accordée à ladite église, et, pour le reste du vinage, qui faisait partie de son fief, il permet à l'église de le racheter; en outre, lui et ses fils répondront dans la cour du comte de toute atteinte portée aux droits de l'église à ce sujet.

C, p. 277. — M, Bibl. nat., ms. lat. 12776, p. 471.

INDIQ. : *b*, fol. 327, d'après *B*, fol. 127.

In nomine sancte et individue Trinitatis. Lapsus primi parentis humane conditioni tam miseram sortem intulit[a] ut visa et audita vix ratione percipiat et percepta thesauro memorie diu nullatenus conservare valeat, unde et adhuc processu temporis memoria rerum gestarum annullatur et prorsus evanescit; ad sublevandum hoc[b] miserie nostre pondus factus est usus scripturarum. Hujus rei non ignarus ego Guillelmus[c], comes Nivernensis, presentis scripti autoritate tam presentibus quam futuris certum et ratum esse volo et confirmo querelam quam Thomas de Barro[d] super Sequanam[e] habebat adversus ecclesiam de Diaco[f] in presentia nostra et per manum nostram terminatam esse et diffinitam hoc modo : predictus Thomas adversus prenominatam ecclesiam vinagium de salvatione quod querebat, illud in perpetuum totum ecclesie concessit; reliquum vinagium, quod erat de feodo et casamento suo, si ecclesia de Diaco acquirere poterit, aut per eleemosinam aut per mercationem aut alio modo, eidem ecclesie donavit. Si quis autem adversus ecclesiam super hoc calumniaretur aut querelam moveret, pretaxatus Thomas et ejus filii, videlicet Richardus, Thomas et Herbertus, in curia comitis Nivernensis, per cujus manum hoc factum est, pro eadem ecclesia responderent et contra omnes homines guarentiam ferrent. Pro hac

---

CLXXVII. — *a.* inseruit *M.* — *b.* nostre miserie... commisimus apicibus litterarum. Hujus igitur rei *C.* — *c.* Guillermus *C.* — *d.* Baro *C.* — *e.* Secanam *M.* — *f.* Dyaco *M.*

« Item Thomas de Barro, laudante uxore sua Haduarde et filiis Richardo, Balduino, Thoma, Herberto, Hugone, et filia Adelina, et fratre suo Heberto Crasso, dedit in eleemosinam, *etc.* » (abbé Ch. Lalore, *Chartes de l'abbaye de Mores*, p. 46: extr. des *Mémoires de la Société académique de l'Aube*, t. XXXVII).

autem concessione Guillelmus*q* medicus predicto Thome centum solidos donavit.

Hoc laudaverunt filii sui Richardus, Thomas, Herbertus, audientibus et videntibus istis quorum nomina hic subscribuntur. Laudationem Thome et filii ejus Richardi; audierunt isti : Bartholomeus vicecomes de Leoniaco. Hugo de Argentorio, Guillelmus Grosbrait*h*, Pontius de Varziaco*i*, Gaufridus*j* dapifer, Clarembaudus de Tornodoro, Brutinus de Tornodoro, Fromundus*k* filius Guidonis Bisanscant*l* (?), Erix de Belon, Gaufridus prepositus Tornodorensis*m*, Stephanus de Poliaco, Petrus de Milisiaco, Manasses de Visannia*n*, Stephanus Coquinus*o*.

Item*p* laudationem Thome et Herberti filiorum predicti Thome audierunt isti : Guillelmus filius comitis, Narjo*q* filius Iterii de Tusciaco, Milo de Noyers, Adam de Sarriney, Marcellus filius Ade, Matheus de Flaviaco, Guillelmus Syroti, Humbertus frater ejus, Bartholomeus de Poliaco, Raynardus frater ejus, Thomas de Boornancley et alii.

CLXXVIII
1161.

Geoffroy, évêque de Langres, confirme au prieuré de Saint-Maur de Dyé le droit à la moitié des offrandes de l'autel en l'église de Dannemoine aux fêtes de la Toussaint, de Noël, de la Purification de la Vierge et de l'Assomption.

C, p. 279.

INDIQ. : M, Bibl. nat., ms. lat.12775, p. 139.

Ego Godefridus, Dei gratia Lingonensis episcopus, presenti scripto confirmo et laudo ecclesie Sancti Mauri de Diaco jus

---

CLXXVII. — *g*. dominus Guillermus *C*. — *h*. Grosbyroc *M*. — *i*. Warziaco *M*. — *j*. Gaufredus *M*. — *k*. Firmundus *M*. — *l*. Bisanseunt (?) *C*. — *m*. Tornodori *C*. — *n*. Visanna (?) *C*. — *o*. coqun *C*. — *p*. *C donne ici une énumération de témoins qui appartient à une charte de 1186.* Item laudationem Thome et filiorum ejus, testes alii preter istos : Garnerius presbyter sancti Valeriani, Garnerius presbyter Florini, Iterius meus senescallus. Adam prepositus Veniseii, popas [*corr. peut-être* prepositus] de Sancto Valeriano, Nicolaus Anglicanus. Actum anno ab incarnatione Domini M°C°LXXX°VI°. — *q*. Margo *M*. Corr. Narjo.

quod in ecclesia de Domna Magna habere cognoscitur, scilicet quatuor solemnitatibus in anno medietatem omnium oblationum et beneficiorum que quoquo modo venient ad altare, hoc est in festivitate Omnium Sanctorum, in Nativitate Domini, in Purificatione beate Marie, in ejusdem Assumptione et in octavis.

Hujus rei testes sunt : Ugo[a] de Riveria, Lingonensis ecclesie archidiaconus; Petrus de Cableia[b], decanus; Jocelinus clericus noster. Actum anno Domini MCLXI.

CLXXIX

Vers 1162[1].

Thomas Becket, archevêque de Cantorbéry, confirme en faveur d'Arraud, abbé, et des moines de Saint-Benoît-sur-Loire, la donation de l'église de Saint-André de Minting et de l'église de tous les saints de Gouteby à eux faite par le comte Ralph et précédemment confirmée par Thibaut, archevêque de Cantorbéry, et Robert, évêque de Lincoln[2].

K, p. 793, d'après B, fol. 178. — M, Bibl. nat., ms. lat. 12775, p. 113.

INDIQ. : b, fol. 329, d'après B, fol. 178.

Thomas, Dei gratia[a], Cantuariensis ecclesie minister humilis, Arraudo, abbati, et fratribus Sancti Benedicti super Ligerim salutem. Que semel recte facta esse noscuntur, ideo scripto committuntur ne tractu temporis in irritum revocentur[b] vel injustis quoquo modo concussionibus perturbentur. Eapropter, carissimi in Domino fratres, vestris justis petitionibus[c]

CLXXVIII. — a. Ubo C, Corr. Ugo. — b. Tableia C. Corr. Cableia.

CLXXIX. — a. Dei gratia *omis par* M. — b. devocentur K. — c. postulationibus M.

---

1. Thomas Becket devint archevêque de Cantorbéry le 27 mai 1162, il est mort le 20 décembre 1170; cette confirmation semble dater du début de son pontificat; voy. t. I, p. 362.

2. Voy. plus haut, n°° CLV à CLVII.

gratum prebentes assensum, ecclesiam beati Andree de Mintingues[d] cum villa ejusdem loci, et ecclesiam Omnium Sanctorum de Gottebi[e] cum omnibus que donatione nobilis viri Ranulfi, comitis Cestrie, in illis partibus[f] rationabiliter possidetis, quemadmodum a bone memorie Theobaldo, predecessore nostro[g], et a venerabili fratre nostro Roberto, Lincolniensi episcopo, cum assensu ejusdem comitis monasterio vestro concessa sunt et confirmata, ut scripta eorum testantur, vobis et per vos monasterio vestro auctoritate nostra confirmamus. Et ut hec confirmatio nostra rata et illibata permaneat, presentis scripti eam[h] attestatione et sigilli nostri munimine roboramus, salva in omnibus Lincolniensis ecclesie reverentia et illius episcopi debita reverentia. Valete.

CLXXX

29 avril 1162.

Alexandre III, s'adressant à l'abbé Araud, confirme l'accord conclu entre le chantre d'une part, et l'abbé, les officiers et les prieurs de Saint-Benoît-sur-Loire d'autre part, touchant les redevances à payer audit chantre [1].

Z, Bibl. d'Orléans, ms. 492 (394 bis), t. I, p. 171, copie sur parchemin, XVIe siècle.

Alexander, episcopus, servus servorum Dei, dilectis filiis Araudo, abbati, [et fratribus] monasterii Sancti Benedicti supra Ligerim, salutem et apostolicam benedictionem. Justis peten-

---

CLXXIX. — *d*. Mentinghes *M*. — *e*. Goltebi *M*. — *f*. partibus illis *M*. — *g*. meo *K*. — *h*. eam scripti *K*.

---

1. Cette bulle présente des anomalies de rédaction et des incorrections chronologiques, qui en rendent l'authenticité douteuse. On notera tout particulièrement la date de lieu « in curia nostra »; quant à la date de temps, il faut en éliminer l'année de l'incarnation, 1148, qui ne convient ni au nom du pape Alexandre [III] (1159-1181), ni à celui de l'abbé Araud (1161-1180). Ces deux personnages étant contemporains nous avons accepté l'année du pontificat; encore doit-on faire observer que la formule en est mauvaise. On remarquera en outre que le texte de

tium desideriis dignum est nos facilem prebere consensum et vota que a rationis tramite non discordant effectu sunt prosequente complenda. Eapropter, dilecti in Domino filii, vestris justis postulationibus grato concurrentes assensu, concordiam quam inter vos omnes et venerabilem cantorem, fratrem vestrum, constituistis, tam vos quam successores vestros et omnes priores officiososque, qui reddituri singulis annis sunt cantori, ut dicitur : dominus abbas viginti solidos, prior noster decem solidos, prior de Parcyaco decem, prepositus de Dyaco decem, prior de Regula decem, prepositus de Saltu decem, thesaurarius decem, camerarius decem, prepositus istius vil[l]e sex solidos, celerarius quatuor, infirmarius quatuor, elemosinarius quatuor, capicerius quatuor, magister operis quatuor, prior de Germiniaco quatuor solidos, pristinarius duos, prior de Castro Novo super Carum sex solidos, prior de Sacro Cesare sex, prepositus de Castillione viginti solidos, prior de Valliaco quatuor, prior de Sancto Brycio sex, prior de Sancto Aniano sex solidos, prior de Gyemo Veteri sex, prepositus de Curte Marigniaco [a] sex, prior de Castelleta duos, prepositus de Viliaribus quatuor, prior de Lauriaco decem, prior de Villa Abbatis duos, prior de Monasteriolo quatuor, prior de Castro Novo super Ligerim quatuor, prior de Vitryaco quatuor, prepositus de Yevra villa sex, prior de Yevra castro sex, prior de Stampis decem, prior de Arnicu[r]te sex, prior de Germici alias Ouarti sex, prior de Mitinguis, monete Anglie, duos, prior de sancto Jacobo de Burona decem, prior de Sancto Hylario quatuor, Cenomanensis monete, prior de Magniaco alias Chesa, duos, prepositus Aurelie [b] sex, prior de Sancto Gervasio sex, ob quod debet aliquid in choro reparare, etiam debet eos procurare in secunda

---

CLXXX. — a. Marigyaco. *Corr.* Marigniaco. — b. Aurelie. *Corr.* Aurelianensis.

---

l'acte d'Alexandre III reproduit, à très peu de variantes près, le dispositif d'un acte capitulaire de 1146 relatif aux redevances à payer pour la bibliothèque, acte dont le texte primitif avait déjà subi des remaniements (voy. plus haut, n° CLI). Dans cet emprunt on a conservé les mots *prior noster* pour désigner le prieur de Saint-Benoît qui ne peuvent convenir qu'à un acte rédigé au nom des moines. Ces mots, il est vrai, ont pu passer de la supplique dans le privilège...

feria prime ebdomade quadragesime, hoc etiam firmiter tenere precipimus ut nulli priorum ad predictum festum venientium exeundi licencia concedatur donec debitum cantori, alias armario, persolvat, auctoritate apostolica confirmamus et presentis scripti patrocinio communimus, decernimusque ut omnino hominum non liceat hanc paginam nostre confirmationis infringere vel aliquatenus contraire. Si quis autem id attentare presumpserit indignationem omnipotentis Dei, beatorum Petri ac Pauli, apostolorum ejus, se noverit incursurum.

Datum in curia nostra, tercio kalendas maii, anno Domini millesimo centesimo quadragesimo octavo, anno ipsius pape tercio.

CLXXXI

Bourges, 26 juillet 1163.

Alexandre III, à la prière de l'abbé Arraud, confirme les biens, droits et privilèges de l'abbaye de Saint-Benoît-sur-Loire[1].

C, p. 37. — E, fol. 72.

PUBL. : J. a Bosco, *Floriacensis vetus bibliotheca*, I, p. 246 (extraits).

INDIQ. : b, fol. 323 v°. d'après B, fol. 16, n° 62. — K, p. 423, d'après B, fol. 16.

Alexander episcopus, servus servorum Dei, dilectis filiis Araldo, abbati monasterii Sancti Benedicti[a] Floriacensis, quod supra Ligerim situm est, ejusque fratribus tam presentibus quam futuris regularem vitam professis, in perpetuum. Quoties illud a nobis petitur quod religioni et honestati noscitur convenire, animo nos decet libenti concedere et petentium desideriis congruum suffragium impertiri. Eapropter, dilecte in

---

CLXXXI. — a. sancti Benedicti *omis par* C.

---

1. Cette bulle reproduit exactement celle d'Adrien IV, du 1er décembre 1157, publiée plus haut sous le n° CLXX. On notera seulement la citation de ladite bulle, et avant l'énumération des biens, la mention de la conservation de l'état monastique.

Domino fili Aralde abbas [b], tuis justis postulationibus debita benignitate gratum impertientes assensum,"prefatum monasterium, in quo, sicut felicis memorie Eugenii, Adriani et aliorum predecessorum nostrorum Romanorum pontificum testantur privilegia, gloriosi confessoris Christi Benedicti corpus requiescere creditur, cui etiam Deo authore preesse dinosceris, sub beati Petri, apostolorum principis, cujus juris esse dinoscitur, et nostra protectione suscipimus et presentis scripti privilegio communimus; in primis siquidem statuentes ut ordo monasticus qui secundum Dei timorem et beati Benedicti regulam in ipso monasterio constitutus [c] esse dinoscitur, perpetuis ibidem temporibus inviolabiliter observetur, preterea quascumque possessiones, *etc.*, *ut supra in charta n° CLXX usque in textus finem.*

(*Rota.*)   Bene Valete †
           (in modo monogrammatis).

Ego Alexander catholice ecclesie episcopus ss. [d]

† [e] Ego Hubaldus Hostiensis episcopus ss.

† Ego Bernardus Portuensis et sancte Rufine episcopus ss.

† Ego Gualterius Albanensis episcopus ss.

† Ego Hubaldus presbiter cardinalis tituli sancte Crucis in Hierusalem [f] ss.

† Ego Henricus presbiter cardinalis tituli sanctorum Nerei et Achilei [g] ss.

† Ego Joannes presbiter cardinalis tituli sancte Anastasie ss.

† Ego Guilielmus presbiter cardinalis tituli sancti Petri ad vincula ss.

† Ego Hyacinthus diaconus cardinalis sancte Marie in Cosmedin [h] ss.

† Ego Ardicio [i] diaconus cardinalis sancti Theodori ss.

† Ego Boso diaconus cardinalis sanctorum Cosme et Damiani ss.

† Ego Cinthius [j] diaconus cardinalis sancti Adriani ss.

CLXXXI. — *b.* abba *E.* — *c.* institutus *E.* — *d. C* et *E* omettent ss dans toutes les souscriptions. — *e. E* omet la croix devant tous les noms. — *f.* Jerusalem *C.* — *g.* Achillei *C.* — *h.* Cosmydin *E.* — *i.* Ardacio *C*; Arditio *E. Corr.* Ardicio. — *j.* Enithyus *C*; Eutichius *E. Corr.* Cinthius.

† Ego Petrus diaconus cardinalis sancti Eustachii juxta templum Agripe ss.

† Ego Manfredus*k* diaconus cardinalis sancti Georgii ad Velum aureum ss.

Datum Biturice, per manum Hermanni sancte Romane ecclesie subdiaconi et notarii, vii° kalendas augusti indictione XI^a *l*, incarnationis dominice *m* anno M° C° LX° III°, pontificatus vero domni Alexandri pape III° anno quarto.

CLXXXII

Bourges, 27 août 1163 [1].

Alexandre III confirme à l'abbé Arraud et aux moines de Saint-Benoit-sur-Loire la cession de l'église Saint-Ytier de Sully à eux faite par feu Hélie, évêque d'Orléans [2].

C, p. 53. — E, fol. 96. — M, Bibl. nat., ms. lat. 12739, p. 474.

INDIQ. : K, p. 423, d'après B, fol. 21 v°. — Jaffé-Wattenbach, *Regesta pontificum Romanorum*, n° 10931, d'après M.

Alexander, episcopus, servus servorum Dei, dilectis filiis Arraudo*a*, abbati, et fratribus monasterii Sancti Benedicti super*b* Ligerim salutem et apostolicam benedictionem. Justis petentium desideriis dignum est nos facilem prebere consensum, et vota que a rationis tramite non discordant effectu sunt prosequente complenda. Eapropter, dilecti in Domino filii, vestris justis postulationibus grato concurrentes assensu, ecclesiam Sancti Yterii*c* de Soliaco, quam bone memorie Helias*d*, Aure-

---

CLXXXI. — *k.* Mansfredus C. — *l.* VI C; undecima E. — *m.* incarnationis dominice *omis par C.*

CLXXXII. — a. Araudo C. — b. supra C. — c. Iterii CE. — d. Helyas M.

---

1. La date d'année est déterminée par l'itinéraire d'Alexandre III (voy. Jaffé-Wattenbach, *loc. cit.*).
2. Voy. *supra* n° CXXXII.

lianensis quondam *e* episcopus, consentiente sibi *f* capitulo, ecclesie vestre rationabiliter contulisse dinoscitur, sicut in authentico scripto exinde facto continetur, salvo tamen jure Aurelianensis ecclesie *g*, vobis et *h* eidem monasterio vestro *i* autoritate apostolica confirmamus et presentis scripti patrocinio communimus; statuentes ut nulli omnino hominum liceat hanc paginam nostre confirmationis infringere, vel ei ausu temerario contraire *j*. Si quis autem hoc attemptare presumpserit indignationem omnipotentis Dei et beatorum Petri et Pauli apostolorum ejus se noverit incursurum. Datum Biturice vi° calendas septembris.

CLXXXIII

Ligny-le-Châtel, 1163.

Guillaume, comte de Nevers, renonce en faveur des religieux de Saint-Maur de Dyé à ses droits sur les hommes et les femmes de Dyé et de Vezannes, et à ce qu'il possédait dans la villa de Bernouil en échange des droits des religieux sur les hommes et les femmes de Chablis.

C, p. 280. — *N*, Bibl. nat., coll. Moreau, vol. 72, fol. 55, copie envoyée par dom Gérou le 1*er* décembre 1764, d'après *C*.

INDIQ. : *b*, fol. 327, d'après *B*, fol. 128. — *K*, p. 433, d'après *B*, fol. 128.

Notum sit omnibus tam presentibus quam futuris sancte matris Ecclesie filiis quod ego G., comes Nivernensis, do et concedo Deo et beate Marie et sancto Benedicto et monachis de Dieto quidquid habeo in hominibus et feminis de Dieto, dono etiam predictis monachis hoc quod habeo in homnibus et feminis de Vesannis et quidquid habeo in villa de Berno *a* sine aliqua exactione jure perpetuo possidenda. Hoc etiam laudavit Guido frater meus. Hoc viderunt et audierunt ex parte monachorum : Columbanus prepositus Tornodori, Robertus pin-

---

CLXXXII. — *e*. quondam *omis par C*; episcopus quondam *M*. *f*. sibi consentiente *M*. — *g*. eccl. Aurel. *E*. — *h*. vobis et *omis par E*. — *i*. vestro *omis par M*. — *j*. ei aliquatenus contraire *E*.

CLXXXIII. — a. Borno *K*.

cerna comitis, Ricardus venator; ex parte comitis : Renaudus de Mangis, Guibertus magister domini Guidonis, Joannes Brisebarre, Gaufridus clericus qui hanc cartam scripsit. Donum istud feci predictis monachis pro escambio illo hominum et feminarum quas habebant apud Cableiam.

Actum est hoc Latiniaco*b* castro, anno ab incarnatione Domini Mº Cº LXº IIIº, Ludovico rege Francorum, Arraudo existente abbate Sancti Benedicti, Simone Dieto priorante.

CLXXXIV

Sully-sur-Loire, 1164.

Gilon de Sully, sous sa garantie personnelle, et le roi pris à témoin, met fin au différend mû entre Arraud, abbé de Saint-Benoît-sur-Loire d'une part, Giraud de « Blancafort » et Guillaume Triencel, d'autre part, au sujet de la moitié du bois de « Mesmerant » léguée à l'abbaye par Rainaud Tuechien, et pour laquelle l'abbé Macaire, prédécesseur de l'abbé Arraud, avait, du consentement d'Archambaud de Sully, père dudit Gilon, donné une indemnité auxdits Giraud et Guillaume.

C, p. 355. — D, fol. 309 vº, d'après B, fol. 160, nº 670. — K, p. 794, d'après l'original. — L, p. 553, d'après B, fol. 160.

INDIQ. : b, fol. 328, d'après B, fol. 160 [nº 670].

In nomine sancte et individue Trinitatis. Ego Geilo*a*, Soliacensis*b* castri dominus, notum esse volo tam presentibus quam futuris quod Rainaldus Tuechien, positus in extremis, medietatem bosci de Mesmarrant*c* ecclesie beati*d* Benedicti Floriacensis, tempore abbatis Macharii*e*, pro remedio anime sue, contulit in eleemosinam, alteram vero partem ejusdem bosci prefata ecclesia ab antiquo libere et quiete possidebat; porro Rainaldo Tuechien rebus humanis exempto, Giraudus de Blancafort*f* et Guillelmus Triencel*g* donationem ab eo factam

---

CLXXXIII. — b. Laginato C.

CLXXXIV. — a. Gilo C. — b. Soliaci D. — c. bosci de Mesmarant medietatem C; Mesmarant D. — d. sancti C. — e. Macarii L. — f. Blanchefort L. — g. Trincel C.

calumpniantes contradixerunt, in predicto bosco partem reclamantes, Giraudus in casamento et Guillelmus in dominio. Abbas vero Macharius [h] ipsum boscum [i] volens absque aliqua infestatione quiete possidere, emit ab eisdem militibus, data copiosa pecunia, quidquid in hac elcemosina juris habebant et omnia que juste aut injuste in eadem reclamaverant, venerabili viro [j] patre meo Archembaldo Soliacensi domino, ad cujus feodum res ipsa pertinebat, assensum prebente et hoc ipsum laudante et volente. Deinde, abbate Machario [k] et Archembaldo, patre meo, ex hac vita in brevi decedentibus, jam dicti milites Giraudus et Guillelmus in prefata eleemosina denuo reclamantes, homines qui in eodem bosco per abbatis jussionem operabantur, capientes eos et eorum vadimonia violenter multotiens retinentes [l], disturbaverunt [m]. Quamobrem venerabilis abbas Arraudus, successor bone memorie abbatis Macharii [n], accedens ad presentiam nostram, rogavit nos et petiit quatinus eleemosinam quam jam pridem Rainaldus Tuechien beato Benedicto contulerat, et pactionem quam antecessor suus cum Giraudo et Guillelmo de prefati nemoris emptione, manumissione et quittantia per manum patris mei habuerat stare atque ratam esse faceremus. Nos itaque sepe nominatos milites de hac re convenientes [o] duximus eos, et cum ipsis porreximus in capitulum sancti Benedicti, ibique quidquid in bosco de Mesmarrant [p] juste vel injuste reclamabant, coram nobis et multis testibus, manumittentes quittaverunt [q], pro iis etiam que ibidem adversus beatum Benedictum et homines illius commiserant ab abbate et monachis absolutionem postulantes, acceperunt; post ipsos autem hec ipsa bosci [r] guerpitio et quittantia ab uxoribus et filiis eorum facta est et concessa. Ego quoque Geilo, Soliaci [s] dominus, hoc idem concessi, laudavi et sigilli mei impressione roboravi, et quidquid juris habebam in eodem bosco, qui de feodo meo est et de me movet [t], dedi beato Benedicto in elee-

---

CLXXXIV. — h. Macarius *CL*. — i. boscum ipsum *L*. — j. viro omis par *C*; ver *L*. — k. Macario *CDL*. — l. retinentes multoties *CL*. — m. disturbaverant *L*. — n. Macarii *CL*. — o. consentientes *D*. — p. Mesmarant *D*; Mesmerant *K*. — q. quietaverunt *L*. — r. autem hujus nostri bosci *C*; hec ipsa bosci *omis par D qui laisse un blanc*; autem hujus bosci *L*. — s. Soliacensis *L*. — t. me movet *omis par D qui laisse un blanc*; et de me mov. *omis par L*.

mosinam; pactus sum insuper hoc bosci donum, venditionem et quittantiam fideliter, absque ulla fictione, abbati et monachis pro posse meo juste et legitime contra omnes garantire. Quod si quis *u* eorum qui de terra vel potestate mea sunt in sepedicto bosco deinceps aliquam calumpniam inferre presumpserit, abbas non alibi propter hoc stabit justitie quam Soliaci vel apud Sanctum Benedictum, hoc autem in quo videlicet predictorum locorum dies placiti constituetur in optione mea situm erit; reclamator vero, si in prefatis locis per manum meam de abbate justitiam recipere noluerit, ego prorsus eum *v* de hac re in pace esse et ab hujusmodi faciam contradictionem quiescere. Si quis autem eorum qui de terra mea non sunt et ad potestatem meam non pertinent in eodem bosco reclamaverit *x*, ego prefate donationis testis et pro posse meo tutor ac defensor assistam; qui si forte in hac eadem re abbati et monachis vim inferre presumpserit, habebunt auxilium meum ac si michi vel castro meo Soliacensi *y* ipsa vis et violentia inferretur. Hoc igitur *z* donum, hunc assensum meum, has omnes que dicte sunt pactiones jussu meo et voluntate mea juravit Robertus de Monesto quod videlicet sicut in hac cartula continetur a me prorsus absque refragatione teneatur, atque hoc ut *a* inconcussum et ratum perpetuo *b* habeatur, cum jam dicto abbate Arraudo domini Regis presentiam adii et ut ipse quoque hujus rei testis existeret, hanc concessionis mee cartam coram ipso recitari feci et omnium que in ea continentur in ejus presentia testis extiti.

Actum Soliaci, domino papa Alexandro in apostolica dignitate presidente et Senonis astante, regnante Ludovico piissimo rege Francorum, anno regni ejus XX°VIII°.

Hujus rei testes sunt ex parte mea : Evrardus *c* de Poissat *d*, Gimo *e* de Meun, Robertus filius ejus, Arnulfus Breunis *f*, Bernardus de Insula *g*, Guillelmus de Castello, Drago Gustos *h*, Henricus Camberletus *i*, Benedictus prepositus, Robertus de

---

CLXXXIV. — *u*. quisquis *K*. — *v*. eum omis par *K*. — *x*. reclamaverint *K*. — *y*. Soliaci *D*. — *z*. ergo *C*; quoque *D*. — *a*. ut hoc *CDL*. — *b*. penitus *CDL*. — *c*. Girardus *DL*. — *d*. Poisat *CDL*. — *e*. Gino *C*. — *f*. brevis *C*. — *g*. Casula *L*. — *h*. Gastos *L*. — *i*. Camberlentus *C*; Caberlertus *L*.

Monesto qui hoc juravit; ex parte abbatis : Dagobertus prior, Garnerius subprior, Petrus thesaurarius, Hulgerius prepositus, Arnulfus cellerarius, Stephanus capellanus domni abbatis, Paganus de Subulmo, Gislebertus Charpains*j*, Gualterius*k* Mariscalcus, Stephanus de Hospitio, Paganus Mariscalcus, Arnulfus Bordinus*l*, Johannes de Villari Monasterio, Guinebertus*m* major, Simon miles, Bernardus forestarius, Rainaldus Valtorth*n*, Guarnerius*o* Pignarth*p*, Rainaldus Bordelinus*q*, Bernardus Villanus, Girardus*r*.

Actum anno incarnationis dominice M° centesimo LX° IIII°.

CLXXXV

Sens, 13 janvier 1164 ou 1165[1].

Alexandre III confirme en faveur de l'abbé Arraud et des moines de Saint-Benoit-sur-Loire l'accord intervenu entre eux et l'archevêque de Sens, Hugues[2]*, au sujet de la présentation à la cure de Lorris, de la jouissance des revenus de l'église et du droit de sépulture.*

C, p. 30. — D, fol. 5 v°, d'après B, fol. 13, n° 53. — E, fol. 48.

INDIQ. : b, fol. 323 v°, d'après B [fol. 13]. — K, p. 123, d'après B, fol. 13.

Alexander, episcopus, servus servorum Dei, dilectis filiis Araldo, abbati monasterii sancti Benedicti super*a* Ligerim ejusque fratribus salutem et apostolicam benedictionem. Justis petencium desideriis dignum est nos facilem prebere consen-

---

CLXXXIV. — *j*. Charpenis *CDL.* — *h*. Galterius *CD*; Galbertus *L.* — *l*. Bodinus *D.* — *m*. Guimebertus *D.* — *n*. Valtorchius *D*; Valrofteh *K.* — *o.* Garnerius *C.* — *p.* Pignarchus *D.* — *q.* Boldelmus *K.* — *r.* Girardus gm *K.*

CLXXXV. — a. supra *CD.*

---

1. La date d'année est déterminée par l'itinéraire d'Alexandre III (Voy. Jaffé-Wattenbach, *Regesta*, t. II, pp. 178 et 186).

2. Le texte de cet accord ne nous est pas parvenu.

sum, et vota que a rationis tramite non discordant effectu sunt prosequente complenda. Eapropter, dilecti in Domino filii, vestris justis postulationibus grato concurrentes assensu, concordiam que inter vos et venerabilem fratrem nostrum Hugonem, archiepiscopum Senonensem, super representatione sacerdotum[b] in ecclesia de Lorriaco[c] et aliis quibusdam conventionibus de assensu utriusque partis rationabiliter factam, sicut in ejusdem archiepiscopi scripto authentico inde facto noscitur contineri, vobis et per vos monasterio vestro auctoritate apostolica confirmamus et presentis scripti patrocinio communimus[d], statuentes ut prior vester qui apud Lorriacum[e] pro tempore fuerit, oblationes et obventiones que vos in ecclesia ipsa contingunt per se vel per suum[f] nuncium recipiendi liberam habeat facultatem. Adjicimus etiam ut liceat parrochianis ejusdem ville in cimeterio vestro sepulturam eligere et ibidem, si voluerint, libere sepeliri, salva tamen canonica justitia ecclesie supradicte, si de ejus parrochia mortuorum corpora assumantur. Decernimus ergo ut nulli omnino hominum, *etc.*

Datum Senonis, idibus januarii.

CLXXXVI

Sens, 10 mars 1164 ou 1165[1].

Alexandre III interdit aux archevêques et évêques de s'autoriser des subsides perçus par eux sur les possessions de Saint-Benoît-sur-Loire à l'occasion du séjour du pape en France pour imposer à l'avenir d'autres contributions.

Y, Archives départementales du Loiret, fonds de Saint-Benoit-sur-Loire; vidimus de l'official d'Orléans du 23 août 1487 d'une confirmation d'Innocent III du 30 mai 1209. — Z. *Innocentii III Regestor. l. XII.*

CLXXXV. — *b.* sacerdotii *CE.* — *c.* Loriaco *DE.* — *d.* communivimus *ED.* — *e.* Loriacum *E.* — *f.* alium *E.*

---

1. La date d'année est déterminée par l'itinéraire d'Alexandre III (Voy. Jaffé-Wattenbach, *Regesta*. t. II, p. 187).

n° 48, confirmation du 30 mai 1209 (Baluze, t. II, p. 327; Migne, *Patrol. lat.* t. CCXVI, col. 57).

Publ. : Baluze, *loc. cit.* — Migne, *loc. cit.*

Indiq. : Jaffé-Wattenbach, *Regesta,* n° 11126.

Alexander, episcopus, servus servorum Dei, dilectis filiis abbati et fratribus sancti Benedicti super Ligerim salutem et apostolicam benedictionem. Quod, aliqua necessitate instante, noscitur institutum, postmodum, necessitate cessante, debet, et quod ejus gratia est inductum, simili modo cessare. Hac siquidem consideratione provocati et ecclesie vestre, que proprie beati Petri juris existit, tranquillitati et paci in posterum precavere volentes, auctoritate apostolica duximus statuendum ut, licet archiepiscopi aut episcopi propter presentiam nostram aliquod onus ad presens obedientiis vestris imponant, nulli eorum fas sit posthac, occasione illa, contra antiquam consuetudinem vestram fratribus vestris per obedientias constitutis aliquas exactiones imponere aut quidlibet ab eis exigere. Datum Senonis, vi idus martii.

CLXXXVII

Troyes, 1166.

Henri, comte de Troyes, à la prière de Guillaume, prieur de Saint-Maur-de-Dyé, abandonne aux religieux de Saint-Benoit Galon de Montgueux et ses enfants qu'il affranchit, moyennant une indemnité de quarante sous payée à Geoffroy de Villenauxe et Gilon son fils, qui, conjointement avec ledit comte, réclamaient ledit Galon et ses enfants comme hommes de corps.

C. p. 280. — *M.* Bibl. nat., ms. lat. 12775, p. 139.

Indiq. : *b.* fol. 327, d'après *B,* fol. 128. — *K.* p. 133, d'après *B,* fol. 128.

Ego Henricus, Trecensium comes palatinus, existentium memorie et futurorum posteritati notum fieri volo quod, cum ego et Gaufridus^a de Velonissa et Gilo filius ejus, Galonem de

---

CLXXXVII. — a. Goffridus *M.*

Mongueour[b] et liberos ejus propter homines de corporibus clamaremus, paupertati ipsius Galonis providentes et precibus Guillelmi, tunc prioris[c] ecclesie sancti Mauri de Dyaco[d] et sancti Benedicti super Sequanam, condescendentes, ipsos liberos ab omni jugo servitutis et emancipatos ecclesie sancti Benedicti Floriacensis amore Dei in eleemosynam perpetuo possidendam concessimus; verumtamen[e], ipse Gaufridus et Gilo filius ejus XL s. proinde habuerunt, et ne hoc aliqua temporum vetustate mutari vel infringi possit, scripto commendari et sigilli mei autoritate firmari precepi.

Hujus rei testes sunt Drogo de Pruvino, Petrus Bristaldus, frater ejus, Dainbertus de Cervantis, Altaldus camerarius.

Actum[f] est hoc anno incarnati verbi M°C°LX°VI°, Ludovico rege Francorum regnante, Henrico Trecensium episcopo existente.

Tradita Trecis per manum Guillelmi cancellarii.

Guillelmus notarius scripsit.

CLXXXVIII

Latran, 7 mars 1166, 1167 ou 1179[1].

Alexandre III confirme en faveur de l'abbé Arraud et des moines de Saint-Benoît-sur-Loire le droit de sépulture qu'ils avaient dans l'église de Lorris.

C, p. 31. — D, fol. 6, d'après B, fol. 13, n° 54. — E, fol. 19.

INDIQ.: b, fol. 323 v°, d'après B [fol. 13].

Alexander, episcopus, servus servorum Dei, dilectis filiis A.[a], abbati, et conventui sancti Benedicti super[b] Ligerim salu-

---

CLXXXVII. — b. Mongnecour M. — c. tunc temporis prioris M. — d. Dicto C. — e. Verumtamen jusqu'à actum omis par M. — f. La date est résumée par M : Actum anno MCLXVI, Henrico Trecensium episcopo existente.

CLXXXVIII. — a. Araldo E. — b. supra D.

---

1. Alexandre III, d'après son itinéraire (Jaffé-Watenbach, *Regesta*, p. 202, 339) ne s'est trouvé au Latran le 7 mars que dans les années 1166, 1167 et 1179.

tem et apostolicam benedictionem. Si quandoᶜ postulatur a nobis quod juri conveniat et ab ecclesiastica honestate non dissonet, petentium desideriis facilem nos convenit prebere consensum eorumque vota effectu prosequente complere. Hac itaque ratione inducti et vestris precibus benigne inclinati, sepulturam ecclesie sancti Sulpitii, que ad monasterium vestrum pertinet, liberam esse decernimus, ut eorum devotioni et extreme voluntati qui se illic sepeliri deliberaverint, nisi forte excommunicati vel interdicti sint, nullus obsistat, salva tamen justitia illarum ecclesiarum a quibus mortuorum corpora assumuntur. Oblationes autem quas a quadragintaᵈ annis retro usque modo in prescripta ecclesia habuistis et impresentiarum habetis vobis et domui vestre auctoritate apostolica confirmamus et presentis scripti patrocinio communimus, statuentes ut nulli omnino hominum, *etc.*

Datum Laterani, nonas martii.

CLXXXIX

1167.

Narjot, seigneur de Toucy, à la prière d'Arraud, abbé de Saint-Benoît, renonce aux coutumes qu'il percevait injustement à Villiers-Saint-Benoît, et confirme un privilège du pape Eugène III[1] *relatif aux droits de son père Itier sur la même villa.*

C. p. 247. — D, fol. 515 vᵒ, d'après B, fol. 112 rᵒ.

Quoniam naturalis providentia est male errantium auferre de medio memoriam veritatis, notitie fidelium tradere disponimus quod ego Nariotus, dominus Tuciaci, et venerabilis abbas sancti Benedicti, Arraudus, propter quasdam exactiones quas vel ego vel servientes mei in villa de Villare feceramus, de quibus et jam idem conquerebatur abbas, in unum convenimus; inito autem cum hominibus meis consilio et rei veritate

---

CLXXXVIII. — *c.* si quidem *D.* — *d.* sexaginta *E.*

---

1. Voy. *supra*, nᵒ CLIV.

cognita, Deo propitio, ea que injuste abstuleram emendavi, privilegium quoque quod Eugenius papa fecit de rebus quas habere debuit pater meus, Iterius, in villa Villaris, pro remedio anime mee et antecessorum meorum concedo et sigilli mei autoritate confirmo. Et ne quis hoc calumniare presumat, testes introduximus ex parte mea : Joscelinus capellanus, Gilo de Castellione, Nariotus de Longo Campo, Vuido de Geriva[a], Mattheus[b], Gaufridus Raffart[c], Acco de Insula, Petrus de Novei, Simon prepositus; ex parte abbatis : Girardus thesaurarius, Gimo cell[er]arius, Petrus prepositus, Anselmus miles regis, Otbertus prepositus Lorriaci[d], Stephanus de Hospitio, Thomas de Gili, Witbertus[e] de Corbeles, Frambertus capellanus, Henricus Ferrant, Legerius, Petrus Muceben[f], Rotbertus Boreu.

Actum est autem anno ab incarnatione Domini millesimo centesimo sexagesimo septimo.

CXC

Saint-Benoit-sur-Loire, 1167 [1].

Arraud, abbé de Saint-Benoit-sur-Loire, déclare qu'un homme de l'abbaye, Pierre de Saint-Jean, ayant contesté sa sujétion à l'égard de l'abbaye et refusé de s'acquitter des coutumes, a été traduit devant la justice du roi à Orléans, et y a reconnu sa dépendance, mais qu'à la demande de l'évêque d'Orléans et autres nobles hommes présents, remise lui a été faite de la taille

---

CLXXXIX. — a. Gira D. — b. Matheus D. — c. Gaufredus Rafart D. — d. Loriaci D. — e. Vitbertus C. — f. Moiceben D.

---

1. Cette charte datée de la même année que la précédente lui est postérieure; en effet, les noms des trésoriers qui ont souscrit ces deux documents diffèrent : le premier est souscrit par Girard, le second par Étienne, et le nom de celui-ci se retrouve dans un acte de 1171 (*infra*, n° CXCVI); de même pour le cellerier : le premier acte est souscrit par Gimon et le second par Pierre, et le nom de celui-ci se retrouve dans un acte de 1170 et dans un autre de 1171 (*infra*, n°˙ CXCIV et CXCVI).

coutumière sa vie durant, les autres coutumes étant retenues, et sous réserve du paiement des dites coutumes, y compris la taille, par les héritiers dudit Pierre.

C, p. 286. — K, p. 796, d'après l'original. — L, p. 420, d'après B, fol. 131 v°.

INDIQ. : b, fol. 327, d'après B, fol. 131.

In nomine sancte et individue Trinitatis amen. Ego Arraudus, Dei gratia humilis abbas sancti Benedicti Floriacensis, notum facimus[a] omnibus tam presentibus quam futuris quod quidam homo noster, Petrus scilicet de Sancto Johanne, pravorum hominum ductus consilio, hominem nostrum se esse penitus abnegavit et consuetudines nostras, quas sicut homo noster nobis debebat reddere, recusavit. Cum igitur propter hoc ante[b] domini regis justitiam[c] Aurelianis convenissemus, ad extremum prefatus Petrus coram omni populo hominium nostrum recognovit; nos vero, interventu Aurelianensis episcopi et nobilium virorum qui intererant, ei in vita sua consuetudinariam talliam indulsimus, alias in eo, preter talliam, consuetudines nobis retinentes, ita sane quod in heredibus ejus et talliam et alias consuetudines habebimus in perpetuum. Quod ut ratum firmumque[d] teneatur nostro et capituli nostri sigillis fecimus communiri[e].

Actum Floriaci, in capitulo nostro, anno ab incarnatione Domini MºCºLXºVIIº.

Hujus rei testes sunt[f] ex parte nostra : Dagoberius prior, Garnerius subprior, Bauduinus tertius in ordine, Willelmus[g] armarius, Petrus prepositus, Stephanus thesaurarius, Petrus cellerarius, Gimo de Sancto Gervasio prior, Artaudus capiciarius, Joscerandus[h] infirmarius, Rannulfus[i] magister operis; laici : Gauterius Marescalcus, Arnulfus Burdini[j], Hugo Trossavacca[k], Pugnardus, Paganus Beraudi, Willelmus[l] de Eleemo-

---

CXC. — a. facio CL. — b. ante omis par CL. — c. justitiam domini regis C. — d. que omis par K. — e. muniri K. — f. sunt omis par K. — g. Villelmus C; Willielmus K. — h. Jocerandus CL. — i. Ranulfus CL. — j. Burduny L. — k. Trosavacca CL. — l. Willielmus K.

sina[m], Johannes[n] Godefridi[o], Bernardus portarius, Godefridus[p] Georgii, Petrus Pugnardi, Robertus de Bulli, Fulbertus; ex parte Petri : Radulfus capellanus de Sancto Johanne[q], Hugo Hodearii, Wilielmus[r] Vaslini, Robertus de Solerol[s], Fulco de Sancto Johanne[t], Johannes[u] de Sancto Johanne[v].

CXCI

Saint-Benoit-sur-Loire, 1167, après le 9 avril.

Louis VII concède à Arraud, abbé de Saint-Benoit-sur-Loire, sa vie durant, le droit de pêche à Yèvre.

C, p. 382. — D, fol 361 v°, d'après B, fol. 174, n° 744. — M, Bibl. nat., ms. lat. 12775, fol. 115.

PUBL. : *Rec. des Histor. de la France,* t. XVI, p. 142.

INDIQ. : b, fol. 329, d'après B, fol 174. — K, p. 427, d'après B, fol. 174. — Luchaire, *Études sur les actes de Louis VII,* n° 533.

Ego Ludovicus, Dei gratia[a] Francorum rex, notum facimus omnibus quod amico nostro abbati sancti Benedicti[b] Arraudo, in vita sua, concessimus ad piscandum, quando in patria erit, aquam nostram de Evra, et preposito et servientibus precipimus ut aquam exponant ad opus dicti abbatis et suam aquam de villa bene[c] custodiant et defendant, capiaturque quicunque contra voluntatem monachorum ibi piscans inventus fuerit.

Datum apud Sanctum Benedictum, anno Domini M°C°LX°VII°. Data per manum Hugonis cancellarii.

CXC. — *m.* Eleemosyna *L.* — *n.* Joannes *CL.* — *o.* Godefredi *L.* — *p.* Godefredus *L.* — *q.* Joanne *CL.* — *r.* Wilielmus *K.* — *s.* Solerel *L.* — *t.* Joanne *CL.* — *u.* Joannes *CL.* — *v.* Joannes *CL*; Johanne sancto *K.*

CXCI. — *a.* Dei gratia *omis par M.* — *b.* Benedicti Floriacensis *M.* — *c.* Bullonis *D.*

CXCII

1168-1173[1].

Guillaume, archevêque de Sens, reconnaît que l'abbé Arraud et les moines de Saint-Benoit ont concédé le droit de présentation à la cure de Villiers-Saint-Benoit, à l'un de ses clercs, Asce, pour celui-ci en jouir sa vie durant[2] *et ledit droit faire ensuite retour à l'abbaye.*

C, p. 247. — D, fol. 515, d'après B, fol. 112.

INDIQ. : K, p. 426, d'après B, fol. 112.

Willelmus, Dei gratia Senonensis archiepiscopus, apostolice sedis legatus, omnibus ad quos littere iste pervenerint in Domino salutem [a]. Noverit universitas vestra quod abbas Arraudus et monachi sancti Benedicti dilecto clerico nostro Acioni, cui ad preces nostras ecclesiam de Villers [b], que in ipsorum fundo sita est et ad eorum spectat representationem, concesserant; ad nostram iterum petitionem indulserunt ut, quandiu viveret, in predicta ecclesia sub annuo censu inde sibi reddendo constitueret capellanum, ita tamen quod capellanus, per dictum Acionem ipsis monachis presentatus, per eos nobis representaretur. Nos vero predictis monachis indulsimus ut, Acione decedente, quandiu capellanus ab eo institutus viveret censum solitum eis reddere teneretur, et post mortem illius capellani ad representationem ipsorum nullo mediante rediret. Quod ut ratum et inconcussum permaneat sigilli nostri autoritate cum presentis scripti testimonio corroboravimus.

CXCII. — a. salutem in Domino D. — b. Villiers D.

---

1. Cette charte est postérieure à 1168, date de l'avènement de l'archevêque Guillaume, et antérieure à 1173, date d'une autre charte du même Guillaume réglant un différend entre Asce et le curé de Grandchamp au sujet du droit paroissial de Villiers-Saint-Benoit (*infra* n° CCIII).

2. Un différend s'éleva par la suite entre Asce, devenu chanoine d'Auxerre, et l'abbé Garnier au sujet de ce même droit. Un accord fut passé à ce propos en 1198 devant l'archevêque de Sens, alors Michel de Corbeil, et sous le sceau de l'archidiacre Manassès (Voy. plus loin à la date 1198).

CXCIII

Orléans, 1169.

Manassès, évêque d'Orléans, confirme la décision prise par Louis VII de transférer en un autre lieu la maison du Gué de l'Orme en raison de la stérilité du sol, et de la tenir éloignée d'au moins quatre lieues de l'abbaye de Saint-Benoit-sur-Loire; il prend acte de la promesse faite par l'abbé Sevin d'unir la communauté, après son transfert, à celle de Saint-Benoit-sur-Loire.

C, p. 337. — L, fol. 434, d'après B, fol. 155. — M, Bibl. nat., ms. lat. 12775, p. 117.

PUBL. : A. Vidier, *Ermitages orléanais au XII[e] siècle*, dans *Le Moyen Age*, 2[e] sér., t. X (1906), p. 95, et tirage à part (Paris [1906], in-8°), p. 42.

INDIQ. : K, p. 438, d'après B, fol. 155.

Ego Manasses[a], Dei gratia Aurelianensis ecclesie minister humilis, universis ad quos littere iste[b] pervenerint notum fieri volumus quatenus, cum ex petitione Sevini, abbatis de Vado Ulmi, dominus rex Francorum Ludovicus[c], sterilitatem loci considerans, sapientum virorum usus consilio, memoratam abbatiam transferri voluisset eamque per quatuor leugas ad minus a cenobio sancti Benedicti distantem[d] amoveri, usque ad festum sancti Remigii proximo[e] futurum in manu cepisset, nos domini regis autoritate et voluntate usi, memoratique abbatis fratrumque suorum petitione requisiti, idipsum statuimus, et ex tunc in eodem loco abbatiam manere inhibuimus eamque perpetuo inde removendam confirmavimus et confirmamus. Omnes autem illos qui huic concessioni domini regis et statuitioni nostre contradicere presumpserint autoritate Dei et nostra[f] anathemati supponimus[g]. Sciant autem universi quod memoratus abbas Sevinus[h] in presentia bonorum virorum, Meldensis abbatis de

---

CXCIII. — a. M. *C.* — b. presentes littere *M.* — c. L. *C.* — d. distantes *CM.* — e. proxime *M.* — f. mei *LC.* — g. supposuimus *M.* — h. S. *C.*

Chagia[i] et quorumdam aliorum religiosorum, cum fratribus suis jam dictam petitionem fecit et a festo sancti Remigii proximo abbatiam a loco memorato amoveri membrumque abbatie antedicte[j] fieri fideliter compromisit.

Actum anno incarnati Verbi M°C°LX°IX°, ordinatis in ecclesia sancte Crucis majoribus personis H[ugone] decano, L[etoldo] subdecano, W[illelmo] cantore, M[anasse] capicerio.

CXCIV

1170.

Arraud, abbé, et le chapitre de Saint-Benoit-sur-Loire, interdisent aux maires de la Cour-Marigny chargés de recouvrer et de payer les 300 sous dus sur leurs mairies au vicomte de Fessard, de percevoir plus que ladite somme, et arrêtent la répartition de la contribution à lever par chacun des maires Rainaud, Haton et Rainier[1].

C, p. 73. — D, fol. 19, d'après B, fol. 32 v°, n° 117. — E, fol. 135 v°.

In nomine sancte et individue Trinitatis amen. Quoniam[a] ea que sub oculis presentium habentur[b], processu temporis possunt oblivione deleri, necesse est ut quod successorum oblivione deletur per litteram sustineatur et vivat. Noverint ergo presentes et posteri quod de tribus majoriis nostris de Curte Matrinaci[c] vicecomiti Fessardi[d] singulis annis in martio trecentos solidos reddere debemus, et cum majores nostri in eadem terra prefatam pecuniam vicecomiti reddendam ex pre-

---

CXCIII. — i. *Corr. peut-être* virorum diocesis Meldensis, abbatis de Chagia. — j. in antea *M*.
CXCIV. — a. cum *E*. — b. sunt *E*. — c. Mariniaci *E*. — d. Fossardi *E*.

---

1. Ce document est a rapprocher d'un autre analogue, daté de 1180, et dans lequel les noms des baillies de chacun des trois maires sont indiqués : La Cour-Marigny, Oussoy et Montereau.
Un certain nombre de noms d'habitants, évidemment déformés par les copistes, peuvent être restitués de part et d'autre par la comparaison des deux textes; à cet effet on a désigné ici par la lettre Z le texte de 1180.

cepto nostro consuetudinarie accipere deberent [e], in prefatis majoriis nostris, sicut homines nostri conquerebantur [f], plus accipiebant. Eapropter ego Arraudus, abbas sancti Benedicti Floriacensis et capitulum nostrum, hominum nostrorum gravamen, pietatis intuitu et pro melioratione terre, cupientes precavere, quidquid [g] prefati homines ultra trecentos solidos persolvere solebant eis in perpetuum penitus indulgemus, salvis in eadem terra aliis consuetudinibus nostris. Hoc autem ea conditione firmamus [h] quod unusquisque hominum de tribus supradictis majoriis quod super eum recipiendum est et [i] in presenti cartula subscriptum, sine alio adjecto propter hanc collectam facto, singulis annis semel, die dominica ante medium quadragesime persolvat, similiter et eorum successores. Et [j] si aliquam de masuris nostris vacuam esse contigerit, is qui infra majoriam genere propinquior vel loco vicinior inventus fuerit, eam ad hanc et alias consuetudines quas debet assumat, si vero noluerit [k], alius de eadem majoria ad consuetudines quas alie masure debent eam teneat, et abbas sancti Benedicti quandiu vacua fuerit in manu sua eam teneat. Si autem nullus hominum nostrorum eam tenere voluerit, communitas majorie [m] quod de pecunia vicecomiti persolvenda super eam nectendum est [n], usque dum eam alius teneat, pro ea persolvet. Quod ut in posterum ratum inconvulsumque [o] permaneat nostro annulo et capituli nostri sigillo hanc pactionem [p] fecimus roborari.

Actum Floriaci publice, anno ab incarnatione Domini M°C°LXX° [q]. Huic rei interfuerunt Dagobertus prior, Arnulphus subprior, Bernardus [r] tertius in ordine, Petrus celerarius, Artaudus [s] prepositus, Garnerius [t] prior Lorriaci [u], Otbertus [v] prepositus de Curte Matriniaci [x].

CXCIV. — *e.* debent *E.* — *f.* exquirebant *D*; acquirebant *E.* — *g.* quod *D*. — *h.* firmavimus *D*. — *i.* quod super eum... et *C*; quod sit eum... endum est et *D*: quod sequitur et *E*. *Restituer probablement* quod super eum recipiendum est. — *j.* sed *C*: et *omis par E*. — *k.* et si noluerit *DE*. — *l.* alius *E*. — *m.* majorie solvet pro eo pecuniam vicecomiti persolvendam usque dum eam masuram alius teneat. Quod... *E*. — *n.* sit eam nectendum est *omis par C qui laisse un blanc. Corr.* sit donné par *D en super.* — *o.* intermissumque *D*; inconcussumque *E*. — *p.* hanc pactionem *omis par C*. — *q.* centesimo trigesimo *E*. — *r.* Girardus *D*. — *s.* Arraudus *D*; Pacaudus *E*. — *t.* Salvoninus *D*. — *u.* Loriaci *C*. — *v.* Bertholomeus *D*; Orbatus *E*. — *x.* Martiniaci *E*.

Hoc est quod super homines nectendum [y] est de baillia [z] Rainaldi [a] majoris[1] :

Galterius de Anseribus [b], II sol. VI den.
Rainerius de Bosco [c], XVIII den. [d]
Rainerius Valleran [e], XVIII den. [f]
Robertus Bordelinus [g], III sol. VI den.
Labelus [h], II sol.
Guido de Bosco [i], II sol.
Galterius de Molandino novo, II sol. VI den.
Defunctus Belotus [j], II sol.
Auburgis [k], VI den.
Reginaudus [l] de Spineto, II sol.
Ingrant [m] Tornator, XVIII den. [n]
Paganus [o] le furners, XIII den. [p]
Theobaldus [q] de Campis, II sol.
Bonus Valerius [r], XIII den. [s]
Guido de Luet [t], II sol. et VI den.
Masura de Laer [u], III sol.
Bricasis [v], XVIII den. [x]
Guido de Varenna [y], III sol. et VI den.
Gaufridus Passeleve [z], III sol.
Joannes Bonus Valletus, XIII den. [a]
Jobertus de Lanma [b], II sol.

CXCIV. — y. nectendum est *omis par CE qui laissent un blanc.* — z. ballia C. — a. Pamaldi C; Ramalli D. — b. de Ensibus D; de Arsibus E *avec abréviation sur l'i.* — c. Rannius de Bosto D; Rammerius de Bosto E. — d. I sol VI den. C; XVII den. E. — e. Rannius Valerans D; Rammerius Valerano E. — f. I sol. VI den C; XVII den. E. — g. Bolvelnus C. — h. Labelnet CE. — i. Bosto CDE. Corr. Bosco. — j. Bilotus D. — k. Penburgis E. — l. Reginaldus E. — m. Ingr naus D. — n. I sol. VI den. C; XVII den. E. — o. *art. reporté plus loin par DE, après Berengerius Tornator; le furncrus D; a furnero E.* — p. I sol. I den. C. — q. Teobaldus D. — r. Cf. Bonvaaler de loco *dans Z.* — s. I sol I den. C; XVII den. E. — t. Delnet E; cf. de Loet *dans Z.* — u. Laet C; cf. de Aer *dans Z.* — v. Cf. Masura Renaudi Bricasis *dans Z.* — x. I sol VI den. C; XVII den. E. — y. Cf. de Varennis *dans Z.* — z. Passelent C; Passelene DE; cf. Passelere *dans Z. Corr.* Passeleve. — a. I sol. I den. C. — b. Jombertus de Lanneo D; Jobertus de Tanna E.

---

1. Cf. la *Baillia de Curte Matriniaci* du rôle de 1180.

Aubertus de Horrea^c, xiii den.^d
Berengerius^e Tornator, ii sol.
Hugo Benedictus^f, xiii den.^g
Guillelmus li Bergé, xviii den.^h
Masura Henrici, i sol. vi den.ⁱ
Arnulphus Fetard^j, xiii den.^k
Angorrant^l, xv den.^m
Joannes Gripeⁿ, xiii den.^o
Morinus de Aia^p, xiii den.^q
Lambertus de Aia^r, xiii den.^s
Stephanus de Foresta^t, xiii den.
Gaufridus, iv den.^u
Gaudinus, ii den.
Arnulfus^v de Porta, vi den.
Uxor Bernardi^x, vi den.
Stephanus Ribotes^y, xiii den.

Homines de baillia^z Rainaldi majoris debent reddere in martio^a : lviii sol. viii den.^b

De ballia Hatonis[1] :
Guido de Bugis, iv sol.
Guillelmus de Ulmo, ii sol.
Joannes Avis^c, xiii den.
Pinardus^d, ii sol.

CXCIV. — *c.* de Horea *D*; de Hares *E*. — *d.* i sol. i den. *C*. — *e.* Berengius *D*. — *f.* Benedic... *omis par E qui laisse un blanc*. — *g.* i sol. i den. *C*. — *h.* i sol vi den. *C*; xvii den. *E*. — *i.* xvii den. *DE*. — *j.* Arnulphus Fetart *D*; Arnulphus Fecart *E*. — *k.* i sol. i den. *C*. — *l.* Angoriatus *CD*; Pingorrant *E*; *cf. la leçon* Amorrant *dans Z*. *Corr. probablement* Angorrant. — *m.* i sol. iii den. *C*. — *n.* Gripe *omis par C*; Giste *E*. — *o.* i sol. i den. *C*. — *p.* de Aia *omis par C*; de Anima *D*. — *q.* i sol. i den. *C*. — *r.* de Aia *omis par C*; de Anima *D*.— *s.* i sol. i den. *C*. *t.* de Foresta *omis par C*; Sciemus *D*; Foremus *E*. *Corr.* de Foresta *d'après Z*. — *u.* iv sol. *E*. — *v.* Arnulphus *DE*. — *x.* Bernaldi *E*. — *y.* Riboteus *D*. — *z.* ballia *C*. — *a.* in partitione *D*; in ... *E*. — *b.* xlviii sol. viii den. *E*. — *c.* Joannes Amb. *E*; *cf.* Joannes Oisel *dans Z*. — *d. Cf.* Masura Pinardi de Haex *ou de* Hac *dans Z*.

---

1. Cf. la *Baillia de Monsteriolo* du rôle de 1180.

Arnulfus[c] de **Bugis**, ii sol.

Reginaudus[f] Verrat[g], xiii den.

Masura Reginaudi Conduit[h], ii sol.

Duardus[i] Rufus, vi den.[j]

Theobaldus Burdinus[k], xiii den.

Frambertus[l], xiii den.

Guido de Nemore Herberti[m], ii sol.

Masura Duranni[n], ii sol.

Reginaudus Boat[o], xiii den.

Arnulfus[p] Divinator[q], iii sol.

Masura Friquiau[r], ii sol.

Masura Martini[s] de Rotundo[t], ii sol.

Rainerius[u] de Bugis, ii sol.

Masura Girardi Conduit[v], xiii den.[x]

Girardus Ralus[y], vi den.

Masura Martini[z], xiii den.

Masura defuncti Brunii[a], ii sol.

Filii defuncti Bauduini[b], ii sol.

Masura Girardi Core[c], xviii den.[d]

Amiardus[e] Pellé[f], vi den.

Dodo Munerius[g], vi den.

Giraudus Docte[h], vi den.

Frambertus Richiers[i], xviii den.[j]

Reginaudus de Malaisse[k], ii sol.

CXCIV. — e. Arnulphus E. — f. Reginaldus E. — g. Cf. Masura Girardi Mirrat dans Z. — h. Conduict D; Adnet E. — i. Eduardus C; Enolius D; cf. Doardi Rufi dans Z. — j. xviii den. D: xvii den. E. — k. Teobaldus Binderius D; Teobaldus Burdinus E. — l. Cf. Masura Framberti Conduit dans Z. — m. de Nemora, ii s. CD; Nerberti E; peut-être doit-on restituer : Guido de Nemore, ii sol.; [Masura] Herberti ii sol. — n. Duramni C; cf. Masura Brunelli Durandi dans Z. — o. Reginaldus Loat E; cf. Masura Renaldi Boart dans Z. — p. Arnulphus E. — q. cf. Masura Herberti Divinatoris dans Z. — r. Friquau D; Friqua E. — s. Martini omis par D qui laisse un blanc. — t. Recundo E. — u. Renius D; Ramerius E. — v. Conduict D; Adnet E. — x. xvii den. E. — y. Ralus omis par C; Vals. E. — z. Maximi E. — a. Bruni E; cf. Masura Gerardi Bron dans Z. — b. Baudinini D; Bauduin E; cf. Masura Roberti Balduin dans Z. — c. Coste D. — d. xvii den. E. — e. Amiardus omis par D qui laisse un blanc.— f. Pellé omis par C; tout l'article omis par E.—g. Munerius omis par D; tout l'article omis par E. — h. Doete C. — i. Richerius D. — j. xvii den. E. — k. Mallaisse D; cf. Malesse dans Z.

Chanois[l], xiii den.

Masura Osderie[m] de Malaisse[n] et Dodonis[o] de Malaisse[p], ii sol.

Masura Pelliparii, vi den.

Masura Galteri[q], ii sol.

Giraudus de Spina[r], ii sol.

Guillelmus de Spina[s], xiii den.

Masura Angeri[t] de Spina, xiii den.

[Masura] Constantii, vi den.

Masura Guidonis de Colle, xviii den.[u]

Benedictus[v] de Laer, xviii den.[x]

Masura Theobaldi[y] de Musteriau[z], ii sol.

Masura Tabenas[a], vi den.

Bonetus[b] de Trunco[c], xiii den.

Reginaudus Albus[d], ii sol.

Briburgis[e], xiii den.[f]

Giraudus[g] Embaut[h], xviii den.[i]

Morellus Famulus[j], xiii den.

Masura de Molendino[k] Ascelini[l], vi den.

Uxor Landrici[m], ii sol.

Bernardus de[n] la Noë, vi den.

Radulfus[o] de Gregefaut[p], xiii den.

Bernardus Gelins[q], xviii den.[r]

Morinus[s] Embaut[t], xiii den.

Renerius[u] Sacerdotis, vi den.

Petrus Jocelinus[v], xviii den.[x]

CXCIV.— *l.* Chamnois *D*; Channois *E*. — *m.* Osderie *omis par C*; Osdore *E*. — *n.* Mallaisse *D*. — *o.* Denis *D*.; *cf.* Odonis *dans Z*. — *p.* Mallaisse *D*. — *q.* Anteri *DE*. — *r. Cf.* Giraudus de Lapinaie *dans Z*.—*s. Cf.* Guillermi de Spineria *dans Z*. — *t.* Angor *D*. — *u.* xvii den. *E*.— *v.* Rudenus *E*. — *x.* xvii den. *E*. — *y.* Teobaldi *DE*. — *z.* Ministeriau *E*. — *a.* Talenati (?) *D*; Talenan *E*. — *b.* Boneus *D*. — *c. Cf.* Berengerii de Tronco *dans Z*. — *d.* Albinus *C*; *cf.* Reginaldi Albi *dans Z*.— *e.* Biterurgis *D*; Griburgis *E*. — *f.* xiii sol. *D*. — *g.* Benedictus *D*; Girem dictus *E*. — *h.* Embaut *omis par C*; Membaut *D*; *cf.* Giraudi Embaut *dans Z*. — *i.* xvii den. *E*. — *j.* Famulus *omis par C*. — *k.* Molandino *CE*, — *l.* Astelini *CE*. — *m.* Lamberti *C*. — *n.* de *omis par C*. — *o.* Radulphus *E*. — *p.* Gechefait *D*; Gerbefaict *E*.— *q.* Renardus Gelius *DE*.—*r.* xvii den. *E*. — *s.* Mornerius *C*. — *t.* Embaut *omis par C*; Embaus *E*; *cf.* Morinus Ambaut *dans Z*. — *u.* Gener *CE*. – *v.* Joachimus *D*; Joelmus *E*. — *x.* xvii den. *E*.

Robertus Joanna[y], xviii den.[z]
Arnulphus de Chaneio[a], xviii den.[b]
Filius Ogerii, xviii den.[c]
Hurricus[d] de Chaneio[e], xiii den.
Masura Pinelli[f], vi den.[g]
Rainaldus Chaumans[h], xviii den.[i]
Stephanus Chaumans[j], xiii den.
Masura Odeardi[k], xiii den.
Stephanella, xiii den.
Ludellus[l], xiii den.
Masura Hugonis, xiii den.
Rainaudus[m] Baudrier[n], xiii den.
Guido Tornator, ii sol.[o]
Masura Christiani, xiii den.
Masura Vitalis, xiii den.
Garnerius[p], vi den.
Rainaudus[q] Maria, vi den.
Petrus de Curgum, xiii den.
Masura Valleri[r], xiii den.
Rainaudus Chamotet[s], xiii den.
Masura Fillonis[t], vi den.
Girardus Bermiers[u], xviii den.[v]
Natalis, vi den.
Radulfus[x] Bigotus, xiii den.
Hugo Afiardus[y], xiii den.
Masura Baronis[z], xiii den.

CXCIV.—*y*. Johanna *D*; *cf.* Roberti Joannis *dans Z*. — *z*. xvii den. *E*. — *a*. Arnulfus de Chasneio *D*; *cf.* de Chaneto *dans Z*. — *b*. xvii den. *E*. — *c*. xvii den. *E*. — *d*. Henricus *DE*; *cf.* Urricus *dans Z*. — *e*. Chasneio *D*; *cf.* de Chaneto *dans Z*. — *f*. *cf.* Girardi Pinel *dans Z*. — *g*. ii den. *C*. — *h*. Rainallus Chaumanus *D*. — *i*. xvii den. *E*. — *j*. Chaumanus *D*; *cf.* Chalin, Chaslin *ou* Chalien *dans Z*. — *k*. Eduardi *C*: Verardi *D*. — *l*. Cudellus *C*; Indellus *E*; *cf.* Ludel *dans Z*. — *m.C et article et les deux suivants reportés par DE après Masura Baronis*. — *n*. Rennandus de Curtbaudrier *D*; de Granbaudrier *E*. — *o*. ii den. *C*. — *p*. Saturnus *D*. — *q*. Renaudus *E*; *cf.* Masura Reginaldi Marie *dans Z*. — *r*. Valeri *D*. — *s*. Chamote *D*; Renaudus Chamotte *E*; *cf.* Chamote *dans Z*. — *t*. Filonis *D*. — *u*. Berinnerius *D*; Banniers *E*. — *v* xvii den. *E*. — *x*. Radulphus *E*; *cf.* Rogerii le Biguot, le Bigaut *ou* le Biguet *dans Z*. — *y*. Avrandus *D*: Asiardus *E*. — *z*. Bertonis *D*: Batonis *E*.

Masura Limpidis[a], xviii den.[b]

Robertus Conduit[c], xiii den.

Rabutel, vi den.

Masura Senaut[d], vi den.

Masura Bernardi de Musteriau[e], ii sol.

Masura Armurarii[f], vi den.[g]

Guillelmus li Muniers[h], vi den.

Girardus[i] de Rulio[j], vi den.

Archardus[k], vi den.

Rogerius, vi den.

Stephanus de Feudo[l] Hatonis, xiii den.

Herbertus[m], vi den.

Hato de Curgum, vi den.

De feodo[n] Rainaudi Asselini[o], iii sol. et vi den.

Homines de baillia Hatonis majoris debent reddere in martio[p], vi lib. minus xxii den.[q]

De baillia Rainerii[r] majoris[1] :

Uxor Roberti de Rivulo[s], xiii den.

Masura Mapulet[t], ii sol.

Girbertus[u] Morardus[v], xiii den.

Theobaldus[x] Famulus[y], ii sol.

Berengerius[z] de Traleto[a], vi den.

CXCIV. — a. Lampedis *D*. — b. xvii den. *E*. — c. Conduict *D*; Adnet *E*. — d. Senaut *omis par D qui laisse un blanc*. — e. Mustiau *D*; Munsterio *E*. — f. Armurarii *omis par D qui laisse un blanc*; Armerant *E*. — g. vii sol. *D*. — h. Hummierus *D*; le Muniers *E*. — i. Giroartus *D*; Girourus *E*. — j. de Rulio *omis par C, omis par E, qui laisse un blanc*. — k. Archombertus *D*; Achardus *E*. — l. Feodo *D*. — m. Hebertus *C*. — n Feodo de *C*. — o. Remandi Aslini *C*; Rainaldi Astelini *E*. — p. in partitione *D*; in ... *E*. — q. vi lib. ii den. *D*; vi libras et ii denariis minus *E*. — r. et de ballia Rainaldi *C*. — s de Parvulo *D*; cf. Masura Morelli de Ru *dans Z*. — t. cf. Malpele *dans Z*. — u. Gibertus *C*. — v. Merandus *D*. — x. Teobaldus *DE*. — y. Pavils *E*. — z. Beringerius *D*. — a. de Traleto *omis par C*; de Lueleto *D. Corr. peut-être de Corileto*.

---

1. Cf. la *Baillia de Usseto* du rôle de 1180.

Joannes de Colle, xiii den. [b]

Reginaudus[c] de Colle, xiii den. [b]

Curecreche, xiii den.

Herbertus filius ejus, xiii den.

Rainaudus Proprius[d], iii sol. [e]

Herbertus Berry[f], xiii den.

Guido de Noa[g], ii sol. [h]

Uxor Giraudi de Noa[i], ii sol.

Rainaudus de Noa, xviii den. [j]

Guido Tertius[k], ii sol.

Andreas de Prato[l], ii sol.

Rainaudus[m] de Campo Lupino[n], xv den.

Herbertus Burgaudus[o], xviii den. [p]

Hugo de Codreio[q], iii sol.

Achardus[r] Bosenus[s], xv den.

Remigius[t] Potes[u], xv den.

Henricus Burde[v], xiii den.

Petronilla, vi den.

Gaufridus de Corcellis[x], ii sol.

Potinus, xiii den,

Obertus[y] Pincherius[z], xv den.

Paganus Fucherus[a], ii sol.

Herbertus Fucherus[a], xiii den.

Jocerandus[b], xiii den.

Christianus Lefreus[c], ii sol. et vi den.

Rainaudus[d] Aales[e], xiii den.

CXCIV. — b. xii den. D. — c. Giraudus E. — d. Proprius omis par C; omis par E qui laisse un blanc; cf. les leçons Primi, Perin, Present dans Z. — e. ii sol. E. — f. Berri D; de Berre E; cf. Berruyer dans Z. — g. Noe E. — h. ii den. E. — i. Noe E. — j. xvii den. E. — k. Terrestris D; Itrus E; cf. les leçons Trotois et Tretor dans Z. — l. de Puteo D; de ... E. — m. Reinaudus D.— n. Cf. Renerii de Champloes dans Z. — o. Burgundius D. — p. xvii den. E. — q. Cotreio D. — r. Richardus DE. — s. Boseptus D; cf. les leçons Bossart, Bossier. dans Z. — t. Reneius D; Renerius E. — u. Polee D; cf. Poteret dans Z. — v. Binde D. — x. Corellis E. — y. Robertus E.— z. Pincherius omis par C; Picherius E; cf. les leçons Pinchero et Pinchere dans Z. — a. Fucherus omis par C; Fuchinus D; Fuchis E. Corr. Fucherus d'après les leçons Feucher, Focher et Folcher dans Z. — b. Seortandus D; Jocrandus E. — c. Lefreus omis par C; Costedeus D; Lesreus E. Corr. Lefreus d'après la forme Lefre dans Z. — d. Reinaudus DE. — e. Miles C; Aales omis par E qui laisse un blanc; cf. Ales dans Z.

Renardus Lefredus [f], xviii den. [g]
Masura Ruelet [h], ix den. [i]
Aubertus Porcherius [j], xiii den.
Guido Jolanus, xiii den.
Constantius de ..., xv den.
Stephanus Ratus [k], ii sol.
Gaufridus Chaucuns [l], xviii den. [m]
Frambertus [n] Herveus, ii sol.
Brunellus de Campis, ii sol.
Guillelmus de Usseio [o], vi den.
Rainaudus [p] Tennius [q], ii sol.
Rainerius [r] Curtius [s], vi den.
Gosbertus [t] miles, ii sol.
Filia Dei [u], xviii den. [v]
Campus Arici [x], ix den. [y]
Fambertus Pertus [z], ii sol.
Molendinum [a] de Magno Campo, iv sol.
Guido de [b] Colle, iii sol.
Uxor Belini, ii sol. et vi den.
Rainaudus [c] de Nois, iii sol.
Masura Contegis, xiii den. [d]
Gauterius [e], xv den.
Vallerans [f], xiii den.
Odeers [g] de Alnetis, vi den.
Rainaudus [h] Gauterius [i], iii sol.
Fuscherius [j] Rannans [k], ix den. [l]

CXCIV. — *f*. Lesfredus *E*. — *g*. xvii den. *E*. — *h*. Ruelei *D*; Ruelae *E*. — *i*. ii den. *E*. — *j*. Porcherius *omis par C*: Porchinus *D*. — *k*. Ratus *omis par C*, *et par D qui laisse un blanc*. — *l*. Chaucuns *omis par C*; Chaucunus *D*; *cf*. Chauton *ou* Chanton *dans Z*. — *m*. xvii den. *E*. — *n*. Isambertus *D*; Stambertus *E*. — *o*. de Fosseio *D*. — *p*. Reinaudus *D*; Renaudus *E*. — *q*. Tennius *omis par C*: *omis par D qui laisse un blanc*. — *r*. Rameius *D*: Samerius *E*. — *s*. Curtius *omis par C*; Aircuis *E*. — *t*. Gastartus *D*: Boseatus *E*: *cf*. Josbertus *dans Z*. — *u*. Filia ejus *C*; Filia dicti *E*: *cf*. Filia Dei *dans Z*. — *v*. xvii den. *E*. — *x*. Corci *D*; Ariot *E*; *cf. les leçons* Chefari, Chefari *dans Z*. — *y*. ii den. *E*. — *z*. ... Pelu *D*; *article omis par E qui laisse un blanc*. — *a*. exiendum *C*: molandinum *E*. — *b*. de *omis par D*. — *c*. Reinaudus *DE*; *cf*. Renerius de Nois *dans Z*. — *d*. xii den. *D*. — *e*. Gaulterius *D*. — *f*. Valeranus *D*. — *g*. Oderius *D*; Odoers *E*. — *h*. Reinaudus *E*. — *i*. Gauterius *omis par D*. *j*. Fustimbertus *D*. — *k*. Ramanus *D*; Raimans *E*. — *l*. ii den. *E*.

Uxor Manerii [m], ıı sol.

Pinardus Tunica [n], ıx den. [o]

Robertus de Anquerri [p], xvııı den. [q]

Rainaudus [r] Testa [s], xvııı den. [t]

Brunellus [u] Tunica [v], xııı den.

Rainaudus [x] Ossanna [y], xvııı den. [z]

Vitalis Cornet, xııı den.

Robertus ..., xııı den.

Rainaudus [a] Vivianus [b], ıı sol.

Jolanus [c] Testa, xııı den.

Arnulfus [d] Bubulcus, ıı sol.

Uxor Lucrantis [e] bonum, ıı sol.

Masura de Umbleto [f], ıx den.

Masura Erici [g], ıı sol.

Robertus Ericus [h], vı den.

Ermafroditus [i], vı den.

Berengerius [j] Maubertus, xııı den.

Droandus [k] Carnotensis, ııı sol.

Guillelmus de Sauceto [l], xvııı den. [m]

Gauterius Torchefelum [n], xvııı den. [o]

Arnulphus [p] Gıfardus, xv den.

Robertus Chamans [q], xv den.

Ermenaudus [r], xııı den.

Uxor Heberti [s], xııı den.

Gaufredus Maumerons [t], xııı den.

CXCIV.— *m*. Martini *C*; Mauricii *E*.— *n*. Tunica *omis par C*; Tumat *E*.— *o*. ıı den. *E*. — *p*. de Anquerri *omis par C, et par D qui laisse un blanc: cf. la leçon* Ancons *ou* Aveons *de E dans Z*. — *q*. xvıı den. *E*. — *r*. Renaudus *D*; Reinaudus *E*. — *s*. Resta *E*. — *t*. xvıı den. *E*. — *u*. Brunella *D*. — *v*. Tunica *omis par E qui laisse un blanc*. — *x*. Reinaudus *DE*. — *y*. Ossanna *omis par C, et par D qui laisse un blanc*.— *z*. xvıı den. *E*. — *a*. Reinaudus *DE*. — *b*. Vimmandus *E*. — *c*. Jeianus *C*. — *d*. Arnulphus *E*. — *e*. Lucrantis *omis par CD*. — *f*. de Taubleto *C*; de Dubleto *D*. — *g*. Arici *C*. — *h*. Ericus *omis par C*. — *i*. Ermasicoteus *D*; Hermafroditus *E*; *cf. les leçons* Armanfrederie *et* Armanfredus *dans Z*. — *j*. Beringius *D*. — *k*. Ricaudus *D*; Durandus *E*. — *l*. Sanceto *C*; Saureto *D*; Savorto *E*. *Corr*. Sauceto *d'après la forme* Saliceto *dans Z*. — *m*. xvıı den. *E*. — *n*. Torchefelum *omis par C*; Corchefelum *D*; *cf*. Torche Feton *dans Z*. — *o*. xvıı den. *E*. — *p*. Arnulfus *D*. — *q*. Chamand *C*; Chamanus *D*. — *r*. *article reporté par DE après* Frambertus Aldricus. — *s*. Roberti *D*; Deberti *E*. — *t*. Maumeronus *D*; Maumerens *E*; *cf*. Maunneron *dans Z*.

Girardus^u Imbertus^v, xiii den.

Radulphus^x Sauvages^y, xviii den.^z

Frambertus^a Aldricus^b, xv den.

Masura Guichardi^c, vi den.

Girardus Beliardus, ix den.

Remigius^d Tretuns^e, ii sol.

Joannes Beliardus, xviii den.^f

Theobaldus^g Morellus, iii sol.

Masura Finnardi^h, vi den.

De feodo Remigiiⁱ, Robertus^j Girbaudus, vi den.

Isambertus^k, xiii den.

Frambertus^l, vi den.

Henno^m de Noaⁿ, vi den.

Gauterius^o Trecons^p, xiii den.

Theobaldus^q Gefardus^r, vi den.

De hominibus Guidonis, iii sol.

Reinerius Triandus^s, vi den.

Arnulfus^t de Colle, vi den.

Homines de baillia^u Rainerii majoris debent reddere in martio^v vii lib. et iii sol. et vi den.

Ut autem hec^x res firmior sit et nullatenus deinceps possit infirmari, hujus cartule^y transcriptum^z penes nos manet reconditum.

Data^a per manum Guillelmi armarii.

CXCIV. — u. Richardus D; Dioardus E. — v. Ibertus CD. — x. Radulfus D. — y. Sauvage D; Sauvaiges E. — z. xvii den. E. — a. Flambertus D. — b. Audricus E. — c. Guichardi omis par D qui laisse un blanc: Gioberti E. — d. Ramius D; Reinerius E. — e. Tretuns omis par D qui laisse un blanc. — f. xvii den. E. — g. Teobaldus DE. — h. Furnardi D; Fuinardi E. — i. de feodo banni D; de feodo Ramerii E. — j. Roberti E. — k. Isembardus D; Isebaudus E. — l. Flanbertus D. — m. Enno E. — n. Noe E. — o. article omis par E. — p. Trecanus D. — q. Teobaldus DE. — r. Gofridus D. — s. Triandus omis par C, et par D qui laisse un blanc. — t. Arnulphus CE. — u. ballia E. — v. in concessione D; in ... E.— x. hec omis par E. — y. articulae D.— z. inscriptum D; testimonium E. — a. Acta D.

CXCV

Teillay-Saint-Benoit[1], *1171.*

Manassès, évêque d'Orléans, à la requête d'Arraud, abbé de Saint-Benoit-sur-Loire, confirme à l'abbaye une dîme de vin à Darvoy, donnée par Forin de Sully.

C, p. 241.

INDIQ. : *b*, fol. 337 v°, d'après *B*, fol. 111 *(sic)*. — *K*, p. 428, d'après *B* fol. 129 *(sic)*.

Ego Manasses, Dei gratia Aurelianensis episcopus, declarandum duximus universis tam presentibus quam futuris quia, cum abbatia beati Benedicti ex dono Forini de Soliaco quandam decimam vini, que de feodo nostro est, apud Darveium, sine assensu nostro possedisset, tandem ad preces et petitionem dilectissimi fratris nostri Arraudi abbatis et totius capituli premissum concessimus et laudavimus donum, et inde sicut de feodo nostro premisse abbatie tam nos quam successores nostri episcopi guarentiam in perpetuum portabimus. Quod ut perpetue stabilitatis obtineat munimentum, presens inde scriptum fecimus et sigilli nostri autoritate communivimus.

Actum publice apud Tigleium, sub ulmo ante monasterium, anno incarnationis dominice M°C°LXX°I°, episcopatus nostri anno XXVI°. Astantibus ibidem nobiscum tam clericis quam servientibus : Guarnaldo, succentore sancte Crucis; Radulfo de Fretavalle, sancte Crucis canonico; Radulfo, milite de Puisos; Pagano de Arverna, serviente nostro; Roberto de Marzeio, preposito Guargogili; Hervaldo Carnotensi; astantibus ex parte monachorum et abbatis : Arnulfo, Stampensi priore; Guiberto,

---

1. La copie unique de cet acte donne pour le nom du lieu où il fut fait *Tigleium*, qui doit s'identifier avec Teillay-Saint-Benoit où l'abbaye avait des domaines importants; toutefois il n'est pas impossible qu'à travers des transcriptions successives, on ait lu *Tigleium* pour *Sigleium*; il s'agirait alors de Sigloy, non loin de Jargeau et de Darvoy.

hospitiario, Guiberto milite, Gualterio Marescallo, Joanne Marescallo, Barone Stampensi, Thoma de Gilliaco, Radulfo Stampensi, Stephano de Hospitio, Herveo Salmario, Jordano de Darveyo, Andrea fratre suo; ordinatis in ecclesia sancte Crucis majoribus personis, Hugone decano, Villelmo cantore, Letoldo subdecano, Manasse capicerio.

Datum per manus Odonis, clerici nostri et notarii.

CXCVI

Saint-Benoit-sur-Loire, 1171.

Arraud, abbé de Saint-Benoit-sur-Loire, termine par un accord avec l'archevêque et le chapitre de Sens un différend relatif à la répartition des revenus de l'église Notre-Dame de Lorris entre l'abbaye, l'archevêque et les deux desservants[1].

ORIG. : Archives départementales de l'Yonne (Bibliothèque de Sens), G 137, n° 5; autrefois scellé sur lacs de soie rose.

INDIQ. : Quantin, *Cartulaire général de l'Yonne*, t. II, p. 211.

Fructuose consuetudinis usus inolevit ut que memorie commendenda dinoscuntur, quoniam tractu temporum labi possunt et a memoria mortalium decidere, vivacitati litterarum commendentur. Ego igitur Arraudus, Dei gratia abbas sancti Benedicti Floriacensis, et universus ejusdem ecclesie conventus tam futuris quam presentibus declaratum esse volumus quod, cum inter nos et dominum Willelmum, venerabilem Senonensis ecclesie archiepiscopum et apostolice sedis legatum, et ejusdem ecclesie capitulum longo tempore gravis contentio super ecclesia Beate Marie de Lorriaco versaretur, bonorum et discretorum virorum mediante consilio, utriusque partis grato concurrente assensu, per gratiam Dei talem sortita est compo-

---

1. Cf. les deux chartes qui suivent expédiées l'une au nom de l'archevêque et l'autre au nom du chapitre de Sens.

sitionem. De universis siquidem oblationibus et proventibus tam pro vivis quam pro defunctis, sive intra jamdictam ecclesiam sive extra, tam ex ecclesia quam pro ecclesia, tam privatim quam publice, quocumque modo percipiendis, medietas nobis et archiepiscopo Senonensi equaliter cedet, aliam vero medietatem duo sacerdotes ibidem deservientes habebunt. Verum sacerdotes tam presentes quam eorum successores necnon eorum ministeriales de predictis portionibus nobis et archiepiscopo provenientibus tale nobis in capitulo beati Benedicti et archiepiscopo apud Senon[as] in perpetuum prestabunt juramentum quod nullatenus nos vel archiepiscopum defraudabunt sed nec defraudari scienter permittent. Preterea, presentatio Bullani et successor ejus ad nos spectabit; donationem vero alterius presbyterii, quod nunc Henricus obti[net, sine ali]qua presentatione archiepiscopus Senonensis jure perpetuo obtinebit. In decimis annone [quinque partes] in perpetuum habebimus, sextam vero partem sacerdotes obtinebunt, in grangia nostra quam habemus Lorriaci eam plenarie et absque aliqua difficultate percepturi; in decimis vini necnon et aliis decimis que minute vocantur medietatem habebimus, sacerdotibus aliam medietatem consequentibus. Donationes scolarum uno anno habebimus, archiepiscopus vero alio anno easdem habebit, quod equa vicissitudine processu temporum observabitur. Adicientes quod quocumque modo una pars aliquam susceperit ampliationem, pars altera consimili gaudebit incremento. Actum in capitulo nostro anno incarnationis Dominice M° C°.LXX°I°., astantibus fratribus nostris : Dagoberto priore, Arnulfo subpriore, Petro cellerario, Artaudo preposito et Stephano thesaurario.

CXCVII

Sens, 1171.

Guillaume, archevêque de Sens, termine par un accord avec l'abbé Arraud un différend relatif à la répartition des revenus de l'église Notre-Dame de Lorris entre l'archevêque, l'abbé et les deux prêtres desservants[1].

C. p. 281. — D, fol. 201, d'après B, fol. 129 n° 557.

INDIQ. : b, fol. 327, d'après B, fol. 129. — K, p. 426, d'après B, fol. 129. — L, p. 422, d'après B, fol. 129.

Willelmus, Dei gratia Senonensis archiepiscopus et apostolice sedis legatus, omnibus sancte matris ecclesie filiis tam futuris quam presentibus ad quos littere iste pervenerint in Domino salutem. Que in controversiam[a] deducuntur, si quando per sententiam seu compositionem gratum sortiuntur finem, scripto debent commendari, ne alicujus tergiversatione possint inverti sive aliqua oblivione aboleri. Hujus itaque considerationis intuitu, universitati vestre notum fieri volumus quod contentio que inter nos et Arraudum, abbatem, et monasterium sancti Benedicti Floriacensis, super ecclesia beate Marie Loriacensis vertebatur, capituli ecclesie Senonensis grato concurrente assensu, tali terminata est compositione. De universis siquidem oblationibus et proventibus tam pro vivis quam pro defunctis, sive intra jam dictam ecclesiam, sive extra, tam ex ecclesia quam pro ecclesia, tum privatim quam publice, quocunque modo percipiendis, medietas nobis et ecclesie sancti Benedicti equaliter cedet, aliam vero medietatem duo sacerdotes ibidem deservientes habebunt. Verum sacerdotes tam presentes quam eorum successores necnon et eorum ministeriales de predictis portionibus nobis et memorato monasterio provenientibus tale nobis Senonis et abbati et monachis in capitulo sancti Benedicti in perpetuum juramentum prestabunt quod nullatenus nos vel ipsos monachos defraudabunt sed nec defraudari scienter permittent. Preterea, donationem alterius presbyterii[b], quod nunc Henricus obtinet, sine aliqua presenta-

---

CXCVII. — a. controversia D. — b. presbiteri CD. Corr. presbiterii d'après les chartes n°° CXCVI et CXCVIII.

---

1. Cf. la charte précédente expédiée au nom de l'abbé Arraud, et la suivante expédiée au nom du chapitre de Sens.

tione jure perpetuo obtinebimus, presentatio vero Bullani et successorum ejus ad ecclesiam beati Benedicti spectabit. In decimis annone, prefati monachi quinque partes in perpetuum habebunt, sextam vero partem sacerdotes obtinebunt, in grangia^c monachorum quam habent Loriaci eam plenarie et absque aliqua^d difficultate percepturi; in decimis vini^e necnon et aliis decimis que minute vocantur, monachi medietatem habebunt, sacerdotibus aliam medietatem consequentibus. Donationem scholarum uno anno habebimus, monachi vero alio anno eamdem habebunt, quod equa vicissitudine processu temporum observabitur. Adjicientes quod quocunque modo una pars aliquam susceperit ampliationem, pars altera simili gaudebit incremento. Actum est^f publice in palatio Senonensi, anno incarnati Verbi MC°LXX°I, presente venerabili fratre nostro Mattheo^g, Trecensi episcopo, et astantibus nobis personis ecclesie Senonensis : Hilduino, thesaurario; Odone, decano; Gaufrido, precentore; Guidone, archidiacono Gastinensi; Hugone, archidiacono Stampensi.

CXCVIII

Sens 1171.

Eudes, doyen, et le chapitre de Sens, confirment l'accord conclu entre Guillaume, archevêque de Sens, et Arraud, abbé de Saint-Benoît, au sujet des revenus de l'église Notre-Dame de Lorris.

C, p. 282. — D, fol. 202 v°, d'après B, fol. 129 r°, n° 558. — K, p. 796, d'après l'original, avec référence à B, fol. 129.

In nomine sancte et individue Trinitatis, ego Odo, decanus, et universum capitulum Senonensis ecclesie notum fieri volumus tam presentibus quam futuris^a quod compositioni, que inter

---

CXCVII. — c. granchia C. — d. ulla C. — e. in decimis vero vini C. — f. actum est hoc C. — g. Matheo D.
CXCVIII. — a. tam fut. quam pres. CD.

venerabilem*b* dominum archiepiscopum nostrum Villelmum et capitulum*c* et abbatem Arraudum et monasterium sancti Benedicti Floriacensis super ecclesia beate Marie Loriaci facta est assensum prebuimus et eam ratam habemus, et ne alicujus vel aliquorum possit tergiversatione*d* perverti eam scripto commendavimus. De universis siquidem oblationibus *etc.*, *ut supra in charta n° CXCVII mutatis mutandis*[1] *usque ad verba* gaudebit incremento. Actum est hoc publice in capitulo Senonensi, anno incarnati Verbi M°C°LXX°I°. Hujus rei testes sunt quorum nomina subscripta sunt : Hugo, archidiaconus; Hilduinus*e*, thesaurarius; Gaufridus, precentor et archidiaconus Pruvinensis; Theo*f*, cellerarius; Guido, archidiaconus Gastinensis; Simo, archidiaconus Melundensis; Hugo, archidiaconus Stampensis; Martinus, Jacquinus*g*, Fromundus, sacerdotes et canonici; Petrus, Illibertus*h*, Theobaudus*i*, Odo, Garnerius, diaconi et canonici; Arraudus*j*, Gauterus*k* et Menardus*l*, Guido, Stephanus, Angenulfus, Geraldus*m*, Guido, Renaudus*n*, Bartholomeus, subdiaconi et canonici.

Data per manum Gofredi*o*, precentoris et cancellarii.

CXCIX

Lorris, 1172, après le 16 avril.

Louis VII, à la requête d'Arraud, abbé de Saint-Benoit-sur-Loire, annule la cession de biens sis à Châtillon, faite par Gilon de Sully à son frère Jean, au mépris des droits éminents de l'abbé,

---

CXCVIII. — *b.* venerabilem *omis par K.* — *c.* et capitulum *omis par C.* — *d.* tergiv. possit. *CD.* — *e.* Ilduinus *K.* — *f.* Leo *CK.* — *g.* Jaquinus *D.* — *h.* Ilbertus *D.* — *i.* Teobaudus *D.* — *j.* Arnaudus *D.* — *k.* Go... *K.* — *l.* Rainaudus *D.* — *m.* Girardus *D.* — *n.* Rainandus *D.* — *o.* Gaufridi *D.*

---

1. Les dispositions concernant l'archevêque au lieu d'être à la première personne sont à la troisième; quelques articles sont intervertis.

et se porte garant de l'engagement pris par Gilon de ne jamais laisser ces dits biens passer en d'autres mains qu'en celles des seigneurs de Sully [1].

C, p. 348, copie abrégée. — D, fol. 315, d'après B, fol. 161, n° 672. — K, p. 799, d'après l'original, copie très abrégée. — L, p. 218, d'après B, fol. 161. — Z, Bibl. nat., ms. lat. 12670, fol. 258 v°, copie très abrégée de frère Mathieu Gilbert, du 10 avril 1708, d'après B, fol. 161,

INDIQ. : Inventaire de 1567, n° 212, d'après la charte originale « scellée en lacs de soye rouge ». — Inventaire de 1658, p. 6, liasse n° 22, d'après les lettres originales « en parchemin et scellées ».—b, fol. 328, d'après B, fol. 161. — Luchaire, *Études sur les actes de Louis VII*, n° 618.

In nomine sancte et individue Trinitatis amen. Ludovicus, Dei gratia Francorum rex, omnibus in perpetuum. Quoniam scelera discordiarum nisi resecantur excrescunt[a] et oppressiones ecclesiarum parvo[b] nonnunquam fomite[c] coalescunt, et de humili stirpe nascentes in multiplices ramos se[d] latius extendunt, eas in primis motibus radicitus extirpare et in posterum reviviscendi[e] copiam penitus[f] amputare, regie severitatis debet discretio. Notum itaque facimus universis presentibus pariter et futuris[g] quod fidelis noster Gilo[h] de Soliaco Joanni, fratri suo, in hereditatem donaverat quidquid in Castillione et appenditiis ejus habebat, sed fidelis noster Arraldus[i], abbas sancti Benedicti, quoniam terre illius fundus ipsius esse dinoscitur, non modicum ecclesie sue detrimentum super hoc imminere perpendens, factum rescendere studuit, et ipsum Gilonem[j] et Joannem in presentiam nostram contraxit. Ibi per manum nostram et mediante consilio nostro, Joannes fratri suo

---

CXCIX. — a. concrescunt LZ. — b. parvo omis par D. — c. fortuite D. — d. de C. — e. reminiscendi CD. — f. penitus omis par CD. — g. universis tam presentibus quam futuris CK. — h. Geilo L. — i. Arraudus Z. — j. Geilonem L.

---

1. On ne saurait avec Luchaire considérer cet acte comme un simple vidimus de la charte de Gilon de Sully, dont nous donnons le texte plus loin, n° CC: cette dernière se réfère à l'acte royal et présente un dispositif plus précis. Le *dominium* de l'abbaye de Saint-Benoit-sur-Loire à Châtillon avait été précédemment reconnu par les seigneurs de Sully (voy. ci-dessus une charte de 1070, n° LXXIX).

Giloni ᵏ quidquid ibi habebat ex toto guerpivit et chartas ˡ inde factas nobis reddidit, et nos eas confregimus. Gilo ᵐ autem coram omnibus tam nobis quam abbati concessit et nos inde plegium et obsidem constituit quod nec ipse nec heres suus aliquibus temporibus illud alienabit nec aliquo modo removebit a manu sua vel heredis sui qui post ipsum castrum Soliaci tenebit, nec alicujus erit nisi illius qui castrum Soliaci tenebit, nisi hoc fuerit per spontaneam voluntatem abbatis et totius capituli sancti Benedicti. Hoc totum concesserunt et laudaverunt uxor Gilonis ⁿ et filii sui, et propter hoc abbas servivit Giloni ᵒ de ducentis libris parisiensis monete et decem cifls argenti. Nos vero, petitione ipsius Gilonis ᵖ, rem sicut facta est concessimus et in manu cepimus, et ne successu temporum aliquo modo aboleri vel permutari valeat aut Gilo ᑫ, vel heredes sui, de hoc pacto quod abbati habuit, possint aliquibus occasionibus resilire, scripto commendari et sigilli nostri auctoritate precepimus confirmari.

Actum apud Lorriacum ʳ, anno incarnati verbi MºCºLXXºIIº, astantibus in palatio nostro quorum nomina et signa subscripta sunt.

Signum comitis Theobaldi dapiferi nostri. S. ᵗ Mathei camerarii. S. ᵗ Guidonis buticularii. S. ᵗ Radulfi constabularii.

Data per manum Hugonis (*monogramma regis*) ᵘ cancellarii et ᵛ episcopi Suessionensis.

CC

Sully-la-Chapelle (?), 1172.

Gilon de Sully reconnaît qu'en présence du roi[1], *et à la requête d'Arrauld, abbé de Saint-Benoit-sur-Loire, Jean, son frère, lui*

CXCIX. — *k*. Geiloni *LZ*. — *l*. cartas *D*. — *m*. Geilo *LZ*. — *n*. Geilonis *L*. — *o*. Geiloni *L*. — *p*. Geilonis *L*. — *q*. Geilo *L*. — *r*. Loriacum *L*. — *s*. millesimo centesimo septuagesimo secundo *DL*. — *t*. S barré dans *L*: sorte de paraphe dans *D*. — *u*. monogramme omis par *C*; placé avant Hugonis *K*; figuré dans *DKL*. — *v*. et omis par *CDL*.

---

1. Cf. l'acte de Louis VII publié sous le nº précédent.

a restitué des biens sis à Châtillon et notamment la voirie, qu'il lui avait précédemment donnés, au mépris des droits éminents de l'abbé; il s'engage en outre, moyennant une indemnité que lui a payée l'abbé, à ne jamais laisser passer ces dits biens en d'autres mains que celles des seigneurs de Sully.

C, p. 347. — D, fol. 313, d'après B, fol. 160 v°, n° 671. — K, p. 798, d'après l'original. — L, p. 423, d'après B, fol. 160 v°. — N, Bibl. nat., coll. Moreau, vol. 78, fol. 56, copie de Dom Gérou (4 février 1765) d'après l'original.

INDIQ. : Inventaire de 1567, n° 113, d'après les lettres originales « scellées en laz de soye rouge ». — b, fol. 328, d'après B, fol. 160.

Notum sit omnibus presentibus et futuris[a] quod ego Gilo[b] de Soliaco donaveram Joanni fratri meo in hereditatem[c] viariam de Castellione[d] et quidquid in Castellione[d] et in appendiciis ejus habebam, sed quia terre illius fundus sancti Benedicti esse dignoscitur, venerabilis abbas loci ipsius Arraudus, non modicum ecclesie sue detrimentum super hoc imminere[e] perpendens, factum hoc rescindere studuit meque et Joannem in presentiam Ludovici regis contraxit; ibi igitur per manum et consilium domini regis et comitis Theobaldi, presente Manasse, Aurelianensi episcopo, idem Joannes quidquid ei in Castellione[f] ei[g] donaveram mihi ex integro guerpivit et cartas inde[h] factas domino regi reddidit, quas ipse ibidem in publico confregit. Ego autem coram omnibus, tam domino regi quam abbati concessi et ipsum regem inde plegium et obsidem constitui quod nullo unquam tempore predictam viariam et illa que mihi guerpivit frater meus alienare nec aliquo modo a manu mea potero removere, sed nec heredes mei qui post me ipsum castrum Soliaci[i] tenebunt illa a se removebunt nec alicujus[j] unquam erunt nisi illius tantum qui castrum Soliaci tenebit, nisi hoc fuerit per craantum[k] et per spontaneam volun-

---

CC. — a. univers's præsentibus pariter et futuris *CDL*. — b. Geilo *L*. — c. in hereditatem *omis par KN*. — d. Castillione *D*. — e. munere *DL*. — f. Castillione *D*. — g. ei in Cast. *CDL*. — h. etiam *KN*. — i. Soliaci *omis par KN*. — j. alicui *KN*. — k. per craantum *omis par DLN*.

tatem abbatis simul *l* et totius capituli sancti Benedicti, nec unquam de justitia viarie, vel de iis *m* que ad viariam pertinent, alicui *n* respondebitur *o* nisi solummodo domino Soliaci. Propter hec siquidem abbas servivit mihi de ducentis libris parisiensis monete et decem ciphis *p* argenteis *q*, dominus vero rex, petitione mea, rem sicut facta est concessit et in manu cepit, et, ne successu temporum aliquo modo aboleri vel permutari valeat, aut ego vel heredes nostri *r* succedentes mihi *s* possimus de hoc pacto aliquibus occasionibus resilire, ut et *t*, si futuris temporibus super hoc forte interceptum *u* fuerit, per reges Francie emendetur, omnia scripto commendari et sigilli sui auctoritate fecit confirmari *v*, ego vero *x* cartam istam sigillo meo roboravi ut firma posteris habeatur. Hoc totum concesserunt et laudaverunt *y* uxor mea Lucia et filii mei Archembaudus, Odo, Ebo, et filie mee Agnes et Mathildis *z*.

Actum est hoc Capelle castro, anno incarnati Verbi M°C°LXX°II°.

Testes *a* ex parte mea fuerunt : Henricus, frater meus; Vivianus, archipresbyter, Arnulfus Breo, Robertus de Monestello, Pontius Guinardus *b* et Arnulfus de Sancto Gundulfo *c*. Ex parte abbatis : Stephanus, thesaurarius; Bernardus, tertius in ordine; Galterius, capellanus de Castellione; Osbertus, prepositus Lorriaci; Stephanus de Hospitio, et Willelmus *d* Carbonarii.

Data per manum Roberti capellani.

CC. — *l*. similiter *CDL*. — *m*. his *CDL*. — *n*. aliquid *KN*. — *o*. respondebit *KN*. — *p*. cyphis *CL*. — *q*. argenti *CDL*. — *r*. posteri *CDL*. — *s*. mihi succed. *CDL*. — *t*. etiam *CDL*. — *u*. interemptum *D*: inceptum *L*. — *v*. consignari *C*. — *x*. ego qui *C*; ego quoque *L*. — *y*. commendaverunt *D*. — *z*. Matildis *D*. — *a*. Testes hujus rei *CDL*. — *b*. Guinandus *CDL*. — *c*. Gondulfo *CL*. — *d*. Villelmus *C*; Willermus *D*: Villielmus *K*.

CCI

1172[1].

Manassès, évêque d'Orléans, témoigne de l'engagement pris par Gilon de Sully de ne pas laisser sortir des mains des seigneurs de Sully leurs biens sis à Châtillon.

C, p. 346. — D, fol. 306 v°, d'après B, fol. 159 v°, n° 666. — N, Bibl. nat., coll. Moreau, vol. 69, fol. 49, d'après C (copie envoyée par Dom Gérou le 15 janvier 1765).

INDIQ. : Inventaire de 1567, n° 221, d'après les lettres originales « scellées et sans datte ».

Omnes qui veritatis filios se veraciter asserunt esse, veritati per omnia testimonium debent perhibere. Cujus rei gratia, ego Manasses, Dei gratia Aurelianensis episcopus, tam presentium quam posterorum notitie transmittendum duximus quia Gilo, dominus Soliacensis, in presentia domini regis Ludovici junioris et nostra, in viridario ejusdem domini regis apud Lorriacum positus, per manum ejusdem domini nostri regis et nostram, abbatie beati Benedicti Floriacensis et dilectissimo fratri Arraudo abbati firmiter concessit quod neque ipse neque aliquis heredum suorum, nisi ille qui castellum Soliacum possidebit, in Castellione, villa predicti sancti Benedicti, potestatem illam aut dominium illud habebit que[a] ipse noscitur ibidem habere vel antecessores ipsius noscuntur habuisse; prefatus Geilo et memoratum dominum regem et nos jam dicte abbatie et pretaxato abbati inde obsides[b] dedit et taliter et tali pacto quod si ipsum aliter facere contingeret nobis, sine fide mentita, et feodum quod a nobis habet saisire, et de ipso tam secularem

---

CCI. — a. quem C. — b. obsides *omis par* C.

---

1. Cette charte est sans date mais évidemment contemporaine des deux précédentes; la seconde de ces chartes mentionne la présence de l'évêque d'Orléans.

quam ecclesiasticam justitiam exercere liceret. Ad hujus pactionis*c* testimonium pretaxato abbati, ad petitionem sepedicti Gilonis, nostri ligii hominis, presens donavimus scriptum, sigilli nostri munimine roboratum.

CCII

Châtillon-sur-Seine, 1172.

Gautier, évêque de Langres, confirme à l'église Saint-Maur de Dyé les églises de Méré et de Dannemoine données ou confirmées par son prédécesseur Geoffroy[1].

C, p. 278. — *M*, Bibl. nat.. ms. lat. 12775, p. 138.

INDIQ. : *b*, fol. 327, d'après *B* [fol. 127].—*K*, p. 433, d'après *B*, fol. 127.

Quoniam successorum est predecessorum suorum in bonis actibus vestigia semper aderere*a* et eorum laudabiles institutiones pro modulo suo ubique observare, ego Galterius*b*, Dei gratia sancte Lingonensis ecclesie humilis minister, notum facio tam presentibus quam futuris quod ecclesie sancti Mauri de Diaco, ad ecclesiam sancti Benedicti pertinenti, confirmavi donum quod ei fecit predecessor noster Godefridus*c* de ecclesia de Mariaco; confirmavi etiam et laudavi eidem ecclesie aliam ecclesiam de Domna Magna, sicut laudavit ei et confirmavit prefatus predecessor noster. Hujus rei testes sunt : Girardus,

---

CCI. — *c*. petitionis *C*.
CCII — *a*. adorare *CM. Corr.* ad[ha]erere. — *b*. Galthrus *M*. — *c*. God. *C*.

---

1. La charte de donation de l'église de Méré par l'évêque Geoffroy entre 1145 et 1157, est publiée ci-dessus, t. I, p. 324, n° CXLIII; l'église de Dannemoine avait été donnée à Saint-Benoit-sur-Loire par Robert, évêque de Langres, en 1088 (*supra*, t. I, p. 246, n° XCIV); la confirmation de l'évêque Geoffroy ne nous est pas parvenue, à moins que la charte visée par l'évêque Gautier ne soit celle de 1161 publiée ci-dessus sous le n° CLXXVIII et concernant seulement les offrandes faites à l'autel de ladite église.

archidiaconus; Ubrardus, canonicus; Jocelinus, clericus[d];
Aimo, abbas sancti Sequani; N. abbas Castell[ionis].

Actum est hoc apud Castell[ionem], anno ab incarnatione Domini M°C°LXX°II°.

CCIII

Sens, 1173.

Guillaume, archevêque de Sens, à la suite de différends survenus entre l'église de Villiers-Saint-Benoît et celle de Grandchamp, et de contestations entre Asce, son clerc, et Clarius, curé de Grandchamp, fixe les limites dans lesquelles s'exercera à l'avenir le droit paroissial dans les deux paroisses.

C, p. 243. — D, fol. 533, d'après B, fol. 114 bis, n° 477. — Z, Archives du Loiret, fonds de Saint-Benoit-sur-Loire, H 59 (transcription de 1283)[1].

Guillelmus[a], Dei gratia Senonensis archiepiscopus, Apostolice Sedis[b] legatus, omnibus tam futuris quam presentibus in perpetuum. Noverit universitas vestra quod querela, que inter ecclesiam de Villers[c] sancti Benedicti et ecclesiam de Grandicampo super parrochianis quibusdam vertebatur, quos Acius, clericus noster, adversus Clarium, presbyterum de Grandicampo, requirebat, judicio curie nostre, ecclesie de Grandicampo adjudicata est, ita quod ex uno latere aque a Grandicampo usque ad viam que ducit Tannorram[d] et ex alia parte usque ad fossatum quod claudit vineam monachorum sine aliqua contradictione

---

CII. — d. *Les trois premières souscriptions omises par M.*

CCIII.—a. Guillermus Z.— b. Sedis apost. C.—c. Villiers D; Viliers Z. — d. Tannariam D.

---

1. Ces trois références se rapportent à une notice rédigée aux noms de l'abbé Hélie et de Robert de Crécy, chanoine de Sens, le 27 mai 1283, portant accord entre le trésorier de Villiers-Saint-Benoît et le recteur de l'église de Grandchamp, et dans laquelle est inséré le texte de la charte de Guillaume, archevêque de Sens; sous la lettre Z nous indiquons l'original de la notice de 1283.

ecclesia de Grandicampo integrum deinceps percipiat parrochiagium*e*. Quod ut ratum et inconvulsum*f* permaneat idpsum*g* presenti scripto commendari et sigilli nostri auctoritate corroborari precepimus.

Actum Senonis in palatio pontificali, anno incarnationis dominice M°C°LXX°III°, astantibus nobis quorum nomina subscripta sunt : Matheus*h*, Trecensis episcopus; Willermus, Autissiodorensis episcopus; Stephannus, abbas sancti Evurcii; Hugo, Senonensis archidiaconus; Hilduinus, thesaurarius; Odo, decanus; Gaufridus, precentor; Theo, cellerarius; et Guido, Gastinensis archidiaconus.

CCIV

Lorris, 8 avril 1173 — 23 mars 1174.

Louis VII, se référant au traité de pariage conclu entre lui et l'abbé Macaire touchant les droits respectifs du roi et de l'abbé de Saint-Benoit-sur-Loire sur le domaine du Moulinet[1], *révoque, à la prière de l'abbé Arraud, la cession qu'il avait faite à son frère Pierre de Courtenay de ses droits sur ledit domaine, et s'engage à ne les aliéner qu'au profit de l'abbaye.*

C, p. 165. — D. fol. 62. d'après B, fol. 71 v°, n° 287. — E, p. 316. — K, p. 796, « ex autographo ». — L, p. 220, d'après B. fol. 71 v°.

PUBL. : R. de Maulde. *Étude sur la condition forestière de l'Orléanais*, p. 34, n. 2, d'après K. — Luchaire, *Histoire des institutions monarchiques de la France sous les premiers Capétiens*. t. II, p. 349, d'après C.

CCIII. — *e*. parrochagium DZ. — *f*. inconcussum C.— *g*. ad ipsum D. — *h*. Matthæus C.

---

1. Ce traité remontait à l'année 1157: le texte en est donné ci-dessus. t. I, p. 385, n° CLXIX. Quelques années de pratique du régime de pariage avaient contribué à faire préciser les conditions de ce régime; aussi le présent acte de Louis VII est-il, en ce qui concerne l'exercice en commun des droits de justice et l'organisation mixte de l'administration, beaucoup plus explicite que l'acte de pariage initial.

INDIQ. : *b*, fol. 326, d'après *B*, fol. 71. — Bibl. nat., ms. lat. 12670, fol. 259, notes de fr. Mathieu Gilbert (1708), d'après *B*, fol. 71 v°. — Luchaire, *Études sur les actes de Louis VII*, n° 640.

In nomine sancte et individue Trinitatis amen. Ludovicus, Dei gratia Francorum rex. Dignum est et regie benignitati conveniens non solum ecclesiis regni [a] jura sua illesa conservare verum etiam ipsas beneficiis ampliare. Eapropter ecclesiam sancti Benedicti Floriacensis volentes ampliare, tum quia antecessorum nostrorum liberalitas privilegiorum magnorum prerogativa extulit, tum quia nos venerabilis abbas Macarius [b] officiosa sedulitate coluit et dilexit, castellum de Molineto, quod a Roberto, rerum fiscalium commutatione facta, adquisivimus, et in quo abbas, ut, non gratia tantum sed jure quoque, aliquid possideret quingentas libras persolvit, inter nos et ipsum abbatem et successores suos in perpetuum commune esse statuimus et concessimus. Quod scilicet castellum de Molineto cum omnibus appendiciis suis inter nos et abbatem et successores suos ita erit commune per omnia quod nos ibidem sine abbate nullum, neque abbas sine nobis, singulare unquam habebimus dominium, sed redditus et proventus et omnes [c] exitus et emolumenta inter nos equa lance partientur; si vero proventus et emolumenta aut aliqua forisfacta provenerint, nos et prepositus noster de medietate abbatis et prepositi sui nichil poterimus relaxare, neque abbas de parte nostra et prepositi nostri poterit quicquam condonare [d]. Prepositus noster homines de castellaria sine preposito abbatis non poterit inplacitare neque justitias tenere, neque prepositus abbatis sine preposito nostro nisi per craantum [e] utriusque. Nos [f] in preposito abbatis nullam habebimus justitiam, neque abbas in preposito nostro, excepto quod prepositus abbatis faciet nobis et preposito nostro fidelitatem, et prepositus noster abbati similiter et preposito suo faciet fidelitatem. Nobis non licebit ibi constituere servientes, preter prepositos, sine assensu et voluntate abbatis, neque abbas sine assensu nostro. Si in villa edictum [g] pro

---

CCIV. — a. regni nostri *K*. — b. Macharius *EKL*. — c. omnis *K*. — d. ordinare *L*. — e. craaentum *CEK*; consensum *L*. — f. nos *jusqu'a* neque abbas *inclus.* omis par *L*.—g. edictum in villa *K*.

aliqua re clamari oportuerit, ex parte nostra et abbatis et prepositorum nostrorum clamabitur. Una tantum domus que dongio[h] vulgariter vocatur nostra proprie et singulariter erit, ad cujus custodiam vel reparationem et munitionem nichil abbas pro parte sua de suo cogetur expendere; nec aliud servitium abbas et ecclesia nobis faciet occasione guerre quam quod solebat facere ante Molineti acquisitionem. Permanebitque castellum inter nos commune et sine certarum[i] partium assignatione. Quia vero post hanc pactionem inter nos et ecclesiam factam contigerat[j] nos partem quam in Molineto habebamus[k] Petro de Cortenaio[l] fratri nostro contulisse, postea ad animum revertentes et attendentes propter hoc abbati et ecclesie sue dampnum pariter et periculum ingens imminere, tam in castello quam in terra circumjacente, amore et precibus dilecti nostri Arraudi venerabilis abbatis, donum quod fratri nostro Petro de Cortenaio[m] feceramus ad nos revocavimus, statuentes et firmiter concedentes quod nos et successores nostri illud in manu nostra tenebimur retinere, nisi forte sepedicte ecclesie sancti Benedicti ex regia largitione totum conferatur. Quod ut perpetue mancipetur stabilitati scribi et sigilli nostri autoritate precepimus confirmari.

Actum Lorriaci[n], anno ab incarnatione Domini M°C°LXX°III°, astantibus in palatio nostro quorum nomina subtitulata sunt et signa.

S.[o] comitis Teobaldi[p], dapiferi nostri. S. Mathei[q] camerarii. S. Guidonis buticularii. S. Radulfi[r] constabularii.

Vacante[s] (*monogramma regis*[t]) cancellaria.

CCIV. — *h.* dungio *K.* — *i.* cœterarum *D.* — *j.* contigerit *L.* — *k.* hab. in Mol. *K.* — *l.* Courtenaio *K*; Cortenayo *L.* — *m.* Courtenaio *K*; Cortenayo *L.* — *n.* Loriaci *CD*; Lorreaci *L.* — *o.* Signum *D* et pour les autres S une vague copie figurée dans *D*; Signum partout *E.* — *p.* Theobaldi *DEKL.* — *q.* Matthæi *C.* — *r.* Radulphi *C.* — *s.* vacante cancellaria omis par *K.* — *t.* monogramme omis par *C.*

CCV

1173.

Accord conclu en présence et sous le scel de Raoul, comte de Clermont, entre Géraud, prévôt d'Arnicourt, et Raoul de Gercy, sur leurs droits respectifs à Arnicourt et Marchais.

C, p. 372. — Z, Archives nationales, L 1002 A, n° 13, p. 20, copie du XVII° siècle, d'après B.

PUBL. : J.-B.-E. Carré, *Notes sur le prieuré d'Arnicourt* (Sceaux, 1887, in-8°). p. 40.

INDIQ. : b, fol. 329, d'après B, fol. 171.

Notum sit omnibus tam futuris quam presentibus quod dominus Radulfus de Garcy[a], ea que de redditibus sancti Benedicti de Haniccurte injuste habuerat in pace reliquit, omne videlicet atrium et omnes hospites liberos et terram Marcheit usque ad mares, et molturam et omnem justitiam et quidquid clamabat in duobus molendinis geminis, videlicet III s. de unoquoque molendinario remoto et unum vini sextarium; in terra autem quam carruca monachorum arat nihil accipiet, de terra autem[b] quam carruca prefati Radulfi[c] laborabit, nec ipse nec alius pro eo gerbas[d] removebit antequam nuntius monachorum vocatus erit ad campartandum; parvum etiam vivarium tali conditione monachis dimisit quod meatus aque de uno vivario ad aliud XII pedes habeat absque omni obstaculo quandiu monachi ipsum parvum vivarium et calciatam ita conservaverint quod ei de aqua sua vel de molendino damnum nullum evenerit; aliter, R. predictum meatum obstruere poterit usquequo damnum rationabiliter fuerit emendatum, damnum, inquam, non transactum sed futurum, quousque videlicet emendetur calciata; gratia etiam domini Giraudi, tum temporis apud Haniccurtum[e] existentis, concessit R. quod, quoties abbas sancti Benedicti vel prepositus vel alia autentica persona Haniccurtum[e] venerint, piscatorem habeant in magno vivario; de bosco

---

CCV. — a. Garty C; Garti Z. *Corr. probablement* Garcy.—b. vero Z. — c. R. Z. — d. garbas Z. — e. Hanicurtum C.

etiam talis pactio facta est quod dominus R.*f* custodiam et omnem justitiam habebit et dominium, et quando vendere voluerit, cum monacho vel cum famulo ejus super hoc colloquetur, sed monachus vel serviens ejus venditionem nemorum domino Radulfo*g* contradicere non poterit, monachus vero vel serviens ejus venditioni intererit et medietatem venditionis habebit*h*, si autem monachus nec interesse nec mittere voluerit, dominus R. per famulum suum ei fidelitatem faciet quod medietatem venditionis ei reddiderit, nisi monachus de venditione facta aliquid ipsi Radulfo*i* gratia vel amore remiserit. Pretera concessum est quo,' ubi Radulfus*j* de predictis nemoribus ad usum suum accipiet, ibidem et monachus, et ibi hospites monachorum, ubi et hospites Radulfi*k*, nec ipse quidem Radulfus*l* aliquem de hospitibus monachorum in terra sua recipere poterit*m*. Insuper sciendum est quod monachi terram suam in nullius manu mittere poterunt nisi in manu ejus de quo est. Sciendum quoque quod*n* dominus R. benigne pacem et concordiam voluit et concessit et ecclesie terram predictam in bona pace dimisit. Idcirco sancti Benedicti Arraudus abbas et prior ejusdem ecclesie, Dagobertus, et universum capitulum de illatis predicte ecclesie injuriis eumdem absolverunt et antecessores suos; omnem vero reliquam terram quam dominus R. apud villam predictam possidet in pace relinquunt et quietam dimittunt, salvo tamen redditu omni eodem*o* monachorum quem ipsi die pacis et concordie facte ibidem accipiebant. Ut vero scripti*p* hujus facti dispensatio firma et inconcussa permaneat in futurum, ego Radulfus, Claromontensis comes, pro veneratione ecclesie beati Benedicti et gratia et amore amici nostri Giraudi monachi, pactionem istam, per manum nostram factam, sigilli nostri autoritate communio et confirmo et me pro utraque parte, monachorum videlicet et Radulfi, in plegium et obsidem mitto et testes qui fuerunt annotari facio.

S.*q* Hugonis primicerii Met[tensis]. S. Symonis*r* fratris ejus-

---

CCV. — *f.* dictus Radulfus *C.* — *g.* R. *Z.* — *h.* habuerit *C.* — *i.* R. *Z.* — *j.* Rainaldus *C*; R. *Z. Corr.* Radulfus. — *k.* R. *Z.* — *l.* Rad. *Z.* — *m.* potuerit *C.*— *n.* quia *Z.*— *o.* omni redditu eodem *Z.* — *p.* sacri *CZ. Corr.* scripti.—*q.* Signum *Z.* — *r.* Simonis *Z.*

dem. S. L. abbatis Bricoliensis*. S. Hugonis Aguillum. S. Aimardi* capellani. S. Guidonis" sacerdotis. S. Radulfi senescalli. S. Aelis uxoris Radulfi. S. filii Radulfi, Renaudi majoris et* Odonis qui idem voluerunt et concesserunt. S. Arnulfi et Petri servientium prefati Giraudi, prepositi sancti Benedicti. S.* Evrardi de Atrio.

Actum anno incarnationis dominice M°C°LXX°III°.

CCVI

Perrecy-les-Forges, 1174.

Guillaume, comte de Chalon, renonce aux coutumes qu'il exerçait sur la terre de Saint-Benoit à Perrecy.

C, p. 137. — E, fol. 264. — K, p. 430, d'après B, fol. 58. — M 1, Bibl. nat., ms. lat. 12775, p. 134 (copie abrégée) « ex cartul. Floriacensi ». — M 2, Bibl. nat., ms. lat. 12776, p. 466.

INDIQ. : Inventaire de 1567, n° 58 [1]. — b, fol. 325, d'après B, fol. 58.

Notum sit omnibus in gremio sancte matris ecclesie consistentibus tam futuris quam presentibus quoniam ego Guillielmus*, dono Dei comes Cabilonensis, videns et considerans iniquas consuetudines et occasiones malas quas ego et antecessores mei tenueramus et habueramus injuste et cum periculo animarum nostrarum in terra sancti Benedicti, timens necessitatem extreme vocationis, cepi cogitare et tractare me-

---

CCV. — s. Britolii b. — t. Haimardi Z. — u. Gadonis C. — v. S. Z. — x. Signum C.

CCVI. — a. Guillelmus CE; Willelmus M 2.

---

1. « Autres lectres en parchemin escrittes en lattin contenant la donation du monastère de Patois (Patoys) avec ses appartenances et deppendances, faicte par Guillaume conte de Cabillonum anx abbés et couvent de Sainct-Benoist. datées de l'an mil cent soisante et quatorze et scellées ». — L'Inventaire des titres de Perrecy conservé aux Archives nationales sous la cote Q1.1010 mentionne au fol. 24 recto un autre acte de Guillaume, comte de Chalon, de 1172, dont le texte ne nous est pas parvenu : « Instrumentum donationis Willelmi comitis Cabilonensis facta monasterio Patriciacensi... »

cum quid inde utiliter facere valerem. Propterea, convocatis optimatibus meis, salubri accepto consilio, veni in monasterium Patriciacense cum prepositis et servientibus meis ibique in conspectu Dei et sanctorum ejus et coram priore et conventu ejusdem loci, vidente et audiente pene tota gente Patriciacensis ville, reliqui, guerpivi et quietas clamavi omnes malas consuetudines et iniquas occasiones quas ego vel prepositi mei hactenus exercueramus in terra sancti Benedicti, videlicet porcellagium, besenagium, messionem, panes, gallinas, cannabum, et plura alia que prepositi et servientes mei injuste accipiebant ad opus meum vel ad suum in hominibus sancti Benedicti. Statui etiam ut nullus hominum sancti Benedicti de furto vel de[b] adulterio per meos homines possit approbari, sed si ab aliis hominibus rationabiliter convictus vel in ipso scelere aliquis deprehensus fuerit[c] justitia ad me pertinebit, nisi prius querela de furto ante priorem venerit, tunc enim juris ipsius erit. Hoc etiam addidi ut nullum de hominibus sancti Benedicti contra priorem vel monachos ejus defenderem vel manu tenerem, nec prepositi vel servientes mei recipient clamores vel firmantias[d] de hominibus prioris, nec ullam justitiam habebunt super eos nec unquam vocabunt eos ad opera. Ut autem hec guerpitio vel institutio firma et inconcussa[e] permaneret[f] in perpetuum, ego ipse Guillielmus[g] comes, elevata manu propria juravi me hec omnia ut predicta sunt sine ulla infractione usque ad exitum vite observaturum; insuper et prepositos meos Robertum de Carella, Stephanum de Martiniaco[h], Robertum de Materniaco[i], Stephanum de Dampetra[j] simili juramento feci obligari, ne ulla presumptione[k] ea que a me dimissa sunt audeant repetere; quod si forte ulla temeritate contra hoc juramentum fecerint, milites mei, scilicet Jocerannus de Digonia[l], Letaudus et Bernardus de Calvo Monte, Guichardus et Bernardus de Busoil, Hugo de Sancto Albino, Robertus et Jacobus

---

CCVI. — b. de omis par CEM2. — c. depreh. aliq. fuer. CE; aliquis omis par M2; sit deprehensus M2.— d. clamorem vel firmantios KM2. —e. inconvulsa K.— f. permaneat E. — g. Guillelmus C; G. EM 12. — h. Mariniaco C. — i. Matriniaco K. — j. Dompnapetra K. — k. prescriptione EK. — l. Digoinia K.

Dalmatii, Jocerannus de Chopetra, jurejurando firmaverunt quatenus, nisi infra XIIII dies id quod ablatum est ex integro restituatur conventui, a priore vel a nuntio ejus apud Carellam castrum obstagium tenerent quoad usque hoc quod presumptum est persolvatur; et si quisquam eorum obstagium tenere renuerit, ipse et terra ejus episcopali sententia ferietur*m*; sed quoniam ea que ab hominibus geruntur oblivione a memoria solent deleri nisi scripto commendentur, idcirco feci duas cartas fieri, ista omnia ut predicta sunt fideliter continentes, unam mihi, alteram priori, easque sigillo meo confirmari, ut si de aliquibus rebus inter nos discordia surrexerit testimonio ipsarum cartarum ad concordiam revocemur.

Hujus rei testes sunt*n* Guichardus, venerabilis Lugdunentium archiepiscopus et Apostolice Sedis legatus, venerandi quoque episcopi Stephanus, Eduensis, et Petrus Cabilonensis, quorum sigillis easdem cartas muniri volui et corroborari, ut, si ego vel aliquis successorum meorum contra ea que in ipsis cartis scripta sunt venire temptaverit, predicti archiepiscopi et aliorum episcoporum sententia coerceatur donec rescipiscat et ad dignam emendationem perveniat.

Actum*o* est hoc publice apud Patriciacum, anno ab incarnatione Domini M°C°LXX°IIII°*p*, regnante Ludovico piissimo rege Francorum, Arraudo venerabili abbate sancti Benedicti Floriacensis, Artaudo*q* priore Patriciacensi*r*.

CCVII

1174.

Accord conclu en présence de Guillaume, archevêque de Sens, entre Arraud, abbé de Saint-Benoit-sur-Loire, et Narjot de Toucy,

---

CCVI. — *m*. feriretur *K*. — *n*. fuerunt *M 1*. — *o*. Actum anno *M 1*. — *p*. MCLXXIII *M 2*. — *q*. Arraudo *E*. — *r*. Datum publice apud Patriciacum *M 1*.

au sujet des coutumes que celui-ci exerçait à Villiers-Saint-Benoit[1].

C, p. 247. — D, fol. 516 v°, d'après B, fol. 112, n° 463.

INDIQ. : K, p. 426, d'après B, fol. 112.

Willelmus, Dei gratia Senonensis archiepiscopus, Apostolice Sedis legatus, omnibus tam futuris quam presentibus in perpetuum. Noverit universitas vestra quod, cum dilecti filii nostri Arraudus abbas et monachi sancti Benedicti super Ligerim contra Narioltum de Tuciaco in presentia nostra querelam movissent super exactionibus et consuetudinibus indebitis quas ipse Narioltus super terram et homines sancti Benedicti de Villari imponebat, tandem utraque pars saniori usa consilio, pacis compendio, litium dispendia declinare preelegit, ipse igitur[a] Narioltus cum abbate et monachis predictis ita composuit quod in prefata terra et hominibus nullam de cetero exactionem faciet aut imponet consuetudinem preter eas quas nos ad petitionem ipsius presenti scripto inseri precipimus, videlicet quod Narioltus, et illi qui in dominio castri de Tuciaco legitime successerunt, in villa de Villari salvamentum ab eis qui masuras tenuerint[b] habeant, de unaquaque scilicet masura sextarium avene cum sex denariis de charreto et duobus denariis ad procurationem servientum suorum et duabus gallinis, quod[c] si dimidia masura fuerit vel minus vel amplius secundum quod fuerit salvamentum Narioltto et successoribus ejus tribuatur; cellerarius vero et cocus de unaquaque masura inter se unum bichetum annone annis singulis habeant; cum autem pro receptione salvamenti eorum nuntii venerint, a monacho ipsius loci procurabuntur in mane et ipsi monachum in sero cum equitaturis totaque familia, et mane sequentis diei procu-

---

CCVII. — a. ergo. — b. tenuerunt C. — c. et D.

---

1. Le dispositif de cette charte est emprunté en grande partie à la bulle d'Eugène III publiée dans notre t. I, sous le n° CLIV. Corriger ci-dessus, t. I, p. 351, note, dernière ligne, le nom de l'archevêque de Sens, Pierre, en Guillaume.

rabunt; si masurarii ejusdem ville submoniti fuerint ad claudendum castrum de Tuciaco singulis trienniis vadent, et, si opus fuerit, ad ejusdem atque castellanie defensionem submoniti venient. In masura nemoris que aliquando de novo exculta fuerit, secundum quantitatem terre exculte dominus Tuciaci salvamentum habebit. Viginti solidi de herberagio*d* quos antecessores Nariolti aliis in feodum dederant eis reddentur; aliud vero herberagium*e* nec ipse Narioltus nec sui a monacho aut burgensibus aut villanis in posterum habebunt, nisi pro necessitate ecclesie a sancti Benedicti abbate vel preposito monacho de Villari evocentur, et tot homines et non plures adducent quot ad illud propter quod vocati fuerint sufficere debeant; ceterum, de eo quod dicitur ressort, si constiterit quod monachus vel nolit vel non possit de hominibus ville justitiam facere, tunc de eis tam Narioltus quam successores ejus justitiam facient, nec aliter aliquem ejusdem ville pro aliqua causa pro se aut pro aliis justitie supponent, nec, preter illa omnia que superius continentur, alias consuetudines in eadem villa de cetero habebunt, et quoniam certum est locum ipsum ad abbatis dominium pertinere, cetera omnia in potestate ipsius et prepositi, qui per manum ejus in eodem loco pro tempore fuerit, libere et absque alicujus contradictione consistent, ita scilicet ut neque Narioltus vel successores ejus per se vel per suos villam eamdem aut habitatores ipsius adversus abbatem vel monachos defendendi habeant facultatem. Predictas siquidem consuetudines ipse Narioltus ratas et stabiles in posterum concessit permanere et sigillo suo roboravit, et nos ad petitionem ipsius easdem presentis scripti attestatione et sigilli nostri autoritate duximus confirmandas; inhibemus igitur sub anathematis intentione*f* ne quis huic nostre confirmationis pagine ausu temerario obviare presumat, salva in omnibus Apostolice Sedis autoritate.

Actum publice Senonis in palatio pontificali, anno ab incarnatione Domini M°C°LXX°IV°, astantibus nobis Hugone, archidiacono; Hilduino*g*, thesaurario; Odone, decano; Gaufrido,

---

CCVII. — *d.* herberigagio *D.* — *e* herberigagium *D.* — *f.* nostre tentatione *D.* — *g.* Hilduno *D.*

precentore; Guidone, Gastinensi archidiacono; Hugone, Stampensi archiadicono; Symone, Melidunensi archidiacono; Martino, Rogerio, Jaquino et Fromundo, presbyteris; Uberto, Garnerio, magistro Petro, magistro Stephano, Reinaldo et magistro Alexandro, diaconis; Angenulfo, Galtero, Guidone, subdiaconis et aliis Senonensis ecclesie canonicis.

CCVIII

1176.

Manassès, évêque d'Orléans, autorise l'abbé de Saint-Benoit-sur-Loire à user de l'excommunication contre les paroissiens de Saint-Sébastien de Fleury qui refuseraient de payer la dîme du pain et du vin du bourg de Saint-Benoit.

C, p. 103. — E, fol. 202. — L, p. 136, d'après B, fol. 46 v°. — M, Bibl. nat., ms. lat. 12775, fol. 147.

INDIQ. : b, fol. 324 v°, d'après B, fol. 46.

In nomine sancte et individue Trinitatis, amen. Manasses, Dei gratia Aurelianensis ecclesie minister humilis, carissimis et venerabilibus dominis et fratribus Arraudo, abbati sanctissimi[a] Benedicti Floriacensis, et ipsius successoribus et universo ejusdem monasterii conventui in perpetuum. Quia facile labitur humana memoria, et excursus temporis quod geritur antiquitate delet et extinguit, quod abbatie sancti Benedicti Floriacensis[b] et carissimo nostro in Christo Arraudo abbati, et ejus successoribus et sanctissimo conventui solius caritatis intuitu facimus[c], presentis scripti testimonio tam presentibus quam posteris aperimus. Premisse siquidem abbatie et premisso venerabili Arraudo et successoribus ejus abbatibus, et prefato conventui in perpetuum concedimus et donamus ut liceat eis, et potestatem habeant omnes parochianos sancti Sebastiani Floriacensis pro sua decima panis et vini de burgo sancti

---

CCVIII. — a. S. Benedicti C. — b. Floriac. *omis par* C. — c. fecimus M.

Benedicti excommunicare, quoquo modo inde*d* ipsis injuriam presumpserint inferre, et sacerdoti*e* jam dicti beati*f* Sebastiani, et ceteris beati Benedicti sacerdotibus et capellanis excommunicationis sententiam super hoc promulgatam precipimus firmiter et inviolabiliter in perpetuum observare; statuentes quod, si quis sciens huic concessioni nostre, presentis scripti munimine et sigilli nostri autoritate confirmate*g*, obviare presumpserit, anathema sit.

Actum anno incarnati Verbi M°C°LXX°VI°, episcopatus nostri anno trigesimo; ordinatis in ecclesia sancte Crucis majoribus personis, Hugone decano, Andrea cantore, Letoldo subdecano, Manasse capicerio.

CCIX

Latran, 7 mars 1176-1177[1].

Alexandre III confirme à l'abbé et au couvent de Saint-Benoit-sur-Loire le droit que leur a donné Manassès, évêque d'Orléans, de recourir à la censure ecclésiastique contre les habitants du bourg qui leur refuseraient la dîme du pain et du vin.

C, p. 51. — *E*, fol. 94 v°.

INDIQ.: *K*. p, 428, d'après *B*, fol. 21.

Alexander, episcopus, servus servorum Dei, dilectis filiis abbati et conventui sancti Benedicti supra Ligerim salutem et apostolicam benedictionem. Significatum est nobis ex parte vestra quod venerabilis frater noster Manasses, Aurelianensis episcopus, privilegio suo vobis indulsit ut burgenses vestros, si

---

CCVIII.—*d*. inde *omis par EL*. — *e*. sacerdotibus *EL*.— *f*. sancti *E*. — *g*. confirmate *omis par EL*. — *h*. Letaldo *M*.

---

1. L'itinéraire du pape permet d'attribuer aux années 1176-1181 une bulle datée du Latran, 7 mars; la charte de l'évêque d'Orléans Manassès visée dans la bulle étant de 1176 (ci-dessus n° CCVIII), il est très vraisemblable que celle-ci est de 1176 ou 1177.

decimas panis et vini, quas vobis tenentur exsolvere, plenarie non reddiderint, censura ecclesiastica percellatis, ita quidem quod presbiter loci non prius eos reconciliet nec antea illis communicet quam retentas decimas cum integritate persolverint; volentes igitur saluti burgensium et utilitati monasterii vestri, quod specialiter beati Petri juris existit, pastorali sollicitudine providere, prescriptam indulgentiam, sicut in ipsius episcopi privilegio continetur, autoritate vobis apostolica confirmamus et presentis scripti patrocinio communimus, statuentes ut nulli omnino hominum *etc.* Si quis autem *etc.* Datum Laterani, nonis martii.

CCX

Avant le 8 aoûf 1176[1].

Guillaume, archevêque de Sens, reconnaît que le droit de présentation aux églises d'Oussoy, de D'Huison et de Montereau appartient à l'abbé de Saint-Benoit-sur-Loire.

C, p. 226. — D, fol. 141. d'après B, fol. 104 v°. n° 415.

Willelmus, Dei gratia Senonensis archiepiscopus, Apostolice Sedis legatus, omnibus ad quos littere nostre iste pervenerint in Domino salutem. Noverit universitas vestra quod, sicut ex eorum virorum assertione quibus fides adhibenda est cognovimus, presentationem ecclesie de Ulseto et Dusione et ecclesie de Monsteriolo[a] ad abbatem sancti Benedicti Floriacensis dinoscitur pertinere de jure; quia ergo ipsum abbatem et predictam ecclesiam jure suo in aliquo diminui tempore nostro nolumus vel defraudari, presentationes predictarum ecclesiarum illi et

---

CCX. — a. Musteriolo *D.*

---

1. Guillaume a été archevêque de Sens de 1168 au 8 août 1176, époque de son transfert à Reims: la présente charte est donc antérieure à cette dernière date, mais vraisemblablement d'assez peu, car l'acte épiscopal a été confirmé par une bulle pontificale postérieure à 1176 et très probablement de 1178 (*infra*, n° CCXI).

ecclesie sue in perpetuum presentis scripti attestatione et sigilli nostri autoritate confirmamus, statuentes et sub anathemate inhibentes ne quis huic nostre confirmationis pagine in aliquo obviare presumat, salva in omnibus Sedis Apostolice autoritate.

CCXI

Tusculum, 23 septembre 1178 [1].

Alexandre III confirme à l'abbé Arraud et aux religieux de Saint-Benoit-sur-Loire le droit de présentation aux cures d'Oussoy et de Montereau que Guillaume, archevêque de Reims, et précédemment archevêque de Sens, leur avait reconnu.

C, p. 51. — D, fol. 7, d'après B, fol. 21, n° 82. — E, fol. 94. — M, Bibl. nat., ms. lat. 12775, p. 129 (extraits).

INDIQ. : K, p. 324, d'après B, fol. 21. — Jaffé-Wattenbach, *Regesta pontificum Romanorum*, n° 13591, d'après M.

Alexander, episcopus, servus servorum Dei, dilectis filiis Arraudo[a], abbati, et monachis[b] sancti Benedicti super Ligerim salutem et apostolicam benedictionem. Justis petentium desideriis dignum est nos facilem prebere consensum et vota que a rationis tramite non discordant effectu prosequente complere. Eapropter, dilecti in Domino filii, vestris justis postulationibus grato concurrentes assensu, jus presentationis quod in ecclesiis de Ulseto, de Monasteriolo[c], quod venerabilis frater noster, nunc Remensis[d] tunc[e] Senonensis archiepiscopus, post multam[f] disceptationem ad vos pertinere decrevit et suo vobis privilegio

---

CCXI. — a. Araudo *C*: Ayraldo *M*. — b. monasterio *M*. — c. Mosteriolo *MD*. — d. Rhemensis *C*. — e. tunc autem *M*. — f. post initam *D*.

---

1. Cette bulle mentionnant le transfert de l'archevêque Guillaume, de Sens à Reims, qui eut lieu le 8 août 1176, est certainement postérieure à cette date. L'itinéraire du pape permet d'attribuer aux années 1178 ou 1180 un acte postérieur à 1176 et daté de *Tusculum*, 23 septembre. On préférera la date de 1178 comme la plus voisine de celle où a été octroyée la charte de l'archevêque de Sens (voy. ci-dessus n° CCX).

communivit, vobis et per vos monasterio vestro *g* sancti Benedicti *h*, sicut in authentico scripto ejusdem archiepiscopi continetur, auctoritate apostolica confirmamus et presentis scripti patrocinio *i* communimus; statuentes ut nulli omnino hominum, *etc.* Si quis autem *etc.*

Datum Tusculani, VIIII *j* kalendas octobris.

CCXII

Orléans, 1179.

Manassès, évêque d'Orléans, à la requête de l'abbé Arraud, confirme à l'abbaye de Saint-Benoit-sur-Loire la possession de ses biens et droits dans le diocèse d'Orléans, savoir les églises Saint-Sébastien de Fleury, de Gilly, de Tigy, de Neuvy-en-Sullias, Saint-Martin d'Ars, de Dampierre, Saint-André de Fleury près d'Orléans, Saint-Remy de Chanteau, Saint-Benoit-du-Retour à Orléans, de Vitry-aux-Loges, de Teillay, de Bouzy, de Bouilly, de Bouzonville, de Boulonville, de Yèvre-la-Ville, de Yèvre-le-Châtel, de Bougy, de Saint-Aignan-le-Jaillard près de Sully, de Bray, Saint-Aignan de Loury, Notre-Dame de Châteauneuf, de Baudrevilliers, de Germigny, de Neuville, des Saints-Gervais et Protais et Saint-Ythier de Sully.

C. p. 160. — E, fol. 305 v°. — K, p. 797, « ex autographo ». — L, p. 137, d'après B, fol. 69. — M, Bibl. nat., ms. lat. 12739, p. 474.

INDIQ. : Inventaire de 1658, p. 29, série II, liasse 3, pièce 1[1]. — b, fol. 326 r°, d'après B [fol. 69].

Cum humana sepe negotia vetustatis motibus attentata *a* depereant et eorum notitiam amittat posteritas, nisi certis notis in

---

CCXI. — *g.* vestro *omis par DE.* — *h.* sancti Benedicti *omis par C.* — *i.* pagina *C.* — *j.* VIII *M.*

CCXII. — *a.* attentata *omis par KM.*

---

[1]. En marge : « retirés de la liasse le 8 février 1671 pour le procès de la cure de Fleury. »

pagina designentur, que bene gessimus in earum custodia collocamus. Inde est quia ego Manasses, Dei gratia Aurelianensis episcopus, omnibus notum esse volumus tam futuris quam instantibus quia, ad preces et petitiones venerabilis fratris nostri Arraudi, abbatis Floriacensis[b], ecclesias et capellas quas usque ad nostra tempora ecclesia beati[c] Benedicti possedit in episcopatu nostro ipsi et ejus successoribus canonice substituendis[d] et jam dicte ecclesie possidendas in perpetuum confirmamus; quarum nomina in presenti pagina subtitulata sunt : parrochialis ecclesia sancti Sebastiani de Floriaco, ecclesia de Gilliaco, ecclesia de Tigiaco, ecclesia de Noviaco, ecclesia sancti Martini de Ars, ecclesia de Domna Petra[e], ecclesia sancti Andree de Floriaco, que est juxta civitatem Aurelianensem[f], ecclesia sancti Remigii de Cantoilo; in civitate Aurelianensi, ecclesia sancti Benedicti; ecclesia de Vitriaco, ecclesia de Tilliaco, ecclesia de Boziaco[g], ecclesia de Bulliaco, ecclesia de Bosonis villa[h], ecclesia de Bolonis villa[i], ecclesia de Evra[j] villa, ecclesia de Evra castro, ecclesia de Bogiaco, ecclesia sancti Aniani[k] juxta Soliacum[l], cum ecclesia que est in eadem villa et aliis ad eam pertinentibus, ecclesia de Braio[m], cum ecclesia sancti Aniani de Loureio[n]. Harum siquidem ecclesiarum jus et redditus et presentationem sacerdotum et ab ipsis sacerdotibus de temporalibus...[o] et justitiam et fidelitatem ecclesia sancti Benedicti longo tempore[p] possedit et possidet, et nos in eternum possidenda concedimus. Preterea eidem ecclesie confirmamus ecclesiam beate Marie de Castello Novo cum omni libertate sua, ecclesiam de Baldrici Villare ab[q] omni circada et synodo liberam, ecclesiam de Germiniaco, sine circada et synodo[r], ecclesiam de Nova Villa simili modo liberam, ita quod presbiter Nove Ville ad nostram[s] synodum veniat,

---

CCXII. — *b.* Flor. abb. *CEL.* — *c.* sancti *E.* — *d.* constituendis *EK.* — *e.* Donna Petra *CE.* — *f.* Aurelianam *K.* — *g.* Bosiaco *C*; Loriaco *L.* — *h.* eccl. de Bosonis villa *omis par K* — *i.* eccl. de Bolonis villa *omis par C*: Bosonis et Bolonis *transposés L.* — *j.* Evera *E*; Euvra *L.* — *k.* sancti Aniani de Loureio *L.* — *l.* Solliacum *K.* — *m.* Brayo *M.* — *n.* Loureyo *M.* — *o. Lacune dans toutes les copies, restituer peut-être* de temporalibus [proventibus perceptionem]. — *p.* longo tempore *omis par L.* — *q.* ab *omis par CE.* — *r.* eccl. de Germ. sine circ. et syn. *omis par L.* — *s.* nostrum *KLM.*

ecclesiam etiam beatorum martyrum Gervasii et Protasii, liberam ab omni exactione, preter refectionem que in vigilia predictorum martyrum canonicis sancte Crucis processionem facientibus debetur, et revestitum presbiteri in die dominico, et de ipso presbitero justitiam; capellarum etiam que in burgo sancti Benedicti sunt[t] libertatem, sicut in privilegio domini Alexandri pape continetur, sepedicte ecclesie nihilominus confirmamus. Sane, quia venerabilis antecessor noster Elyas[u], de religione in ecclesia sancti Iterii[v] Soliacensis instituenda mandatum acceperat a domino papa Innocentio[x], et ipsam ecclesiam ecclesie beati Benedicti ad hoc concesserat[1], hoc idem, si in ecclesia sancti Iterii[y] ordo mutetur, ecclesie sancti Benedicti concedimus. Quod[z], ut hec omnia que ecclesia[a] beati Benedicti usque[b] ad nostra possedit tempora inconcussa permaneant, sigilli nostri munimine roboramus[c], statuentes quod si quis huic nostre confirmationi in aliquo contraire presumpserit, anathematis vinculo feriatur.

Actum publice Aurelianis, anno incarnati verbi M°C°LXX°IX°, astantibus[d] in ecclesia sancte Crucis majoribus personis : Hugone, decano; Andrea, cantore; Letoldo, subdecano; Manasse, capicerio; cancellario nullo.

Data[e] per manum Rotberti[f] nostri notarii.

CCXIII

1179.

Manassès, évêque d'Orléans, à la requête de l'abbé Arraud, confirme toutes les dîmes que l'abbaye de Saint-Benoit-sur-Loire possède dans l'évêché d'Orléans.

C, p. 115. — E, fol. 228. — M, Bibl. nat., ms. lat. 12739, p. 376.

CCXII. — *t.* sunt *omis par* K. — *u.* Helias C; Elias EL. — *v.* Yterii CEM; Itherii L. — *x.* ab Innocentio papa C. — *y.* Yterii EM; Itherii L. — *z.* Et ut C; que ut E. — *a.* omnia sicut ecclesia M. — *b.* usque *omis par* KL. — *c.* roboravimus E. — *d.* ordinatis CEM. — *e.* Datum C; Data *omis par* L; Data etc. *jusqu'à la fin omis par* E. — *f.* Roberti CL.

---

1. Voy. ci-dessus t. I, p. 312, n° CXXXII, la charte d'Hélie, évêque d'Orléans, de 1137.

INDIQ. : b, fol. 324 v°, d'après B, fol. 51.—L, p. 426, d'après B, fol. 51.

Sola negotia signata litteris et earum custodie mancipata subsistunt et a sue stabilitatis constantia non recedunt. Propterea ego Manasses, Dei gratia Aurelianensis ecclesie minister humilis, omnibus notum esse volumus tam futuris quam presentibus quia, ad preces et petitiones venerabilis fratris nostri Arraudi, Floriacensis abbatis, omnes decimas quas ecclesia beati Benedicti in nostro possedit episcopatu et possidet abbati et ejus successoribus et eidem ecclesie in perpetuum possidendas confirmamus et sigilli nostri auctoritate roboramus. Si quis autem huic nostre confirmationi contraire voluerit, anathematis sententia provolvatur.

Actum anno incarnationis dominice M°C°LXX°IX°, astantibus in ecclesia sancte Crucis majoribus personis : Hugone, decano ; Andrea, cantore ; Letoldo, subdecano ; Manasse, capicerio ; cancellario nullo.

Datum per manum Roberti notarii nostri.

CCXIV

1179.

Manassès, évêque d'Orléans, concède à Arraud, abbé de Saint-Benoît-sur-Loire toutes les grosses dîmes de grain et de vin qu'il pourra acquérir de laïques dans le diocèse d'Orléans.

C, p. 108. — E, fol. 213. — L, p. 425, d'après B, fol. 48.

INDIQ. : K, p. 128, d'après B, fol. 18.—b, fol. 321 v°, d'après B, fol. 48.

Ut in nostris gesta temporibus firmitatis id habeant et vigoris ne quid eis postmodum apponat cupiditas vel subducat oblivio, de quo possit imposterum oriri dissensio, certo solent stilo vel pagine commendari. Propter hoc ego Manasses, Dei gratia Aurelianensis episcopus, omnibus qui presens scriptum viderint vel audierint notificandum duximus quia, ad preces et petitiones venerabilis fratris nostri Arraudi, Floriacensis abbatis, omnes magnas decimas, annone videlicet et vini, quas in episcopatu nostro de manu laicali potuerit sibi acquirere, ipsi et successoribus ejus canonice constituendis et eidem ecclesie in perpetuum possidendas concedimus, et ut inviolatum perseveret sigilli nostri munimine roboramus. Si quis vero huic nostre concessioni in aliquo contraire attemptaverit, anathema sit.

Actum anno incarnati Verbi M°CL°XX°IX°, astantibus in ecclesia sancte Crucis majoribus personis : Hugone, decano; Andrea, cantore; Letoldo, subdecano; Manasse, capicerio; cancellario nullo.

Datum per manum Roberti notarii nostri.

CCXV

Latran, 13 avril 1179[1].

Alexandre III approuve l'accord intervenu entre l'abbé de Saint-Benoit-sur-Loire et l'archevêque de Sens, par l'entremise de l'archevêque de Reims, au sujet du droit de présentation de l'abbaye à diverses églises[2].

C, p. 51. — E, fol. 93.

Alexander, episcopus, servus servorum Dei, dilecto filio abbati sancti Benedicti salutem et apostolicam benedictionem. Ea que compositione vel judicio statuuntur in sua debent stabilitate consistere et apostolico robore communiri. Eapropter transactionem inter te et venerabilem fratrem nostrum Senonensem archiepiscopum[a] super presentationibus ecclesiarum

---

CCXV. — a. archiep. Sen. E.

---

1. Une bulle d'Alexandre III donnant à l'archevêque de Reims, Guillaume aux Blanches mains, le titre de cardinal du titre de Sainte-Sabine ne peut pas être antérieure au mois de mars 1179, date de l'élévation de Guillaume à cette dignité. Mais d'autre part la date de lieu, rapprochée de celle de mois et de jour : Latran, 13 avril, ne permettent pas, vu l'itinéraire du pape, d'attribuer cette bulle à une autre année que 1179.

2. Cf. les chartes n°s CCXIX à CCXXI.

de quibus inter vos controversia vertebatur, per manum venerabilis fratris nostri Remensis archiepiscopi, tituli sancte Sabine cardinalis, apostolice Sedis[b] legati, in quem compromisistis pariter factam, sicut absque pravitate facta est et hinc inde suscepta, ratam habentes, autoritate apostolica confirmamus et presentis scripti patrocinio communimus, statuentes ut nulli omnino hominum, *etc.* Si quis autem, *etc.*

Datum Laterani, idibus aprilis.

CCXVI

1180-1183[1].

Accord entre Arraud, abbé de Saint-Benoit-sur-Loire, et les desservants des églises Saint-André et Saint-Denis de Fleury, au sujet des revenus de ces églises.

K, p. 450, d'après Z[2]. — Z, Bibl. d'Orléans, ms. 123 (101), p. 345, copie incomplète, XIIe siècle.

Cum de redditibus ecclesiarum sancti Andree et sancti Dionisii inter dompnum Arraudum, abbatem, et capellanos contentio longo tempore traheretur, tandem in presentia predicti abbatis et Marescot, archidiaconi, et Roberti, prioris, astantibus etiam videntibus Godefrido, tercio priore, Willermo, celerario, Artaudo, capicerio, Johanne, canonico sancte Crucis, Bernardo de Castro Novo et multis aliis, facta cumpromissione hinc inde quod starent dicto et recordationi Godefridi, tercii prioris,

---

CCXV. — *b.* Sedis apostolice *E*.

---

1. Cet acte n'est pas antérieur à 1180, car il mentionne Geoffroy comme troisième prieur, et ce personnage remplaça Ferry dans cette fonction en 1180 (voy. les souscriptions des deux actes capitulaires de 1180 publiés ci-dessous sous les n[os] CCXVII et CCXVI[*]). Le document d'autre part ne peut être postérieur à 1183, époque où à l'abbé Arraud, qu'il mentionne encore, avait succédé l'abbé Garnier.

2. Le manuscrit qui renferme la copie Z était, au temps de dom Chazal, conservé à Saint-Benoit-sur-Loire et portait dans la bibliothèque de l'abbaye le n° 238.

Bernardi, presbiteri de Castro Novo, Johannis, canonici sancte Crucis, quia de majori parte consuetudines illarum ecclesiarum noverant, in hunc modum contentionem terminarunt : primo, dictum fuit quod monachi in sex festivitatibus duas partes oblationum habebunt, sacerdotes terciam, quacumque die contigerit eas evenire, scilicet in festo Omnium Sanctorum, Natalis Domini, Purificationis, in Pascha, in Pentecostes, in festivitatibus sanctorum ecclesiarum sancti Andree et sancti Dionisii; si autem in aliis festivitatibus sancte Circoncisionis, Epiphanie, Annunciationis beate Marie[a].....

CCXVII

Saint-Benoit-sur-Loire, 1180.

Arraud, abbé, et le chapitre de Saint-Benoit-sur-Loire, prenant en considération les plaintes de leurs hommes de La Cour-Marigny, Oussoy et Montereau, touchant les abus commis par les maires dans la perception des tailles, fixent à 24 livres 14 sous le montant total de la taille dans ces trois baillies, ou au double de cette somme quand l'abbé devra se rendre à Rome ou au concile, allouent à chacun des maires 10 sous pour droit de perception et établissent la répartition de ladite taille[1].

C, p. 59. — D, fol. 14, d'après B, fol. 25 v°, n° 102. — E, fol. 109. — K, p. 801, d'après B, fol. 25.

Indiq. : b, fol. 324, d'après B, fol. 26.

Ego Arraudus, abbas sancti Benedicti Floriacensis, et universum capitulum omnibus ad quos littere iste pervenerint,

---

CCXVI. — a. *La suite de l'acte n'a pas été transcrite sur le feuillet de parchemin où l'on a copié le commencement.*

---

1. Ce document est à rapprocher de celui qui est publié ci-dessus sous le n° CXCIV. Pour faciliter les restitutions de noms que la comparaison des deux textes permet de faire, nous avons désigné ici par la lettre Z, le texte de 1170.

notum fieri volumus quod homines terre nostre lacrymabilem querimoniam in auribus nostris sepius deponebant super majoribus nostris, qui eos, occasione tallie nostre*a*, gravius affligebant, majorem quam perceperamus ab eis talliam exigendo. Unde, cum fratribus nostris et aliis discretis viris inito consilio, hominibus de ballia de *b* Curte Matriniaci *c* et de Usseto et de Monsteriolo *d* qui tunc temporis erant et heredibus eorum, de voluntate eorum et communi assensu *e*, denominatam talliam xxiv *f* lib. et xiv sol. imposuimus, die dominica post festum sancti Remigii nobis et successoribus nostris singulis annis *g* in perpetuum persolvendam, salvis aliis consuetudinibus nostris. Postquam autem eam nobis reddiderint eo anno nobis nullam aliam talliam reddere tenebuntur, nisi forte nos Romam vel ad concilium domini pape proficisci contingeret *h*; tunc enim *i* eam duplicatam habebimus. De predicta vero summa unusquisque trium majorum, pro labore suo et receptione talliarum, de manu nostra x sol. reportabit cum eam nobis persolverit *j*; propter hos autem x sol. prefati majores jurare tenebuntur quod aliud servitium ab hominibus de balliis suis non requirent, nisi spontaneos eos invenirent. Et ut ratum firmumque permaneat nostro et capituli nostri *k* sigillo fecimus roborari.

Et *l* ne quis prefatam summam excedat, eam per partitiones subnotavimus in hunc modum :

In ballia de Curte Matriniaci[1].

Masura Galteri de Anseribus *m*, iv sol.
Masura Renerii Valeran *n*, ii sol.
Masura Roberti Bordelini, v sol.

CCXVII. — a. nostre *omis par K.* — b. ballia de *omis par E.* — c. Curte Mariniaci *E.* — d. Monasteriolo *K.* — e. consensu *C.* — f. *Nous donnons toutes les sommes en chiffres romains, de quelque façon qu'elles soient exprimées par les manuscrits.* — g. singulis annis *omis par K.* — h. continget *D.* — i. etiam *DE.* — j. persolvet *D.* — k. nostri *omis par CD.* — l. sed *D.* — m. Hastis *CDE*; Hartis *K. Corr.* Anseribus *d'après Z*; *K remplace l'énumération qui suit par etc. et n'indique que les totaux de chaque baillie.* — n. Valiau *CD*; Valiam *E. Corr.* Valeran *d'après Z.*

---

1. Cf. la *Baillia Rainaldi majoris* du rôle de 1170.

Masura Gaufridi de Garnet[o], iii sol.
Masura Galteri de Molendino novo, ii sol.
Masura Renaudi de Spineto, iii sol.
Masura Auburgis[p], vi den.
Masura deffuncti Ingrant[q], iii sol.
Masura de Campis[r], iv sol.
Masura Bonvaaler[s] de Loco[t], xii den.
Masura de Loet[u], iii sol.
Masura de Aer[v], iv sol.
Masura Gorgerant[x], ii sol.
Masura[y] Huart de Cormerio, iii sol.
Masura de Bordis, vi sol.
Masura Ogerii Gorgerant[z], ii sol.
Masura Renaudi Bricasis[a], ii sol. vi den.
Masura Guidonis de Varennis[b], vi sol.
Masura Archembaudi, xii den.[c].
Masura deffuncti Stephani de Foresta, xii[d] den.
Masura Passelleve[e], v sol.
Masura Lamberti de Haia[f], vii sol.[g]
Masura Burbins[h], xii den.
Masura Angorrant[i], xviii den.[j]
Masura Josberti de Alneto[k], iv sol.
Masura Stephani Aubert, xviii den.[l]
Masura[m] Belute[n] Arthaurii, xii den.
Masura Auberti Berenger, iv sol.[o]

CCXVII. — o. de Garnis D.— p. Aubergis E.— q. Pigrant C; cf. Ingrant Tornator dans Z. — r. cf. Theobaldus de Campis dans Z. — s. Bonvarlet D; Vonnauler E; cf. Bonus Valerius dans Z.—t. de lo. C; de... D. — u. mas. de Loet, iii sol. omis par E; cf. Guido de Luet dans Z.— v. Ver D; cf. de Laer dans Z. — x. Guorgerant E. — y. Cet article et les deux suivants omis par E. — z. Ogerum Goigerant D. — a. Britasis C; Vricasis E. — b. Varannes C; cf. de Varenna dans Z. — c. vii sol. E. — d. xiii C. — e. Passelere CDE; cf. Gaufridus Passelent ou Passelene dans Z. Corr. Passeleve. — f. de Haci CE; de... D. Corr. de Haia d'après Z. — g. vii den. C; xii sol. D. — h. Burbinis D. — i. Amorrant C; de Jeamnoreault D; Dilome Morvant E; Corr. peut-être Angorrant d'après les leçons Angoriatus et Pingorrant de Z. — j. viii den. E.— k. de Alveto C; de Alnees E.— l. xvii den. E.— m. Cet article et les trois suivants sont omis par E; les mss. C et D ne fournissent que des leçons très médiocres. — n. mas. Balteœ... D. — o. Aubert... iv sol. D.

Masura[p] Augusti Audebert, xii den.
Masura Arnulphi Bart[q], xii den.
Masura Henrici de Filiola[r], xviii den.[s]
Masura Abalagent, iii sol.[t]
Masura Auburgis de Nemore, xviii den.[u]
   Summa, iv lib. ix. sol.

In baillia[v] de Usseto[1].

Masura Morelli de Ru[x], ii sol.
Masura Malpele[y], ii sol.[z]
Masura Gilberti Morart[a], xviii den.[b]
Masura Theobaldi Famuli, iii sol.
Masura Veronne[c], xii den.
Masura Guillermi, xii den.
Masura Johannis de Colle, xii den.
Masura Christiani et Berengarii, iv sol.
Masura Arnulfi[d] de Colle, xviii den.[e]
Masura Haberti[f] de Colle, xii den.
Masura Renaudi Primi[g], v sol.
Masura Gilleberti de Noë[h], v sol.
Masura Collefort, xviii den.[i]
Masura Trotois[j], v sol.
Masura Renerii de Corileto[k], v sol.
Masura Herberti[l] Burgaut, ii sol.

CCXVII. — *p. Article omis par C. — q.* Andreæ Arthaurii *D.* — *r.* de Filiolo *D.* — *s.* xvii den. *E.* — *t.* iii den. *E.* — *u.* xvi den. *E.* — *v. omis par C qui donne seulement* Oussoy. — *x. cf.* uxor Roberti de Rivulo *dans Z.* — *y.* Malpese *K; cf.* Mapulet *dans Z.* — *z. K omet la suite jusqu'au total.* — *a.* Gileberti Morant *D; cf.* Girbertus Morardus *dans Z.* — *b.* xvii sol. *E.* — *c.* Beronem *C.* — *d.* Arnulphi *E.* — *e.* xvii den. *E.* — *f.* Heberti *C*; Roberti *E.*—*g.* Perin *D*; Present *E; cf.* Proprius *unique leçon d'après D dans Z.*—*h.* Gilberti de Nee *E.* — *i.* i sol. vi den. *C*; xvii den. *E.* — *j. omis par D qui laisse un blanc;* Tretor *E; cf. les leçons* Guido Tertius, Terrestris, Itrus *dans Z.* — *k.* Coreleto *D.* — *l.* Heberti *C*; Roberti *E.*

---

1. Cf. la *Baillia Rainerii majoris* du rôle de 1170.

Masura Herberti Berruier [m], ii sol.
Masura Renerii de Champloes [n], ii sol.
Masura... de Hue [o], v sol.
Masura Joannis Beliast [p], ii sol.
Masura Aleaume [q], iv sol.
Masura Achardi Bossart [r], iii sol.
Masura Poteret [s], ii sol.
Masura filiorum Homerici [t], v sol.
Masura Pagani Faucher [u], iv sol.
Masura Pinchero [v], i sol. v den. [x]
Masura Christiani Lefre [y], ii sol. vi den. [z]
Masura Herberti Folcher [a], xii den. [b]
Masura Renaudi Ales [c], xii den.
Masura [d] Pagani Lefre, ii sol. vi den.
Masura Renaudi Aimeriat, xvii den. [e]
Masura Hermousin [f], ii sol. [g]
Masura Porcherii [h], i sol. vi den. [i]
Masura Grosseau de Cormiet [j], ii sol.
Masura Raton, iii sol. [k]
Masura Pagani Chauton [l], iii sol.
Masura Ernaudi [m] Anglici, ii sol.
Masura de Campis, iv sol.
Masura Brunelli [n] de Campis, xvii den. [o]
Masura Josberti [p] militis, v sol.
Masura Filiae Dei [q], ii sol.

CCXVII. — m. Herbera Berriver C; cf. Berry dans Z. — n. des Chapellains D; Champeloes E; cf. Rainaudus de Campo Lupino dans Z.— o. masura deur de hac C; masura de Ver de hac D. — p. Beliart D. — q. Alleaume D. — r. Bossier D; Vossa E; cf. les leçons Boseptus et Bosenus dans Z. — s. Poteier E. — t. et Homerici D. — u. Focher DE. — v. Pinchere E; cf. Obertus ou Robertus Pincherius ou Picherius dans Z. — x. xviii den. D; xvii sol. E. — y. Lesre E. — z. ii... E. — a. Solecher C; Herbereus Solcher, xii den. de masura sua D.— b. iv den. E. — c. Alez DE; cf. Aales dans Z.— d. Cet article et les deux suivants omis par C. — e. xviii den. D. — f. Hernionsent E. — g. ii den. E. — h. Porcherum D; cf. Aubertus Porcherius dans Z. — i. xviii den. D; xvii den. E.—j. Grossant de Cormier DE.—k. Ratoin D; ii sol. E. — l. Chanton CE; cf. Chaucuns ou Chaucunus dans Z. — m. Arnaudi C.— n. Binvelli CDE. Corr. Brunelli d'après Z. — o. i sol. v den. C.— p. Jotberti C; cf. Gosbertus miles dans Z.—q. cf. la leçon Filia ejus de C dans Z.

Masura Cheferi[r], xii den.
Masura de Magno Campo[s], xviii den.[t]
Masura Numerii[u], xii den.
Masura... Guiton[v], iv sol,
Masura Renerii de Nois[x], v sol.
Masura Guidonis de Colle, iv sol.
Masura filii Tinni[y], xii den.
Masura Belini, iii sol.
Masura Foucher Taniel[z], xii den.[a]
Masura Herberti[b] Choul, ii sol.
Masura Gaudon, ii sol.
Masura Manerii, iii sol.
Masura de Alneto[c], v sol.
Masura Roberti Ancons[d] (?), xviii den.[e]
Masura Vie, xviii den.[f]
Masura..., iv sol.
Masura Josleni, xii den.[g]
Masura de Champalot[h], v sol.
Masura Pinart, xii den.[i]
Masura Chaubren[j], ii sol.
Masura Renaudi Testa[k], iii sol. vi den.
Masura Renaudi Osarne, v sol.
Masura Lucrantis[l] Bonum, iv sol. vi den.
Masura[m] de Leet[n], ii sol.
Masura de Saliceto[o], iv sol.
Masura Herberti[p], iii sol. vi den.
Masura Armanfrederie[q], xii den.

CCXVII. — r. Cheseri C; Chefari E; cf. Campus Arici dans Z. — s. cf. molendinum de Magno Campo dans Z. — t. i sol. vi den. C; xvii den. E. — u. Corr. peut-être Rainerii d'après Z. — v. masura doator Guiton E. — x. cf. Rainaudus de Nois dans Z. — y. Tumi DE. — z. Taniel omis par D qui laisse un blanc; Raniel E. — a. i sol. C. — b. Herberii C. — c. Alveto CDE. Corr. Alneto d'après la forme de Alnetis dans Z. — d. Ancons omis par CD; Aveons ou Ancons E; cf. la leçon Anquerri de E dans Z. — e. i sol. vi den. C; xvii den. E. — f. i sol. vi den. C; xvii den. E. — g. i sol. iv den. C. — h. Champalongt D; Champolont E.— i. i sol. C.— j. Chauchebreux D — k. Testa omis par C; Test. E. — l. Luccantis D. — m. Cet article et les trois suivants omis par C. — n. Lort E. — o. Saliteto E; cf. la forme restituée Sauceto dans Z. — p. Heti E. — q. Armanfredus E; cf les leçons Ermafroditus et Hermafroditus dans Z.

Masura Putei [r], xii den.
Masura Carnotensis [s], v sol.
Masura Berengerii Maubert [t], xviii den. [u]
Masura Morin [v], xii den.
Masura Robin [x], xii den. [y]
Masura Maunneron [z], xviii den. [a]
Masura Doart [b], viii den.
Masura Joannis Pele [c], xii den. [d]
Masura Frambert Audri [e], iii sol.
Masura Theobaldi, xii den.
Masura Sauvage, iii sol.
Masura Menaut [f], ii sol.
Masura Hugonis de Haia [g], xii den.
Masura Renerii Chiffart [h], ii sol.
Masura Chesnieu [i], ii sol.
Masura Arnulfi [j] Giffart [k], ii sol.
Masura Galteri Torche Feton [l], ii sol. et dimidium [m].

Summa, x lib. et xiv sol.

In baillia de Monsteriolo [1].

Masura Guidonis de Buges, vi sol. [n]
Masura Pagani de Buges, vi sol.
Masura Renaudi de Alneto [o], iii sol.
Masura Joannis Oisel [p], xviii den. [q]

CCXVII. — r. Putri CE. — s. Ennotensis E; cf. Droandus ou Durandus Carnotensis dans Z. — t. Nambert E — u. xvii den. E. — v. Robin C. — x. Rebut C. — y. vi den. E. — z. Mauneron E; cf. Maumerons dans Z. — a. xvii den. E. — b. Erat D. — c. Pelle D. — d. xviii den. C. — e. Andri C; Audet D; Andry E; Corr. Audri d'après la forme Aldricus dans Z. — f. Menant E. — g. Haia omis par C; Hara E. — h. Chifart DE. — i. Chesnieu omis par D; Chesniat E. — j. Arnulphi E. — k. Gifart DE. — l. Torche Feton omis par D; cf. les leçons Torchefelum et Corchefelum dans Z. — m. ii sol. redimendos E. — n. vi den. CE; cf. iv sol. dans Z. — o. Oliveto C; Alveto D. — p. Ensel D. — q. xvii den. E.

---

1. Cf. la *Baillia Hatonis* du rôle de 1170.

Masura Renerii de Buges, III sol.[r]
Masura Pinardi de Haex, XVIII den.[s]
Masura Girardi Mirrat[t], II sol.
Masura Gilberti[u] Conduit, III sol.
Masura Robini Blanche, III sol.
Masura Doardi[v] Rufi, III sol.
Masura Theobaldi Burdini[x], XVIII den.[y]
Masura Framberti Conduit[z], XII den.
Masura Renaldi Roondel[a], III sol.
Masura Brunelli Durandi[b], III sol.
Masura Renaldi Boart[c], II sol.[d]
Masura Herberti[e] Divinatoris, III sol.
Masura Guillermi Maingaut[f], III sol.
Masura Roberti de Tompus[g], III sol., frater ejus[h].
Masura Landrici[i] de Culmo[j], II sol.
Masura Gerardi[k] Bron[l] et frater ejus, III sol.
Masura Roberti Balduini[m], V sol.
Masura Rodulfi Pittavini[n], XII den.
Masura Andree Docte[o], XII den.
Masura Framberti Doruance[p], II sol.
Masura Landrici Munerii[q], XII den.
Masura uxoris defuncti Reginaldi[r] de Malesse, II sol.
Masura Odonis[s] de Malesse, II sol.
Masura Reginaldi Presbiteri...
Masura[t] uxoris Anterii[u], IV sol.

CCXVII. — r. IV sol. C. — s. Haex omis par C; Hac D; VIII den. E. — t. Mirrat omis par CD; cf. Reginaudus Verrat dans Z. — u. Gileberti D; Gilleberti E. — v. Erardi D; cf. Duardus Rufus dans Z. — x. mas. Chesburdini E; cf. Theobaldus Burdinus dans Z. — y. XVII den. E. — z. Conduict D. — a. Mondel C; Roondel E. — b. Dinandi E. — c. Beart D; cf. Reginaudus Boat dans Z. — d. III sol. C. — e. Heberti C; cf. Arnulfus Divinator dans Z. — f. Manigant E. — g. Compis D; Tongouz E. — h. et frater E. — i. Leandrici D. — j. Culmo omis par C; Melino D. — k. Girardi D. — l. Bion C; cf. masura defuncti Bruni ou Brunii dans Z. — m. Baldonii E; cf. filii defuncti Bauduini dans Z. — n. Pictavium D; Piecaunii E. — o. Docte omis par CD; cf. Giraudus Docte ou Doete dans Z. — p. Doruance omis par C; Deniunee E; Z donne exactement à la même place Frambertus Richiers. — q. Munerii omis par D. — r. Reninaldi E; cf. Reginaudus de Malaisse dans Z. — s. cf. Dodonis dans Z. — t. cet article omis par E. — u. uxoris et Anterii C.

Masura Giraudi de Lapinaie[v], iv sol.
Masura Bernardi de Asseribus, xii den.
Masura Guillermi de Spineria[x], xii den.
Masura[y] Girardi Filot[z], xii den.
Masura Gaudin, iii sol.
Masura Guidonis de Colle, iii sol.
Masura Benedicti de Laer[a], iv sol.
Masura Berengerii de Tronco[b], ii sol.
Masura Landrici[c], ii sol.
Masura Reginaldi Albi[d] et sociorum ejus, iii sol.
Masura Christiani et sociorum ejus, ii sol.
Masura Giraudi Embaut[e], ii sol.
Masura defuncti Rodulphi[f], iii sol.[g]
Masura Morini Ambaut[h], xviii den.[i]
Masura Reginaldi[j], Gobin, iii sol.
Masura Sorelli, xii den.
Masura Theobaldi Ascelin[k], xii den.
Masura Graissine, xii den.
Masura Roberti de Nemos[l], iii sol.
Masura Roberti Joannis[m], ii sol.
Masura Renerii Ascelin[n], vi den.
Masura Achart, xii den.
Masura Arnulfi[o] de Chaneto[p], ii sol. et vi den.
Masura Urrici[q] de Chaneto[r], xviii den.[s]
Masura Girardi Pinel[t], xii den.
Masura Gilleberti Grafre[u], iii sol.
Masura Pagani Huberti, iii sol.[v]

CCXVII. — v. Lapinare CE; cf. Giraudus de Spina dans Z. — x. cf. Guillelmus de Spina dans Z. — y. Cet article et le suivant transposés par C avec ceux de Guido Colle et Benedictus de Laer.— z. Fillot E. — a. Lac C; Lao E; cf. Benedictus de Laer dans Z. — b. cf. Bonetus de Trunco dans Z. — c. Leandrici C. — d. Albert sociorum C; Albi et omis par D; cf. Reginaudus Albus dans Z. — e. Embaut omis par C; Enbault D. — f. Rodulfi D. — g. iv sol. C. — h. cf. Morinus Embaut dans Z.— i. xvii den. E — j. Polini D. — k. Ascellin D. — l. Nemes D; Nomos E. — m. cf. Robertus Joanna dans Z. — n. Asselin D; Ascelini E.— o. Arnulphi E. — p. cf. de Chaneio dans Z. — q. Virvis C; Utrici D; cf. Hurricus dans Z. — r. cf. de Chaneio dans Z.—s. xvii den. E.—t. Prael E; cf. Pinelli dans Z.—u. Gratœ E. — v. iii sol. omis par E.

Masura Stephani Chalin[x], ii sol.
Masura Joannis Fin[y], xviii den.[z]
Masura[a] Andree de Ruguerme, iii sol.
Masura Ludel[b], iii sol.
Masura Hugues, ii sol.
Masura Viverii[c], ii sol.
Masura Gilonis Sequart, xii den.
Masura Constantis Numerii[d], xii den.
Masura Reginaldi Marie, xviii den.[e]
Masura[f] Durandi Maingault[g], ii sol.
Masura uxoris deffuncti Sequart, ii sol.
Masura Pagani de Campis, vi den.
Masura Petri[h] Taburel[i], xviii den.[j]
Masura Roberti Conduit[k], ii sol.
Masura uxoris deffuncti Framberti, xii den.
Masura Chamote[l], xviii den.[m]
Masura Bernardi Bibentis vinum[n], xii den.[o]
Masura Giraudi Bermiers[p], iv sol.
Masura Alormi[q], xii den.
Masura Rogerii le Biguot[r], xviii den.[s]
Masura Reginaldi de Champloet[t], ii sol. vi den.[u]
Masura Rogomerii[v], xviii den.[x]
Masura Raginardi[y] Gaborde, ii sol.
Masura uxoris Tornatoris[z], iii sol.
Masura Rodulfi Christiani[a], xviii den.[b]
Masura Giraudi de Belsa[c], iii sol.

CCXVII. — x. Chaslin D; Chalien E; cf. Chaumans dans Z. — y. Fin omis par D. — z. xvii den. E. — a. Cet article et les deux suivants omis par C. — b. Eudel D; cf. Ludellus, Cudellus ou Indellus dans Z. — c. Vie de Rue DE. — d. Numerum D. — e. xvii den. E. — f. Cet article et le suivant omis par C.— g. Mangaut E.— h. Petit D. — i. Tabuler C. — j. xvii den. E. — k. Conduict D — l. Chamore CD; cf. Rainaudus Chamotet ou Chamote dans Z.- m. xvii den. E. —n. Bibentis vinum omis par C; Bibentis nummi E. — o. xviii den. C. — p. Bruer CDE. Corr. Bermiers d'après Z. — q. Alovini C; Alorini D. Corr. peut-être Alerini. — r. le Bigaut C; le Biguet D; cf. Radulfus Bigotus dans Z. — s. xvii den. E. — t. Champolong D; Champlet E. — u. ii sol. C. — v. Rogemerii D; Rogemerii E. — x. xvii den. E. — y. Reginardi D; Reginaldi E. — z. uxoris Tornatoris omis par D; Petri Tornatoris E. — a. Christiani Rodulfi C; Rodulphi E. — b. xvii den. E. — c. Velsa C; Velse D.

Masura Odonis de Malesse et Vescia [d], II sol.

Masura deffuncti Bernardi, XII den. [e]

Summa, IX lib. et XI sol. [f]

Hujus rei testes sunt [g] : Robertus, prior; Arnulphus, subprior et [h] armarius; Federicus, tertius in ordine [i]; Guillelmus [j], cellerarius; Hugo [k], prepositus; Garnerius, prior Lorriaci; Artaudus [l], capicerius; Archenaudus, nepos abbatis; Osbertus [m], prepositus; Burdinus de Bicheto [n]; Aubertus [o] Figulus; Giraudus de Poculo [p].

Actum in capitulo nostro, anno ab incarnatione Domini M°C°LXXX°. [q]

CCXVIII

1180.

Arraud, abbé, et le chapitre de Saint-Benoit-sur-Loire, pour mettre fin aux difficultés résultant de la perception de la taille par le prieur de Lorris sur les hommes de Limetin et de « Corvi Domibus », fixe à six livres parisis le montant total de ladite taille et arrête le tableau de répartition de ladite somme.

D fol. 460 v°, d'après B, fol. 205, n° 872.

INDIQ. : b, fol. 329 v°, d'après D, fol. 205.—K, p. 435, d'après B, fol. 205.

Notum sit omnibus tam presentibus quam futuris quia querela quedam vertebatur inter priorem nostrum de Loriaco et homines de Limetenis et de Corvi Domibus, prior enim talliam ab eis requirebat quam ipsi penitus dare recusabant, asserentes se ad consuetudinem castri Loriacensis in eadem terra

---

CCXVII. — *d*. Vestia *DE*. — *e*. XVIII den. *C*. — *f*. IX lib. et VI sol. *E*. — *g*. sunt testes *C*. — *h*. et *omis par K* qui met des points: et armarius *omis par CE*. — *i*. Federicus tertius in ord. *omis par CDE*. — *j*. Guill. cell. Hugo prep. *omis par DE*. — *k*. Hugo prepositus, Guillielmus, Garnerius prior Lorriaci *K*. — *l*. Arraudus *CDX*: Arnaudus *E*. Corr. Artaudus. - *m*. Obertus *CDE*. — *n*. Turdninus de Bucheto *K*. — *o*. Obertus *E*: Obermus *K*. — *p*. de Pratulo *D*; de Porculo *E*; de Ponteulo *K*. — *q*. millesimo centesimo septuagesimo *E*.

fuisse hospitatos. Cumque longo tempore hec inter eos contentio multis sumptibus ventilata fuisset, tandem de assensu utriusque partis inter eos talis facta est transactio. Ego siquidem A., abbas, et totum pariter Floriacense capitulum prefatis hominibus concessimus quod, pro tallia quam prefatus prior ab eis requirebat, sex libras parisiensis monete annuatim in Nativitate sancte Marie eidem priori in perpetuum solvere tenebuntur; prior vero qui pro tempore domui Loriaci preerit, postquam sex libras ei in prefata solemnitate reddiderint, aliam talliam ab eis non requiret, salvis aliis consuetudinibus quas in eadem terra, tam in justitia sua quam in corveis sive aliis modis, habuisse dignoscitur. Quod ut ratum firmumque permaneat nostro et capituli nostri sigillo fecimus roborari. Hujus rei testes sunt : Robertus, prior; Arnulphus, subprior; Godefridus, tertius in ordine; Willermus, armarius; Willermus, celerarius; Hugo, prepositus; Garnerius, prior Loriacensis; Artaudus, capicerius; Petrus, infirmarius; Osbertus, prepositus; Burdinus de Bicheto, Benedictus de Nibella.

Actum in capitulo nostro, anno incarnati verbi millesimo centesimo octogesimo.

Hec est tallia quam Rainaldus major recipiet ab hominibus de Limetenis et de Corvi Domibus in Nativitate sancte Marie :

Belotus, III sol.
Osbertus et socii ejus de Fontaneis, VII sol.
Paganus de Caulibus, II sol.
Bursualdus, XII den.
Caresllonetum, X sol.
Girardus Reboutor, IV sol.
Lambertus Burellus, V sol.
Robertus Millesent, V sol.
Landricus Tornator, XVIII den.
Masura de Cathena, IV sol.
Masura de Nemore, IV sol.
Alginus, XII den.
Carretus, VI sol.
Fulco de Campis, IV sol.
Girardus Guberti, II sol.
Guido Polinus, IV sol.
Robertus de Ruetis, II sol.
Orgerius de Ruetis, II sol.
Coiraut, II sol.
Masura de Borda, VII sol.
Masura Carderii, II sol.
Girardus de Limeteni, IV sol.
Robertus Carderius et socii ejus, V sol.
Petrus Durandi, III sol.
Uxor Bacumni, V sol.
Familia Muonis, VI sol.
Masura Coiraudi de Campis, IV sol.

Gauffredus de Campis, iv sol.
Piperdera, ii sol.
Vaslerius Lupus, ii sol.
Arnulphus Lupus, iii sol.
Bertrannus de Corvi Domibus, ii sol.

Arnalbus Molendinarius, xii d.
Rainaldus Costerinus, xii den.
Benedictus Belena, iii sol.
Joannes Costerinus, iii sol.
Familia Acelini, xviii den.

CCXIX

Les Écharlis, 1180.

Guy, archevêque de Sens, reconnaît à Arraud, abbé, et au monastère de Saint-Benoit-sur-Loire le droit de présentation aux églises d'Oussoy, de Montereau, de Presnoy, Saint-Pierre d'Étampes, de Lorris, de Villiers-Saint-Benoit et de D'Huison.

C. p. 111. — E, fol. 220. — L, p. 140, d'après B, fol. 49 v°.

Indiq. : b, fol. 324 v°, d'après B, fol. 49. — K, p. 434, d'après B, fol. 49.

Guido, Dei gratia Senonensis archiepiscopus, omnibus ad quos littere presentes[a] pervenerint in Domino salutem. Universitati vestre notum fieri volumus[b] quod, cum inter nos et Arraudum, abbatem, et monasterium sancti Benedicti super Ligerim super presentationibus presbiterorum in quibusdam ecclesiis diu habita fuisset dissensio, in ecclesiis videlicet de Monte Barresio, de Castaneto, de Vetulis Domibus, de Maceriis, de Chataleta[c], de Bussedello, de Ulseto, de Musteriolo[d], et[e] de Pruneto, tandem in hunc modum facta est transactio, quod[f] in tribus de prenominatis ecclesiis, in ecclesia scilicet de Ulseto, de Musteriolo[g] et de Pruneto, pro bono pacis, presbiterorum presentationem in perpetuum predicto abbati et jam dicto monasterio concessimus habendam. Concessimus etiam eis quod a predecessoribus nostris constabat esse concessum, presentationem videlicet presbiterorum in ecclesiis sancti Petri Stampensis, de Lorriaco[h], in altero presbiterorum juxta teno-

---

CCXIX. — a. presentes littere C. — b. notum facimus C. — c. Chataletta C. — d. Musteriolo C. — e. et *suppléé par les chartes n°ˢ CCXX et CCXXI.*—f. tandem *jusqu'à* transactio quod *inclus. suppléé par les chartes n°ˢ CCXX et CCXXI.* — g. Musteriolo C. — h. Loriaco L.

rem privilegii nostri predecessoris Wilelmi [i] tunc [j] Senonensis archiepiscopi ', de Villari sancti Benedicti et de Duisione. In aliis autem ecclesiis de diocesi nostra, de cetero presentationes reclamare non poterunt, nisi in posterum largitione nostra vel successorum nostrorum eis indultum fuerit et concessum; alia vero beneficia que in supradictis ecclesiis sive in aliis de diocesi nostra possident, decimas etiam et redditus alios eis confirmamus, volentes et statuentes ut in ecclesiis in quibus usu quotidiano beneficia percipiunt, presbiteri qui constituentur fidelitatem eis per iuramentum faciant de omnibus que ipsos contingunt portionibus. Hoc autem ut ratum maneat et firmum presentis scripti patrocinio fecimus confirmari [k] et sigilli nostri munimine roborari.

Actum Escarleiis, anno incarnati Verbi M°C°LXXX°.

CCXX

Les Écharlis, 1180.

Eudes, doyen, et le chapitre de l'église de Sens approuvent l'accord conclu entre l'archevêque Guy et l'abbé Arraud au sujet du droit de présentation du monastère de Saint-Benoit-sur-Loire aux églises d'Oussoy, de Montereau, de Presnoy, Saint-Pierre d'Étampes, de Villiers-Saint-Benoit, de D'Huison et de Lorris.

C, p. 241 [2]. — D, fol. 146, d'après B, fol. 110, n° 452. — K, p. 801, d'après l'original. — L, p. 111, d'après B. fol. 111.

INDIQ. : Inventaire de 1658, p. 31, série II, liasse 3, pièce 11.

Odo, decanus, et universum capitulum Senonensis ecclesie omnibus ad quos littere iste [a] pervenerint in Domino salutem.

CCXIX. — i. Wuillelmi E. — j. tunc omis par CE. — k. communiri et confirmari E.

CCXX. — a. dicte littere K.

---

1. Voy. supra n°° CXCVI et CXCVII l'accord conclu entre l'abbé Arraud et l'archevêque Guillaume en 1171 au sujet des revenus de l'église de Lorris.

2. C ne donne que la suscription et la souscription de chancellerie et renvoie, pour le texte, à la charte de Guy, archevêque de Sens, visée dans le dispositif.

Notum fieri volumus quod, cum inter venerabilem patrem nostrum, Guidonem, Senonensem archiepiscopum [b], et Arraudum, abbatem, monasteriumque sancti Benedicti super Ligerim [c], super presentationibus presbiterorum in quibusdam ecclesiis diu habita fuisset dissensio *etc., ut supra, in charta n° CCXIX, mutatis mutandis* [1], *usque ad verba* concessum, presentationes videlicet presbiterorum in ecclesiis sancti Petri Stampensis, de Villari sancti Benedicti et Duisione et de Lorriaco, in altero presbiterorum juxta tenorem privilegii domini Willelmi, quondam Senonensis archiepiscopi; in aliis vero ecclesis de diocesi Senonensi *etc., ut supra in charta n° CCXIX, mutatis mutandis, usque ad verba* Hec autem ut rata maneant et firma laudamus et presentis scripti testimonio et sigilli nostri impressione roboramus.

Actum [d] est Escharleis, anno ab incarnatione Domini M°C°LXXX°.

Data [e] per manum Gaufridi [f], Senonensis ecclesie precentoris [g] et cancellarii.

CCXXI

Les Écharlis, 1180.

Robert, prieur, et le chapitre de Saint-Benoit-sur-Loire approuvent l'accord conclu entre l'abbé Arraud et l'archevêque de Sens, Guy, au sujet du droit de présentation aux églises d'Oussoy, de Montcreau, de Presnoy, Saint-Pierre d'Étampes, de D'Huison, de Villiers-Saint-Benoit et de Lorris.

ORIG. : Archives départementales de l'Yonne (Bibliothèque de Sens), G 59, n° 4; autrefois scellé [2].

CCXX. — *b.* archiepiscopum Senonensem *K*. — *c. C* renvoie pour la suite à la charte précédente. — *d.* factum *K*. — *e.* Datum *DL*. — *f.* Gaufredi *K*. — *g.* presbiteri.

---

1. On notera seulement dans la forme de la rédaction l'annonce du dispositif : « tandem in hunc modum facta est transactio, quod in tribus prenominatis ecclesiis... » Pour le reste, le texte est identique à celui du n° CCXIX, sauf qu'il est rédigé à la troisième personne au lieu d'être à la première, l'archevêque de Sens restant le sujet.

2. Les formes des noms de lieux données par cet original sont celles

Robertus, prior, et universum capitulum sancti Benedicti super Ligerim omnibus ad quos littere iste pervenerint in Domino salutem. Notum fieri volumus quod, cum inter venerabilem patrem nostrum Arraudum, abbatem, et ecclesiam nostram et dominum Guidonem, Senonensem archiepiscopum, et ecclesiam Senonensem, super presentationibus presbyterorum in quibusdam ecclesiis diu habita fuisset dissensio *etc., ut supra in charta n° CCXIX, mutatis mutandis, usque ad verba* Hec autem omnia concessit et approbavit Senonense capitulum. Quod ut ratum inconcussumque permaneat, presentis scripti testimonio et sigilli nostri munimine fecimus roborari.

Actum Escharleiis, anno ab incarnatione Domini M°C° octogesimo.

Note sur le droit de patronage exercé par l'abbaye de Saint-Benoit-sur-Loire sur diverses églises du diocèse de Sens.

Les trois chartes qui précèdent paraissent avoir mis fin à un différent qui dura plusieurs années entre les archevêques de Sens et l'abbé de Saint-Benoit-sur-Loire au sujet du droit de présentation que l'abbaye prétendait exercer sur quelques églises du diocèse de Sens. Si toutes les phases du débat ne nous sont pas également connues, il est permis cependant d'en restituer quelques-unes par le rapprochement et l'interprétation des documents dont le texte nous est parvenu.

Le plus ancien titre concernant les droits de patronage de Saint-Benoit-sur-Loire dans le diocèse de Sens est une charte de l'archevêque Gelduin de 1035 (supra, n° LXXIV), par laquelle ce prélat renonce en faveur de l'abbaye à tous ses droits, sauf ceux de synode et de visite, sur les églises de Flaix, Boisseaux, Montbarrois, Mézières et Vieilles-Maisons, et confirme les renonciations analogues consenties par ses prédécesseurs à l'égard des églises de Montereau et d'Oussoy.

---

que nous avons adoptées dans le texte de l'acte de l'archevêque Guy à l'exception de : « Buxedello » au lieu de « Bussedello ».

En 1065, l'abbaye reçoit en don d'un certain Causbert, l'église de Chalette sur le Loing, dédiée à Notre-Dame (supra, n° LXXV). Chalette est une localité du Gâtinais comprise dans le diocèse de Sens.

Nous rappellerons seulement pour mémoire le don de l'église Saint-Mard d'Étampes, fait en 1071 par Philippe Ier à Saint-Benoit-sur-Loire (supra, n° LXXXI) ; cette église ayant très probablement été restituée plus tard à l'abbaye de Morigny dont elle dépendait (Luchaire, Louis VI, n° 402; Quesvers et Stein, Pouillé du diocèse de Sens, p. 275, note 2).

La confirmation générale des biens dépendant de l'abbaye que l'abbé Simon obtint du pape Pascal II le 2 novembre 1103 (supra, n° XCVII) mentionne, outre l'église Notre-Dame de Chalette, deux autres églises dont nous n'avons pas encore rencontré les noms et qui doivent s'identifier avec des églises du diocèse de Sens : Saint-Martin de D'Huison et Saint-Pierre d'Étampes.

Vers 1138, Louis VII avait concédé à Saint-Benoit-sur-Loire l'église de Lorris ; l'acte royal est perdu[1], *mais nous possédons le texte de la charte confirmative de l'archevêque de Sens, Henri, datée de 1138 (supra, n° CXXXIII). Il s'agit ici de l'église paroissiale Notre-Dame.*

Quelques années plus tard, en 1144, le roi Louis VII autorisa le prieur de Lorris à percevoir sur les hôtes du bourg un cens annuel de cent sous pour l'édification et l'achèvement de l'église Saint-Sulpice (supra, n° CXLI) du même lieu. C'est l'église du prieuré dépendant de Saint-Benoît-sur-Loire.

Dans la confirmation générale des biens de l'abbaye octroyée par le pape Eugène III en 1146 (supra, n° CXLVII), les noms des églises sont groupés par diocèses. Pour l'archevêché de Sens sont nommément désignées les églises Saint-Pierre et Saint-Symphorien d'Étampes, Saint-Pierre de D'Huison, de Montbarrois, de La Cour-Marigny, Notre-Dame et Saint-Sulpice de Lorris, de Chatenoy, d'Oussoy, de Montereau, de Vieilles-Maisons, de Chalette, de Dracy, de Villiers-Saint-Benoit. Cette dernière avait été, au témoignage de la bulle pontificale, concédée à Saint-Benoit par l'arche-

---

1. Corriger en ce sens la note 1 de la p. 311 de notre tome I dont le renvoi au n° CIV est erroné (cf. Luchaire. n° 32).

vêque de Sens, Henri, soit entre 1122 et 1142. Enfin dans cette même bulle, l'église de Boisseaux est placée par inadvertance au diocèse de Chartres, alors qu'elle était située au diocèse de Sens. Nous trouvons donc dans ce document cinq nouveaux noms : Saint-Symphorien d'Étampes, La Cour-Marigny, Chatenoy, Dracy et Villiers-Saint-Benoit; par contre, les églises de Flaix et de Mézières, citées en 1035, ne sont plus mentionnées en 1146; celle de D'Huison semble avoir changé son vocable de saint Martin en celui de saint Pierre.

La bulle confirmative des biens de Saint-Benoit-sur-Loire accordée en 1157 par Adrien IV (supra, n° CLXX) est, en ce qui concerne les églises dépendant de l'abbaye et sises au diocèse de Sens, à peu près identique à celle du pape Eugène III de 1146. Trois particularités seulement sont à signaler : l'église de Mézières citée en 1035, probablement oubliée en 1146, reparaît ici; celle de Boisseaux est correctement replacée au diocèse de Sens; enfin un nom nouveau apparaît, celui de l'église de Presnoy; elle est mentionnée après l'église de Vieilles-Maisons

Au cours de l'archiépiscopat d'Hugues de Toucy, des différents s'élevèrent probablement entre l'archevêque et l'abbé au sujet du droit de présentation aux églises. En effet, l'exercice de ce droit par l'abbaye sur la cure de Lorris donna lieu à un accord particulier dont le texte ne nous est pas parvenu, mais que l'abbaye prit le soin de faire confirmer par des lettres apostoliques du 13 janvier 1164 ou 1165 (supra, n° CLXXV).

Plus nombreux sont les indices des difficultés qui surgirent au temps de l'archevêque Guillaume aux Blanches-Mains (1168-1176). L'abbaye, à une date indéterminée, entre 1168 et 1173, dut renoncer provisoirement à son droit de présentation à l'église de Villiers-Saint-Benoit en faveur d'un clerc de l'archevêque (supra, n° CXCII), et elle fut, semble-t-il, assez mal récompensée de sa condescendance, car ce clerc, nommé Asce, voulut en 1173 empiéter sur les droits du curé d'une paroisse voisine, celui de Grandchamp, et l'archevêque Guillaume dut intervenir pour terminer le différent (supra, n° CCIII).

Après l'église de Villiers, ce fut le tour de Notre-Dame de Lorris d'être remise en question; un long différent s'éleva entre l'abbaye et l'archevêque au sujet du revenu de cette cure et du droit de pré-

sentation, différent qui se termina en 1171 par un accord solennel; trois expéditions de cet accord nous sont parvenues, la première au nom de l'abbé, la seconde au nom de l'archevêque, et la troisième aux noms du doyen et du chapitre de Sens (supra, n°s CXCVI-CXCVIII). *La moitié des revenus de l'église devait être partagée entre l'archevêque et l'abbé, l'autre moitié étant réservée aux deux desservants; de ces deux desservants, l'un restait à la présentation de l'abbé, l'autre à la nomination de l'archevêque sans présentation; un sixième de la dîme du blé était abandonnée par l'abbaye aux curés, ainsi que la moitié de la dîme du vin et des menues dîmes, enfin les dons faits aux écoles devaient revenir d'année en année alternativement à l'archevêque et à l'abbaye.*

Vers 1176 l'archevêque avait dû contester le droit de présentation aux églises d'Oussoy, de D'Huison et de Montereau, car, par acte en date du 8 août 1176 (supra, n° CCX), *il reconnut, sur le témoignage d'hommes dignes de foi, les droits de l'abbaye en ce qui touchait ces églises.*

Les divers accords intervenus entre l'archevêque et l'abbé, au temps de Guillaume aux Blanches-Mains, semblaient devoir mettre fin à toute difficulté entre eux. Mais Guy de Noyers, qui succéda sur le siège de Sens à Guillaume, après le transfert de celui-ci à l'archevêché de Reims, voulut, semble-t-il, frustrer presque complètement l'abbaye de ses droits de patronage dans le diocèse de Sens. Les actes de 1180, imprimés ci-dessus (n°s CCXIX à CCXXI), *nous apprennent qu'à cette date un désaccord s'était élevé depuis longtemps au sujet des églises de Montbarrois, de Châtenoy, de Vieilles-Maisons, de Mézières, de Chalette, de Boisseaux, d'Oussoy, de Montereau, de Presnoy; on remarque là les noms, non seulement des deux églises auxquelles Guillaume avait expressément renoncé en 1176, Oussoy et Montereau, mais encore ceux d'églises mentionnés dans les titres les plus anciens que nous avons rappelés. Le premier soin de l'abbaye paraît avoir été de faire confirmer par le pape l'acte de 1176, ce qu'elle obtint en 1178* (supra, n° CCXI). *Guillaume aux Blanches Mains d'autre part, qui connaissait mieux que personne les droits de l'abbaye de Saint-Benoit, puisqu'il avait tenté de les restreindre alors qu'il occupait le siège de Sens, paraît s'être entremis entre l'abbaye et son successeur pour terminer le différent. Profitant de son séjour à Rome à l'occasion du concile du Latran en mars 1179, il représenta au souverain pontife qu'un accord était intervenu par ses soins entre les intéressés, et obtint une bulle confirmative de cette entente* (supra, n° CCXV); *mais il est à présumer que cet accord n'existait qu'en principe, car la bulle reste muette sur les conditions de la convention. On peut même se demander si l'accord n'était pas simplement supposé, si par cette bulle l'archevêque de Reims ne voulut pas exercer une pression sur l'archevêque de Sens, et si ce dernier ne vit pas d'un assez mauvais œil l'intervention de son prédécesseur. En effet, la bulle est aussi peu expresse que possible; la convention écrite, intervenue entre les parties, n'est que de 1180, soit postérieure d'au moins neuf mois, peut-être de plus d'un an, à la bulle; enfin cette convention passe sous silence l'intervention de Guillaume, formellement indiquée dans la bulle. Quels qu'aient été les différentes phases de la contestation, les débats et les intrigues auxquels elle donna lieu et dont nous avons quelques indices, il ne paraît pas que l'abbaye ait pu faire triompher ses droits, alors même qu'elle pouvait les appuyer par la production de titres écrits d'une valeur péremptoire. Guy de Noyers repoussa ses prétentions sur les églises de Montbarrois*[1], *de Vieilles-Maisons, de Mézières et de Boisseaux, que l'archevêque Gelduin avait cependant concédées en 1035, sur celle de Chatenoy, pour laquelle l'abbaye n'avait peut-être pas d'autre titre que les bulles confirmatives de biens de 1146 et 1157, sur Chalette même, en dépit de la donation de 1065 et des bulles de 1103, de 1146 et de 1157. Pour les églises d'Oussoy, de Montereau et de Presnoy, si l'archevêque abandonna à l'abbaye la présentation des curés, il ne le fit que par simple condescendance* « pro bono pacis », *déclare-t-il, et non pas qu'il reconnût à l'abbaye aucun droit à y prétendre; encore que pour deux d'entre elles, Oussoy et Montereau, l'abbaye pût produire nombre de témoignages écrits: l'acte de l'archevêque Gelduin confirmant une reconnaissance antérieure, les bulles de 1146 et 1157, la charte de Guillaume aux*

---

1. En ce qui concerne Montbarrois, il n'y a pas lieu de s'étonner de la fin de non recevoir opposée par l'archevêque, car dès 1172 cette église avait été donnée par Guillaume aux Blanches-Mains à l'abbé de Saint-Jean de Sens qui en conserva toujours le droit de présentation (voy. Paul Quesvers et Henri Stein, *Pouillé du diocèse de Sens*, en tête des *Inscriptions de l'ancien diocèse de Sens*, t. I, p. 133).

Blanches-Mains de 1176, la bulle d'Alexandre III de 1178. C'est seulement pour Saint-Pierre d'Étampes, pour l'un des deux desservants de Lorris, pour Villiers-Saint-Benoit et pour D'Huison que l'archevêque de Sens déclara ratifier les concessions écrites de ses prédécesseurs, savoir : en ce qui concerne Villiers-Saint-Benoit peut-être l'acte de 1168-1173, relatif à Asce, clerc de Guillaume, en ce qui concerne Lorris, l'acte de Guillaume de 1171, en ce qui concerne D'Huison, l'acte du même de 1176 ; mais pourquoi, acceptant ce document pour D'Huison, lui refuser toute valeur pour Oussoy et Montereau ? pourquoi aussi ranger parmi les concessions découlant d'un titre écrit Saint-Pierre d'Étampes, église pour laquelle il paraît bien que l'abbaye n'a jamais eu que des confirmations pontificales ? Ceci nous incline à croire que ce fut moins l'autorité des documents qui prévalut que la faiblesse de l'abbaye qui succomba, et que l'archevêque répartit ses concessions à son gré sous la rubrique « abandon gracieux », ou sous celle « droit reconnu », sans se soucier du droit juridiquement démontré. On remarquera d'ailleurs que, si l'archevêque de Sens réduisit ainsi un droit dont les abus pouvaient porter atteinte à l'autorité disciplinaire du chef du diocèse, il se montra au contraire respectueux des droits temporels de son adversaire. Les mêmes actes qui, en matière de présentation aux églises, déboutent l'abbaye de ses prétentions, lui garantissent expressément la paisible jouissance des dîmes et revenus de tout genre qu'elle possédait dans les diverses paroisses du diocèse.

Plus tard, lorsque l'abbaye sollicita des papes la confirmation de ses biens, elle continua de faire figurer parmi les églises dépendant de Saint-Benoît-sur-Loire celles qui étaient mentionnées dans les bulles antérieures, que l'archevêque de Sens eût ou non reconnu le droit de présentation à ces églises. C'est ainsi qu'on trouve dans la bulle de Luce III du 5 novembre 1184, dans celle d'Innocent III du 27 mai 1207, la même énumération d'églises sises au diocèse de Sens que dans la bulle de 1157. On ne saurait voir là qu'une affirmation, sans aucun effet pratique, des droits auxquels l'abbaye avait jadis pu prétendre. Le pouillé du diocèse de Sens, rédigé vers 1350, atteste en effet le caractère à peu près définitif de la convention de 1180. En effet, si ce pouillé nous apprend qu'au xive siècle l'abbaye avait conservé le droit de présentation aux *églises de La Cour-Marigny et de Boisseaux, bien qu'elles ne soient pas nommément désignées parmi celles que l'archevêque concéda ou reconnut à Saint-Benoit en 1180, encore ne faut-il voir là qu'une exception, car ce même document enregistre le patronage de l'archevêque sur toutes les autres églises que l'acte de 1180 enleva à Saint-Benoit, il l'enregistre même à l'égard de quelques-unes que l'archevêque avait reconnues comme étant à la présentation des moines; telles les églises de Presnoy, de D'Huison et de Dracy (Quesvers et Stein, Pouillé du diocèse de Sens, passim; A. Longnon, Pouillés de la province de Sens, passim). Ainsi, au cours du* XIIIe *siècle et pendant la première moitié du siècle suivant, les droits de patronage de Saint-Benoit-sur-Loire avaient encore souffert de nouvelles diminutions.*

CCXXII

Orléans, 1180.

Manassès, évêque d'Orléans, confirme les franchises de l'abbaye de Saint-Benoit-sur-Loire à l'égard des évêques d'Orléans.

C, p. 123. — E, fol. 243. — K, p. 429, « ex autographo[1] ». — L, p. 91, d'après B, fol. 53 v°. — M, Bibl. nat., ms. lat. 12739, p. 350. — X, Bulle confirmative d'Innocent III, du 10 ou 11 juin 1209 (transcrite dans : 1° C, p. 27; 2° E, fol. 44; indiquée par K, p. 447, d'après B, fol. 17). — Z, Bulle confirmative d'Innocent IV, du 16 janvier 1245 (transcrite dans : 1° C, p. 28; 2° E, fol. 45 v°; indiquée par K, p. 477, sans indication de source).

INDIQ. : b, fol. 323 v°, d'après B, fol. 53.

Ego Manasses, Dei gratia Aurelianensis episcopus, omnibus qui presens scriptum[a] viderint vel audierint salutem in Domino. Cum circa statum ecclesie beati Benedicti Floriacensis et circa

---

CCXXII. — a. presentes litteras E.

---

1. Dom Chazal dit à propos de cet acte : « in autographo super plicam sic scriptum reperimus : Sigillum Manasse, episcopi Aurelianensis, de libertate hujus ecclesie et prioratuum nostrorum. Arraudus abbas. »

ejus negotia pro posse nostro promovenda promptiores et efficaciores ceteris predecessoribus nostris inveniremur, et cum ecclesia beati Benedicti ut dedicationes et altarium suorum[b] benedictiones celebraremus et fratres ejusdem ecclesie in ordines promoveremus sepius nos vocavit, dubitavimus ne amor qui inter ecclesiam beati Benedicti et nos mutuus vertebatur, in dampnum ejusdem[c] ecclesie redundaret; inde est quia, revolutis Romanorum pontificum et predecessorum nostrorum privilegiis, libertatem ejusdem ecclesie attendentes propensius et eamdem nostris et futuris temporibus inconvulsam[d] et illibatam conservare[e] volentes, eam scripto commendare et in posteros dignum duximus solo caritatis intuitu transmittendam. Universitati igitur vestre innotescat quia neque nos neque successores nostri neque Aurelianensis ecclesie decani, archidiaconi vel archipresbyteri aut quelibet ejusdem ecclesie alie persone ad idem monasterium venire aut aliquam ordinationem vel missas publicas celebrare aut procurationes aliquas seu aliquid consuetudinis ab abbate vel fratribus ibidem manentibus de jure possunt[f] exigere, quod etiam predecessorum nostrorum, aut ecclesie nostre quelibet inferiores persone, nullus percepisse noscuntur, et ut in brevi[g] omnia concludantur, idem locus tanta prefulget libertate ut nec nobis nec[h] successoribus nostris seu prelibatis personis in aliquo teneatur obnoxius. Preterea, cum episcopatum Aurelianensem per triginta annos aut eo amplius tenuerimus, et ante episcopatum in eadem ecclesia viginti annis commorati fuerimus[i], cognovimus quia neque nos neque decani neque[j] archidiaconi[k] aut quelibet ecclesie nostre persone in prioratibus ecclesie beati Benedicti aliquam procurationem de consuetudine possunt[l] exigere. Quod ut ratum et inconcussum perseveret[m], sigilli nostri autoritate roboravimus, statuentes quod, si quis huic nostre con-

---

CCXXII. — b. suorum omis par EK. — c. eidem K. — d. inconcussam EX2 Z2. — e. conservari EL X1-2 Z1-2, — f. possint EX1-2 Z2. — g. ut in rem omnia CLMZ1. — h. neque LM EZ 1-2. — i. fuimus LEX2 Z2. — j. vel KL. — h. decanus vel archidiaconus MX1-2 Z1, neque decanus neque archidiaconus Z2. — l. possint KX1: aliquam consuetudinem vel procurationem possint X 2. — m. permaneat E; maneat MZ1.

firmationi in aliquo contraire presumpserit, ex parte Dei omnipotentis et beati Benedicti patris et nostra sit anathema.

Datum Aurelianis, in palatio nostro, per manum Roberti, notarii nostri, anno incarnati Verbi millesimo centesimo octogesimo*, astantibus in ecclesia Sancte Crucis majoribus personis Hugone decano, Andrea cantore, Letoldo subdecano, Manasse capicerio, cancellario nullo.

CCXXIII

Velletri, 1er mars 1180 [1].

Alexandre III renouvelle à l'abbé et aux moines de Saint-Satur la défense qu'il leur a déjà faite de se substituer à l'abbesse et aux religieuses de Saint-Laurent de Bourges dans le différent qu'elles ont avec l'abbé et les moines de Saint-Benoit-sur-Loire au sujet des dîmes et droits de sépulture à Sancerre [2].

Alexander, episcopus, servus servorum Dei, dilectis filiis abbati et monachis sancti Satyri[a] salutem et apostolicam benedictionem. Jampridem ad audientiam apostolatus nostri pervenit quod, cum inter dilectos filios nostros abbatem et fratres Floriacenses et abbatissam et moniales sancti Laurentii Bituricensis super decimis et sepulturis de Sacro Cesaris controversia emersisset, atque moniales, ut duriores monachis adver-

---

CCXXII. — n. 1280 CE.
CCXXIII. — a. Satiri C.

---

1 L'attribution de ces lettres à Alexandre III résulte de la mention de l'abbé Arraud dans une bulle de ce pape en date du 9 mai 1180 portant approbation de la sentence rendue par l'évêque d'Auxerre dans le différent visé ici entre Saint-Laurent de Bourges et Saint-Benoit-sur-Loire (*infra*, n° CCXXV). Le nom du pape étant déterminé, l'itinéraire d'Alexandre III ne permet de rapporter un acte de ce pontife, daté du 1er mars à Velletri, qu'à l'année 1180.

2. On remarquera dans ces lettres un passage qui, à première vue, pourrait paraître anormal. Le pape, bien que renouvelant aux moines de Saint-Satur une défense précédemment faite, ne se réfère pas expressément, ainsi qu'on pourrait s'y attendre, à quelqu'acte antérieur émané de lui; il leur dit seulement « vobis, *si bene meminimus*, autoritate apostolica prohibuimus ». C'est là une formule insolite. Nous ne

sarios prepararent, quandam partem vobis rei litigiose dederunt, ut commodius per auxilium vestrum illorum justitiam retardarent, nos vero attendentes religiosum non esse, sed a religione penitus alienum, ut ingerant se litigiis qui ea tenentur sollicite declinare, vobis, si bene meminimus, autoritate apostolica prohibuimus ne prefatos monachos aliquatenus vexaretis, nisi forte aliunde quam[b] de concessione monialium post motam litem aliquid juris possetis in prescriptis sepulturis et decimis vendicare. Sed vos in vestro[c], ut accepimus, proposito consistentes, supra dictos monachos fatigatis, et prefatis monialibus ministratis materiam jurgiorum; quia igitur plus saluti vestre et honestati debemus quam voluntati consulere, iterato[d] vobis authoritate apostolica prohibemus ne predictos monachos, occasione concessionis de re in litigio posita vobis forte, aliquatenus fatigetis, scituri[e] quod si prohibitioni nostre contraire, quod non credimus, presumpseritis, id, auctore Domino, curabimus sicut justum fuerit[f] emendare.

Datum Velletri, calendis Martii.

CCXXIV

Lorris, 20 avril-18 septembre 1180.

Philippe Auguste confirme aux Bonshommes du Gué de Chappes les libéralités que leur avait faites son père Louis VII, savoir : une rente de 18 setiers de seigle sur le grenier royal de Lorris,

---

CCXXIII. — *b.* quoniam *E.* — *c.* pro vestro *C.* — *d.* idcirco *E.* — *e.* scitote *E.* — *f.* est *E.*

---

pensons pas toutefois que sa présence suffise à rendre suspecte le mandement que nous publions. C'est évidemment sur les plaintes des moines de Saint-Benoit-sur-Loire que le pape fut à deux reprises amené à adresser des admonestations aux moines de Saint-Satur. Lorsque les requérants, d'une part, présentèrent pour la seconde fois leurs doléances, ils ne purent produire le mandement expédié en conséquence de leur première supplique, car ce n'est pas à eux que ce mandement avait été adressé. Tout au plus purent-ils en supposer ou en rappeler l'existence. Les notaires de la chancellerie pontificale, d'autre part, ne purent viser le texte de lettres qui, simple mandement, n'avaient vraisemblablement pas été enregistrées.

une distribution quotidienne de 4 pains, 2 deniers, 1 demi-setier de vin, et 4 morceaux de chandelle pendant les séjours du roi à Lorris, distribution qui sera de moitié seulement pendant les séjours de la reine.

C. p. 337.—*L*, p. 223, d'après *B*, fol. 155.—*M*, Bibl. nat., ms. lat. 12775, p. 118, d'après *B*. — *V*, Archives nationales, JJ 26, fol. 163 v°, copie du xve siècle dans le registre *E* de Philippe Auguste. — *X*, Archives du Loiret, H 61, copie authentique du notaire Foubert (9 mai 1644) visée pour collation par Mousseau, greffier au bailliage de Lorris (novembre 1644), d'après *B*, fol. 155. — *Y*, Bibl. nat., ms. lat. 12670, fol. 259, copie abrégée par Fr. Mathieu Gilbert (1708), d'après *B*, fol. 155.—*Z*, Archives du Loiret, A 271, copie authentique par Roidot (?) et Gautier, notaires royaux à Saint-Benoît-sur-Loire, d'après *X*.

PUBL. : Mabillon, *De re diplomatica*, p. 664, d'après *B*. — A. Vidier, *Ermitages orléanais au XIIe siècle*, dans *Le Moyen âge*, 1906, p. 147 (tir. à part, p. 55), d'après *CLMVXY*.

INDIQ. : L. Delisle, *Catalogue des actes de Philippe Auguste*, n° 5, d'après *V* et *Y*.

In nomine sancte et individue Trinitatis amen. Philippus, Dei gratia Francorum rex. Noverint universi presentes pariter et futuri quod karissimus pater noster Ludovicus bonis hominibus de Vado de Chapetes[a], divine pietatis intuitu et ob remedium anime sue, donavit decem et octo sextarios siliginis annuatim de granario suo apud Lorriacum[b] percipiendos; adjecit etiam ut quotiescumque ipsum apud Lorriacum[b] esse contingeret, memorati boni homines in illo loco servitio Dei vacantes, singulis diebus de liberatione perciperent quatuor panes, duos denarios, dimidium sestarium vini et quatuor frusta candele; si regina sine ipso esset apud Lorriacum[c], dimidiam liberationem haberent. Nos itaque beneficium karissimi patris nostri[d] nullatenus quassare vel diminuere volentes[e], patris nostri memoratam donationem concedimus et sigilli nostri auctoritate ac regii nominis caractere subtus[f] annotato confirmamus[g]. Actum anno incarnationis dominice M°C°LXXX°, regni nostri anno primo, apud Lorriacum[h], astantibus in palatio nostro quorum

---

CCXXIV. — a. de Vado de Chappes *LY*; de Vado Chappettes *M*. — b. Loriacum *X*. — c. Lorreacum *V*; Loriacum *X*. — d. nostri *omis par LMXY*. — e. nolentes *V*. — f. subter *CM*. — g. confirmavimus *C*. — h. Loriacum *MX*.

nomina supposita sunt et signa. S. comitis Theobaldi[i], dapiferi nostri. S. Guidonis, buticularii. S. Mathei[j], camerarii. S. Radulphi, constabularii.

Data per manum (*monogramma*[k]) Hugonis, cancellarii.

CCXXV

Velletri, 9 mai 1180[1].

Alexandre III confirme, en faveur de l'abbé Arraud et des religieux de Saint-Benoît de Fleury, la sentence prononcée par l'évêque d'Auxerre contre l'abbesse et les religieuses de Saint-Laurent de Bourges touchant les dîmes et droits de sépulture à Sancerre[2].

C, p. 24. — *E*, fol. 39.

INDIQ. : *K*, p. 424, d'après *B*, fol. 10.

Alexander, episcopus, servus servorum Dei, dilectis filiis Arraudo, abbati, et conventui monasterii[a] sancti Benedicti Floriacensis[b] salutem et apostolicam benedictionem. Que de autoritate Sedis Apostolice et fratribus et coepiscopis nostris rationabiliter finiuntur in sua debent firmitate consistere, et ne cujusquam malitia in recidive contentionis scrupulum reducantur, robore apostolico premunire. Eapropter sententiam pro vobis contra abbatissam et sanctimoniales beati Laurentii Bituricensis super decimis et sepulturis de Sacro Cesaris[c] de litterarum nostrarum autoritate, in quibus sublatum fuit appellationis remedium, a venerabili fratre nostro[d] Autissiodorensi

---

CCXXIV. — *i*. Theobaldi comitis *C*. — *j*. Matthæi *C*. — *k*. *monogr. omis par CM*.

CCXXV. — *a*. monasterii *omis par E*. — *b*. Floriacensis *omis par E*. — *c*. Cesario *E*. — *d*. fratre nostro venerabili *E*.

---

1. L'itinéraire d'Alexandre III ne permet de rapporter un acte daté du 9 mai à Velletri qu'à l'année 1180. La date du 9 mars que nous avons rejetée en note ne convient également qu'à cette année.

2. Voy. ci-dessus n° CCXXIII un mandement d'Alexandre III aux moines de Saint-Satur, du 1er mars 1180, touchant l'affaire des dîmes et droits de sépulture à Sancerre.

episcopo promulgatam, sicut canonice lata est, autoritate apostolica confirmamus et presentis scripti patrocinio communimus, statuentes ut nulli omnino hominum*e* liceat hanc paginam nostre confirmationis *etc.* Si quis autem *etc.* Datum Velletri, vii idus maii *f* [1].

CCXXVI

Velletri, 11 mai 1180 [2].

Alexandre III, s'adressant à l'abbé Arraud et aux religieux de Saint-Benoit-sur-Loire, confirme les possessions de l'abbaye sises dans le diocèse d'Orléans [3].

C, p. 29. — D, fol. 483 v°, d'après B, fol. 12 v°, n° 51. — E, fol. 37 v°.

INDIQ. : K, p. 424, d'après B, fol. 12.

Alexander, episcopus, servus servorum Dei, dilectis filiis Arraudo, abbati, et conventui sancti Benedicti Floriacensis salutem et apostolicam benedictionem. Quanto specialius monasterium vestrum beati Petri juris existit, tanto debemus attentius de ejusdem commodis, ubi secundum Deum*a* possumus, cogitare. Hac itaque ratione inducti et vestris postulationibus inclinati, ecclesias et decimas quas rationabiliter possidetis vobis et eidem ecclesie auctoritate apostolica*b* confirmamus et

---

CCXXV. — *e.* hominum *omis par E.* — *f.* martii *C.*
CCXXVI. — *a.* Dom.num *D*; possumus secundum Dominum *E.* — *b.* apostolica autoritate *E.*

---

1. La leçon « maii » de *E* est également donnée par l'analyse *K*; elle nous paraît préférable à la leçon « martii », non seulement en raison du double témoignage qui existe en sa faveur, mais aussi à cause du mandement du 1er mars déjà cité, dont la date serait trop rapprochée de celle de la bulle portant confirmation de la sentence qui mit fin au différent.

2. Le séjour d'Alexandre III à Velletri en mai n'est constaté que pour l'année 1180.

3. Cf. l'acte de Monassès, évêque d'Orléans, en date de 1179 (*supra*, n° CCXII), dont le dispositif est un peu plus détaillé que celui de la présente bulle.

presentis scripti patrocinio communimus, specialiter autem parrochialem ecclesiam sancti Sebastiani de Floriaco, ecclesiam de Gilliaco*c*, ecclesiam de Tigiaco, ecclesiam de Noviaco, ecclesiam sancti Martini de Ars, ecclesiam de Domna Petra, ecclesiam sancti Andree de Floriaco, que est juxta civitatem Aurelianensem, ecclesiam sancti Remigii de Cantolio; in civitate Aurelianensi, ecclesiam sancti Benedicti; ecclesiam de Vitriaco, ecclesiam de Tilliaco*d*, ecclesiam de Boziaco*e*, ecclesiam de Bulliaco, ecclesiam de Bosonis villa, ecclesiam de Bolonis villa, ecclesiam de Evra villa, ecclesiam de Euvra castro, ecclesiam de Bogiaco, ecclesiam sancti Aniani juxta Soliacum, cum ecclesia que est in eadem villa et aliis ad eam pertinentibus, ecclesiam de Brayo, cum ecclesia sancti Aniani de Loureio*f*, ecclesiam beate Marie de Castello Novo, cum omni jure et libertate sua, ecclesiam de Baldrici Villari, ab omni circata et cathetratico per diocesanum episcopum absolutam, ecclesiam de Germiniaco, simili modo liberam, ecclesiam de Nova villa eodem modo, ecclesiam beatorum martyrum Gervasii et Protasii, liberam ab omni exactione, preter refectionem que in vigilia predictorum martyrum canonicis sancte Crucis processionem facientibus debetur, capellarum etiam que sunt in burgo sancti Benedicti libertatem, sicut in nostro privilegio continetur, salva in omnibus diocesanorum episcoporum canonica justitia. Ad hec, ut decimas ad eandem ecclesiam pertinentes, cum assensu diocesani episcopi, redimere possitis de manibus laicorum presentibus vobis litteris indulgemus. Nulli ergo omnino hominum *etc.* Si quis autem *etc.* Datum Velletri, v idus maii.

CCXXVII

1184, après le 1er septembre-1185.

Luce III accorde à l'abbaye de Saint-Benoit-sur-Loire le droit de cimetière à Châteauneuf-sur-Loire.

Acte perdu, mentionné dans une bulle d'Urbain III, du 15 décembre 1185 ou 1186.

CCXXVI. — *c.* Giliaco *C.* — *d.* Ussiaco *CDE.* Corr. Tilliaco. — *e.* Boliacc *E.* — *f.* Laureio *E.*

CCXXVIII

1181-1183, ou 1183-1217[1].

Pierre [ou Renaud][2], évêque de Chartres, approuve la donation d'une dîme sise au diocèse de Chartres, faite à l'abbaye de Saint-Benoit-sur-Loire par Anseau de Boutervilliers.

D, fol. 185 v°, d'après B, fol. 119 v°, n° 503. — M, Bibl. nat., ms. lat. 12775, p. 124.

INDIQ. : K, p. 159.

Petrus[a], Dei gratia Carnotensis episcopus, viris venerabilibus et amicis[b] in christo carissimis abbati et conventui sancti Benedicti supra Ligerim salutem et Spiritus Sancti consolationem. Innotuit nobis dilectus noster, Ansellus de Botemvillari[c], miles, quod quandam habet in nostro episcopatu decimam, quam videlicet ecclesie vestre intuitu elemosine intendit humiliter erogare, ut beneficiis domus vestre possit vobiscum in perpetuum munerari. Nos vero, ad ipsius petitionem, opus tam benignum benignius recepimus et donum vobis collatum gratum habemus, et dantis devotionem in Domino laudabilem gerimus et acceptam; placeret[d] equidem nobis ut, ad istius exemplum, decimarum illiciti possessores in debitam ecclesiarum hereditatem ipsas intenderent revocare.

NOTE SUR LA CHARTE PRÉCÉDENTE

Le cartulaire D donne Petrus, *soit Pierre de Celles (1181-1183), pour le nom de l'évêque; cette leçon est corroborée par dom Chazal* (K), *qui, à propos de divers actes de 1221 concernant la cession*

CCXXVIII. — a. R. M. — b. amicis suis M. — c. Bonvillari M. — d. placere D.

---

1. Cet acte est sans date et on ne peut que lui assigner les années extrêmes de l'épiscopat, soit de Pierre de Celles, soit de Renaud de Mouçon (voy. la note suivante).
2. Pour le nom de l'évêque, auteur de cette charte, la localisation de la dîme concédée et le nom du donateur, voir la note placée à la suite du texte.

de la mairie de Mérouville à Saint-Benoit-sur-Loire par Anseau de Boutervilliers, analyse dans les termes suivants l'acte de l'évêque de Chartres dont il s'agit ici : « Is sane est Anselmus de Boterviller qui decimam quamdam, quam in episcopatu Carnotensi percipiebat, cenobio Floriacensi dedit ut beneficiis cenobii in perpetuum annumeraretur, id est ut particeps esset orationum et piorum operum que monachi operabantur. Charta destituta est chronicis notis et ex parte mutila; hanc concessionem firmavit P. episcopus Carnotensis ».

Dom Estiennot (M) a lu le nom de l'évêque « R. », *soit Renaud de Mouçon (1183-1217). L'adoption de cette leçon aurait l'avantage de rapprocher, au point de vue chronologique, la donation d'Anseau de Boutervilliers des documents de 1221 cités ci-dessus, où le même personnage intervient, de rapprocher aussi cette donation d'un acte d'amortissement de 1245 dont nous allons parler.*

Le lieu où se percevait la dîme donnée par Anseau de Boutervilliers, indiqué vaguement par les mots in nostro episcopatu, *peut être précisé grâce à un acte de 1245 dont nous donnerons le texte à sa date. En mai 1245 en effet, Jean et Simon de Boutervilliers amortissent en faveur de Saint-Benoit-sur-Loire la dîme de Chalo-Saint-Mars, mouvant de leur fief, que feu leur oncle Anseau de Boutervilliers avait donnée à ladite abbaye.*

La forme du nom du donateur est dans les deux seules copies que nous pouvons utiliser « de Bontemvillari » *et de* « Bonvillari », *mais dans les documents de 1221 et de 1245 déjà cités, on trouve plus généralement la forme* « Anselmus ou Ansellus de Boterviller »; *nous signalerons toutefois la graphie* « Anselmus de Botainviler » *dans un original de 1221.* « Boterviller » *correspondrait à la localité de Boutervilliers sise dans le canton d'Étampes, tout près de Chalo-Saint-Mars et assez peu éloignée de Mérouville; il n'y a pas lieu de s'arrêter à la forme* « Botainviler ».

CCXXIX

Lorris, 5 avril-31 octobre 1181.

Philippe Auguste confirme les actes de l'abbé et du chapitre de Saint-Benoit-sur-Loire concernant la perception de la taille sur les hommes des baillies du Coudroy et Vieilles-Maisons, de La Cour-Marigny, d'Oussoy et de Montereau[1].

C, p. 435. — D, fol. 401, d'après B, fol. 197 v°, n° 847. — K, p. 802, d'après l'original.—L, p 224, d'après B, fol. 197 v°.—Z, Bibl. nat., ms. lat. 12670, fol. 259 v°, copie de fr. Mathieu Gilbert (10 avril 1708), d'après B, fol. 197.

INDIQ. : b, fol. 329 v°, d'après B, fol. 197. — *Gallia Christiana*, VIII, col. 1559,— L. Delisle, *Catalogue des actes de Philippe Auguste*, n° 26, d'après Z.

In nomine sancte et individue Trinitatis amen. Philippus, Dei gratia Francorum rex. Noverint universi presentes pariter et futuri quod Arraudus, abbas beati[a] Benedicti super[b] Ligerim, totusque ejusdem ecclesie conventus homines suos qui tallias eis[c] debebant a servientibus ipsius ecclesie in exactionibus talliarum[d] quandoque[e] modum excedentibus gravari considerantes, talliam ab hominibus de baillia Corileti[f] et de Vetulis Domibus et ab hominibus de Curia Marigniaci[g] et de Ulseio[h] et Monsteriolo[i] sibi debitam duxerunt admensurarc[j], et sub certa summa singulis annis reddendam definire, ut sic tam hominum conquestus quam servientum tolleretur. Constituerunt igitur, assensu eorumdem[k] hominum, quod nomine tallie singulis annis proxima die dominica post festum sancti[l] Remigii homines baillie Corileti[m] et de Vetulis Domibus reddent novem libras et novem solidos[n] sex[o] denarios, homines baillie Curie Marigniaci[p], Ulseii[q], Monsterioli[r], viginti quatuor libras et quatuor decim solidos, salvis aliis consuetudinibus

---

CCXXIX. — a. sancti DL. — b. supra D.—c. eis tallias C. — d. tallias CL.—e. quemcumque D.—f. Novileti (in exemplari habetur Corileti) K. —g. Marrigniaci D; Marignaci K. — h. Ulseto K. — i. Mosterolio DL; Munsteriolo K.—j. duxerint administrare K.— k. dictorum C.— l. beati K. — m. Novileti K. — n. novem decem libr. et novem decem sol. L.— o. et sex DL. — p. Marrigniaci D; Magniaci L. — q. Usseii K. — r. Mosterioli DL; Munsterioli K.

---

1. L'acte capitulaire concernant le Coudroy et Vieilles Maisons ne nous est pas parvenu; l'acte royal nous apprend que le montant de la taille était pour ces deux localités de 9 l. 9 s. 6 d., plus une allocation de 20 s. au maire Aubert et à ses héritiers; l'acte concernant les trois autres baillies est publié ci-dessus sous le n° CCXVII.

que prefate debentur ecclesie. Quod[e] etiam ut distinctius et absque questione in perpetuum fiat, quid unaqueque[t] masura illius terre in predictas summas annuatim conferre debeat per cartam[u] abbatis et capituli determinatum est. Ex illa vero summa pecunie quam homines de Corileto[v] et de Vetulis Domibus reddiderint[x], Obertus[y], et post decessum Oberti[z] ipsius heredes viginti solidos singulis annis percipient; ex illa quam homines de Curia Marigniaci[a], Ulseii[b], Monsterioli[c] sunt reddituri, quilibet trium majorum illi baillie presidentium decem solidos habebit[d] cum jamdicti denarii ad abbatem fuerint allati. Statutum est etiam quod a predictis hominibus nihil ultra determinatam talliam poterit exigi, nec iidem[e] homines aliquid[f] amplius dabunt, nisi abbatem vel Romam vel ad concilium domini pape contigerit proficisci, quod quando[g] contigerit, ipso anno[h] a sepedictis hominibus pretaxata tallia tantum[i] duplicata[j] reddetur. Que omnia, ut perpetuam stabilitatem obtineant, presentem[k] paginam sigilli nostri auctoritate ac regii nominis caractere subter annotato precepimus confirmari. Actum Lorriaci, anno incarnati Verbi millesimo centesimo octuagesimo primo[l], regni nostri secundo. Astantibus in palatio nostro quorum nomina supposita[m] sunt et signa. Signum comitis Theobaldi[n], dapiferi nostri. S. Guidonis, buticularii. S. Mathei[o], camerarii. S. Radulphi[p], constabularii.

Data per manum Hu(*monogramma*[q])gonis cancellarii.

CCXXIX. — s. quod *jusqu'à* ex illa quam homines de Curia Marigniaci, *abrégé par* C : debentur ecclesie; ex illa vero summa pecunie quam homines de Corileto et de Vetulis domibus masura illius terre in predictas summas annuatim conferre debeat per cartam abbatis et capituli determinatum est, ex illa quam homines de Curia Marigniaci. — t. unaquaque *KL.* — u. captum *D*; chartam *K.* — v. Novileto *K.* — x. reddiderunt *K.*— y. Autbertus *K.*— z. Auberti *K.*— a. Matrigniaci *D.* — b. Ulseti *K.* — c. Mosterioli *DL.* — d. habebunt *K.* — e. idem *K.* — f. aliquod *K.*—g. quod quum *D.*—h. ipso anno *omis par C*; hoc anno *K.* —i. tum *D*; tantum *omis par K.*—j. reduplicata *K.* — k. predictam *K.*— l. MCLXXXI *K.* — m. subposita *K.* — n. Teobaldi *C*; Theaubaudi *K.* — o. Matthei *CK.*—p. Radulfi *C.*—q. monogr. *omis par CK*; *entre* manum *et* Hugonis *L.*

CCXXX

Vers 1182-1183.

Guy, archevêque de Sens, consacre le cimetière des lépreux à Saint-Benoit-sur-Loire[1].

C, p. 398. — M, Bibl. nat., ms. lat. 12775, p. 110.

Guido, Dei gratia Senonensis archiepiscopus, omnibus ad quos presentes littere pervenerint in Domino salutem. Notum fieri volumus quod ad mandatum domini pape, ad leprosos sancti Benedicti accessimus et tantum ad sepulturam eorum ipsis cemeterium benediximus, salva in omnibus aliis[a] autoritate Sedis Apostolice.

CCXXXI

1182.

Accord entre les prieurés de La Charité et de Perrecy au sujet du partage des revenus des églises de Gannay entre les moines de Lamenay et ceux de Fontaines[2].

C, p. 144. — E, fol. 377 v°.

INDIQ. : K, p. 431, d'après B, fol. 61.

In nomine sancte et individue Trinitatis. Notum sit presentibus et futuris quod controversia que erat inter ecclesiam de

---

CCXXX. — a. aliis *omis par* C.

---

1. Ces lettres ne peuvent être datées que par les années extrêmes de l'archiépiscopat de Guy de Noyers, archevêque de Sens (1176-1193); elles nous ont paru toutefois devoir être rapprochées du mandement de Luce III, du 27 mai 1182 ou 1183, concernant le nouveau cimetière des lépreux et publié ci-après (n° CCXXXVIII), car ces lettres sont vraisemblablement peu antérieures au privilège apostolique.

2. Les copies C et E ainsi que l'analyse K, nous fournissent des leçons à peine suffisantes pour permettre de restituer le nom de l'établissement religieux qui conclut avec le prieuré de Perrecy l'accord que nous publions ici. L'identification de cet établissement avec le prieuré de La Charité-sur-Loire ne saurait être mise en doute. L'église de Lamenay (Nièvre,

Karitate[a] et ecclesiam de Patriciaco pro ecclesiis de Gaanay in hunc modum pacificata est : ecclesia sancti Joannis parochialis, tam in donatione ecclesie quam in omni beneficio quod quoquomodo in ecclesia evenire potuerit, communis est per medietatem monacho de Lamanai et monacho de Fontanis ; capella autem sancti Georgii et capella sancti Petri de Vinariis in omni oblatione et beneficio, quoquomodo de ecclesia utraque et de altaribus exierit, communis est per medietatem predictis monachis, excepto quod curia domini Thebaudi de Arbursa propria est monachi de Lama[nai], sine parte monachi de Fontanis, et curia domini Bastardi, propria est monachi de Fontanis, sine parte monachorum de Karitate[b] ; et ita servabitur per omnes in futurum successiones ; monachi autem de Karitate[b] et monachi sancti Benedicti vicissim servitium facient in ecclesia per medietatem sicut medietatem beneficii percipiunt[c]. Si quid autem eleemosyne, de terra vel possessionibus, datum fuerit utrisque monachis, unicuique remanebit quod ei datum fuerit sine parte alterius. Pro hac pace tenenda recipient monachi de Fontanis septem solidos annuales in fornagio de Gaanai, in parte domini Thebaudi.

Actum est hoc per voluntatem et assensum A., abbatis sancti

CCXXXI. — a. Bar C ; le nom de lieu en blanc E ; Kars K. Corr. Karitate. — b. Bar C ; Var E. Corr. Karitate. — c. recipiunt E.

---

canton de Dornes) fut donnée à La Charité en 1089, et, au milieu du xiie siècle, le domaine de Lamenay dépendait encore de cette maison (R. de Lespinasse, *Cartulaire du prieuré de La Charité-sur-Loire*, Nevers, 1887, in-8°, n° XXXVII, p. 101, et n° CLXVIII, p. 365). Les noms de quelques-uns des témoins inscrits au bas de notre accord se retrouvent en outre dans une charte de Guy, comte de Nevers, pour le prieuré de La Charité, en date de 1174, notamment : *Bastardus de Cona, Hugo Darcuin, Guido frater ejus* (*Ibid.,* n° CXIX, p. 163) ; enfin le prieur *de Boniaco* intervenant ici comme témoin au nom des religieux de La Charité, doit s'identifier avec le moine chargé de l'administration du prieuré de Bonny, autre dépendance de La Charité-sur-Loire (*Ibid.,* passim, voy. à la table).

Les chartes de La Charité ne donnent aucun nom de prieur de cette maison entre 1177, dernière mention de Raoul, et 1192, première mention de Guy ; il résulte de notre document que le premier de ces deux personnages était encore en fonction en 1182.

L'église Notre-Dame de Fontaines figure parmi les biens dépendants de Saint-Benoît-sur-Loire et situés au diocèse d'Autun énumérés dans les bulles de 1146, 1157 et 1209.

Benedicti, et totius capituli sui, et per assensum et concessionem Radulfi[d], prioris de Karitate[e] et totius capituli sui.

Interfuerunt huic compositioni, ex parte monachorum de Patriciaco[f] : Bernardus de Gandelli, Willelmus de Moneta Bernaii, Bastardus de Cona ; ex parte monachorum de Karitate[g] : Theobaudus[h] de Arbursa, Wido de Arcuin[i] et Hugo frater ejus, decanus de Karitate[j], Guido, Gaufridus, prior de Boniaco.

Per manum Hugonis de Gondelli[k], prioris de Patriciaco[l], et per manum Galterii de Arcuin[m], prioris de Lamanai.

Anno ab incarnatione Domini M°C°LXXX°II°.

CCXXXII

1182.

Manassès, évêque de Langres, pour mettre fin à un différent entre Guillaume, prieur de Dyé, et Raoul, chapelain de Méré, détermine les droits respectifs du prieur et du chapelain sur les revenus de l'église de Méré.

C, p. 280.

INDIQ. : b, fol. 327 r°, d'après B [fol. 128]. — K, p 433, d'après B, fol. 128. — M, Bibl. nat., ms. lat. 12775, p. 140.

Ego Manasses, Dei gratia Lingonensis episcopus, notum fieri volo omnibus querelam que super ecclesiam de Mairiaco inter venerabilem fratrem Villermum, priorem de Diaco, et Radulfum, capellanum de Mairiaco, vertebatur, in hunc modum sopitam esse et sedatam : siquidem in omnibus oblationibus tam quotidianis quam annualibus et in aliis omnibus proventibus, preter feodum sacerdotale, medietatem prior de Diaco et medietatem capellanus de Meiriaco habebit; in sexta parte magne

---

CCXXXI. — d. Radulphi *E*. — e. Bar *C*; Var *E*. Corr. Karitate. — f. Parriciaco *E*. — g. Bar *C*; Var *E*. Corr. Karitate. — h. Thebaudus *E*. — i. Arcuid *C*; Artuid *E*. Corr. Arcuin. — j. Bar *C*; Var *E*. Corr. Karitate. — k. Gundelli *E*. — l. Parriciaco *E*. — m. Artuno *C*; Artund *E*. Corr. Arcuin.

decime, medietatem habebit prefati Meiriaci capellanus; minutas vero decimas partientur ex equo. Quod ut ratum et inconvulsum deinceps habeatur, sigillo meo volui presentem paginam roborari.

Testes sunt Gerardus, Lingonensis decanus; Petrus, decanus Barri; Dominicus, decanus Tornodori; Petrus, decanus de Bernone.

Actum anno incarnati Verbi M°C°LXXX°II°.

CCXXXIII

1182.

Simon de Montfort donne à l'abbaye de Saint-Benoit-sur-Loire la maison qu'il possède à Sonchamp.

C, p. 237. — D, fol. 145 v°, d'après B, fol. 109 v°, n° 441. — L, p. 556, d'après B, fol. 109 v°. — M, Bibl. nat., ms. lat. 12739, p. 376.

INDIQ. : b, fol. 327 v°, d'après B, fol. 109.—K, p· 431, d'après B, fol. 109.

Simon[a] de Monteforti ad quos littere iste pervenerint salutem. Universis[b] notum volo fieri quoniam ego, Simon de Monteforti, dedi ecclesie sancti Benedicti Floriacensis et monachis ibidem Deo servientibus domum meam de Suncampo[c] et arpentum[d] terre in quo domus predicta edificata fuit[e], et contra omnes homines garentizabo[f] pro amore Dei et pro redemptione anime mee; et ipsi monachi pro hac eleemosina me et animam patris mei et animas predecessorum meorum et servientes et consiliatores meos de omnibus injuriis quas ipsis intulimus absolverunt. Preterea ecclesie predicte et monachis concessi quod ego et heredes mei nullam amodo domum in parochia Suncampi[g], nullum omnino edificium edificabimus vel ememus vel aliquo modo acquiremus.

Actum anno Verbi incarnati[h] millesimo centesimo octuagesimo secundo.

CCXXXIII. — a. Symon M. — b. notum fieri volo universis quod M. — c. Suncampo DL. — d. arpennum M. — e. edificata est domus predicta M. — f. garantisabo D ; garantizabo M. — g. Suncampi CDL. — h. incarnati verbi CM.

CCXXXIV

Saint-Benoit-sur-Loire, 1182.

Gilon du Tourneau reconnaît avoir acheté de Thibaud de Vrigny et de sa femme Agnes, avec le consentement d'Aubert de Pithiviers, ce que ceux-ci possédaient à Varennes et dans la châtellenie de Châtillon-sur-Loing, et avoir ensuite échangé ces biens avec l'abbaye de Saint-Benoit-sur-Loire contre ce que celle-ci possédait à Escrennes, en dépendance du prieuré de Lorris.

C, p. 105. — D, fol. 37, d'après B, fol. 47 r°, n° 173. — E, fol. 206. — K, p. 800, « ex autographo ».

INDIQ. : Inventaire de 1567, n° 215. — J. Devaux, *Origines gâtinaises*, dans les *Annales de la Société historique et archéologique du Gâtinais*, 1896, p. 309.

In nomine sancte et individue Trinitatis amen. Ego Gilo[a] de Torneello notum fieri volo presentibus et futuris Theobaldum[b] de Veregniaco[c] et Agnetem ejus uxorem mihi vendidisse quidquid habebant in potestate[d] et parochia Varennarum et in castellania Castellionis super Lupam fluvium, tam in feodo quam in proprietate et in hominibus de corpore, que quidem omnia [erant] ex parte prefate Agnetis ; sciendum est etiam Albertum de Peveriis[e] cujus feodum hec contingebant huic venditioni suum prebuisse assensum, et memoratam Agnetem in hujus venditionis concessione milites ex parte sua nominasse, videlicet prefatum Albertum de Peveriis[f], Herbertum de Ysy, Galerannum[g] de Gaudegniaco[h], Paganum de Mangecu·t[i], Guidonem fratrem vicecomitis de Fessart[j]. Volo preterea ad omnium notitiam pervenire me cum ecclesia beati Benedicti super Ligerim omnia predicta que a Theobaudo et Agnete ejus uxore emeram commutasse, pro eo quod apud Scrinias[k] habebat et ad prio-

---

CCXXXIV. — a. Geilo E. — b. Theobaudum CE ; Teobaudum D. — c. Vererginiaco D ; Vereiginiaco E ; Verigniaco K. — d. in potestate (ut in diplomate Philippi usque ad haec verba : hominem et) K. — e. Piveriis CD. — f. Piveriis CD. — g. Galtrannum CE. — h. Gaudeigniaco DE. — i. Mangecurte C. — j. Fesart E. — k. mot en blanc dans D ; Senias E.

ratum Lorriaci[l] pertinebat, Theobaudo de Veregniaco[m] et Alberto de Peveriis[n] presentibus et annuentibus, eodem etiam Alberto predicte ecclesie hunc feodum suum quittante[o] et super altare, multis astantibus, resignante[p]. Recepi autem ab abbate et eadem[q] ecclesia illam de Scriniis[r] in feodum et hominium[s] commutationem. Sciendum preterea[t] quod quicumque terram illam de Scriniis[u] tenuerit ecclesie beati Aniani Aurelianensis decem solidos parisiensis monete reddet annuatim, sicut reddere solebat[v] prior Lorriaci[x]. Si quis autem super his abbati vel ecclesie calumpniam moverit, ego et heredes mei illa hec omnia guarentibimus[y]. Que omnia ut perpetuo rata[z] maneant et inconcussa sigilli mei auctoritate roboravi[a] et a domino rege Francorum[b] Philippo confirmari feci.

Actum publice in capitulo beati[c] Benedicti, anno incarnati Verbi M°C°LXXX°II°.

Huic rei interfuerunt Gervasius de Piveriis, Herbertus de Ysy, Anselmus nepos meus, Osbertus prepositus, Dionisius de Belna, Thomas de Marzeio, Archenaldus nepos abbatis, Galterius Marescallus, Guitbertus Jovis, Hugo Trossavacca, Stephanus Marescallus, Herveus Ceperius[d].

CCXXXV

1182.

Pierre de Courtenay, à la requête d'Arraud, abbé de Saint-Benoit-sur-Loire, approuve l'acquisition de biens faite par Gilon du Tourneau de Thibaud de Vrigny, à Varennes et dans la châtellenie de Châtillon-sur-Loing, ainsi que l'échange de ces biens fait par ledit Gilon avec l'abbaye de Saint-Benoit-sur-Loire,

---

CXXXIV. — l. Loriaci *CD*. — m. Vererginaco *D*; Vereigniaco *E*. — n. Piveriis *CD*. — o. quittavit *C*. — p. resignavit *C*. — q. ecclesia eadem *C*. — r. *mot en blanc dans D*; Scruniis *E*. — s. hominum *C*; et hominium et commutationem *K*. — t. sciendum autem preterea *E*. — u. *mot en blanc dans D*; Scruniis *E*. — v. debebat *D*. — x. Loriaci *D*. — y. guarentabimus *E*; guarantibimus *K*. — z. rata perpetuo *K*. — a. roborari *CEK*. — b. Francorum rege *C*. — c. S. *C*. — d. Herveus et Petrus *K*.

contre ce que celle-ci possédait à Escrennes, en dépendance du prieuré de Lorris.

C, p. 104. — D, fol. 35 v°, d'après B, fol. 47 r°, n° 172. — E, fol. 205. — K. p. 800, « ex autographo ».

INDIQ. : b, fol. 324 v°, d'après B, fol. 47.

In nomine sancte et individue Trinitatis amen. Quecumque aguntur legitime posterorum memorie debent[a] commendari. Eapropter ego Petrus dominus[b] de Curtiniaco notum facio omnibus presentibus pariter[c] et futuris Theobaudum de Veregniaco[d] et Agnetem[e] ejus uxorem vendidisse Giloni de Torneello quidquid habebant in potestate et parochia Varennarum et in castellania Castellionis, tam in feodo quam in potestate et proprietate sive etiam in hominibus de corpore, que quidem omnia *etc.*, *ut supra in charta n° CCXXXIV usque ad* volo preterea ad omnium notitiam pervenire Gilonem de Torneello[f] cum ecclesia beati Benedicti super Ligerim omnia predicta que a predicto Teobaudo et Agnete ejus uxore[g] emerat commutasse pro eo quod eadem ecclesia apud Scrinias[h] habebat *etc.*, *ut supra in charta n° CCXXXIV usque ad* resignante. Recepit a item Gilo de Torneello ab abbate et ecclesia beati Benedicti illam de Scriniis[i] in feodum et hominium commutationem. Ego vero, de cujus feodo tanquam de superiori domino movebant omnia que Theobaudum de Vreniaco[j] prefato Giloni vendidisse presens cartula testatur, ad Arraudi, venerabilis abbatis sancti Benedicti et Gilonis de Torneello petitionem, commutationi facte inter prenominatam ecclesiam et Gilonem de Torneello assensum meum prebui, et, pro remedio anime mee, feodum quod in parochia Varennarum habebam dimisi et quittavi, et tam ego quam heredes mei ipsum feodum, si ab eadem ecclesia requisiti fuerimus, in perpetuum garentire tenebimur. Que omnia ut rata permaneant[k] et inconcussa confirmavi et presentem paginam sigilli mei auctoritate communivi.

Actum anno incarnati Verbi M°C°LXXX°II°.

CCXXXV. — a. debent memorie EK. — b. dominus *omis par* K. — c. pariter *omis par* K. — d. Verigniaco K — e. Agnetem (etc. ut in carta Philippi usque ad haec verba hominium commutationem) K. — f. Torneello C.—g. Theobaudo et ejus uxore C.—h. S. D.— i. mot en blanc D. —j. Vrenico E; Verigniaco K.—k. rata perpetuo maneant DE.

Huic nostre concessioni interfuerunt Odo, abbas Ferrariensis, Gilo de Torneello, Balduinus de Barris, Henricus Ficcus[l], Hugo Godars, Landricus de Varennis, Gaufredus[m] Joscerandi[n] et Herbertus de Dordivis[o].

CCXXXVI

Châteauneuf-sur-Loire, 28 mars-31 octobre 1182.

Philippe Auguste confirme la vente, faite par Thibaud de Vrigny et sa femme Agnès, de leurs biens sis à Varennes et dans la châtellenie de Châtillon-sur-Loing, à Gilon du Tourneau, ainsi que l'échange de ces biens fait par ledit Gilon avec l'abbaye de Saint-Benoit-sur-Loire contre ce que celle-ci possédait à Escrennes.

C, p. 381. — D, fol. 362, d'après B, fol. 174, n° 715. — K, p. 739, « ex autographo ». — M, Bibl. nat., ms. lat. 12776, p. 413.

INDIQ. : Inventaire de 1567, n° 217. — Inventaire de 1658, p. 6, liasse I, n° 23, « elle est en parchemin et scellée ». — b, fol. 324 v°, d'après B, fol. 47. — L. Delisle, *Catalogue des actes de Philippe Auguste*, n° 46, d'après M.

In nomine sancte et individue Trinitatis amen. Philippus, Dei gratia Francorum[a] rex. Quod actum est legitime apud posteros inconcussum debet manere. Noverint ideo universi presentes pariter et futuri Theobaldum[b] de Verigniaco et Agnetem ejus uxorem vendidisse Giloni de Torneello quidquid habebant in potestate et parochia Varennarum et in castellania Castellionis supra Lupam[c] fluvium, tam in feodo quam in proprietate et in hominibus de corpore, que quidem omnia erant ex parte prefate[d] Agnetis. Sciendum etiam Albertum de Piveris ad[e] cujus feodum hec contingebant huic venditioni suum prebuisse assensum, et memoratam Agnetem in hujus venditionis concessione milites ex parte sua nominasse, videlicet prefatum Albertum de Piveris[f], Herbertum de Ysi[g], Galerannum de

---

CCXXXV. — *l.* Siccus *D.* — *m.* Gaufridus *C.* — *n.* Josserandi *CD.* — *o.* Dordinis *CDE.*

CCXXXVI. — *a.* Franciæ *C.* — *b.* Teobaldum *D.* — *c.* Ligerim *D*; super Lupum *CK.* — *d.* predicte *M.* — *e.* ad omis par *CM.* — *f.* Pyveriis *M.* — *g.* Isy *C.*

Gaudigniaco, Paganum de Mangecourt*h*, Guidonem fratrem vicecomitis de Fessart. Volumus preterea ad omnium notitiam pervenire Gilonem de Torneello cum ecclesia beati Benedicti super*i* Ligerim omnia predicta que a Theobaldo*j* et ejus uxore emerat commutasse pro eo quod eadem ecclesia apud Scrinias habebat*k* et ad prioratum Loriaci*l* pertinebat, Teobaldo de Verigniaco*m* et Alberto de Piveris*n* presentibus et annuentibus, eodem etiam Alberto prefate ecclesie feodum suum quittante et super altare beati Benedicti resignante. Recepit autem Gilo de Torneello ab abbate et ecclesia beati*o* Benedicti illam de Scriniis in feodum et hominium*p* commutationem. Que omnia, ut rata perpetuo maneant*q* inconcussa, ad petitionem predictarum personarum confirmamus et id quod ecclesia beati Benedicti nomine hujus commutationis a sepedicto Gilone recepit conservandum manucapimus*r* sicut et ceteras ejusdem ecclesie possessiones tenemur conservare. Unde et presentem paginam sigilli nostri auctoritate ac regii nominis*s* caractere inferius annotato precipimus communiri. Actum apud Castrum Novum super Ligerim, anno incarnati Verbi millesimo centesimo octuagesimo secundo, regni nostri anno tertio. Astantibus in palatio nostro quorum nomina supposita sunt et signa. S. comitis Theobaldi*t*, dapiferi nostri. S. Guidonis, buticularii. S. Mathei*u*, camerarii. S. Radulphi*v*, constabularii.

Data per manum (*monogramma·x*) Hugonis cancellarii.

CCXXXVII

« apud Donationem », *1182, 28 mars-31 octobre.*

Philippe Auguste confirme à l'abbaye de Saint-Benoit-sur-Loire le droit de percevoir la taille sur ses hommes et ses hôtes, ainsi qu'elle le possédait au temps de son père Louis VII.

C, p. 239. — K, p. 803, « ex autographo ». — L, p. 226 d'après B, fol. 109, v°. — M, Bibl. nat., ms. lat. 12739, p. 367. — N, Bibl. nat.,

---

CCXXXVI.— *h.* Mangercourt *K*; Mangercurt *M*. — *i.* supra *D*. — *j.* Teobaldo *D*; a Theobaldo de Verigniaco *K*. — *k.* habebat quod ad *K*. — *l.* Lorriuci *K*. — *m.* Teobaudo de Vrigniaco *K*. — *n.* Piveriis *M*. — *o.* sancti *K*. — *p.* hominum *M*. — *q.* maneant in perpetuo *K*; permanent perpetuo *M*.—*r.* cœpimus *M*. — *s.* nom. regii *M*. — *t.* Teobaldi *D*. — *u.* Matthei *C*.—*v.* Radulfi *CD*.—*x.* Monogr. omis par *C*; indiqué par *M* avant les souscriptions.

coll. Moreau, vol. 86, fol. 2, copie de Dom Gérou (1ᵉʳ décembre 1764), d'après l'original¹.

INDIQ. : Inventaire de 1658, p. 9, liasse I, n° 15 : « scellée avec lacs de soye rouge et jaulne. » — Delisle, *Catalogue des actes de Philippe-Auguste*, n° 48, d'après *M* et *N*.

In nomine sancte et individue Trinitatis, amen. Philippus, Dei gratia Francorum rex[a]. Sicut loca Domino[b] mancipata beneficiis principem decet excolere, sic eadem jure suo diminui principem non decet sustinere. Noverint ergo[c] universi[d] presentes pariter et futuri quod voluimus et precepimus ut ecclesia sancti[e] Benedicti super[f] Ligerim tallias in hominibus et hospitibus suis sicut tempore patris nostri Ludovici habuit in perpetuum habeat, salvis gistis nostris et salvo jure nostro et salvo jure aliorum si qui jus habent in prefata terra. Quod ut perpetuum robur obtineat, presentem paginam sigilli nostri auctoritate et regii nominis caractere communivimus[g].

Actum apud Donationem, anno ab incarnatione Domini M°C°LXXX'II° regni nostri tertio, astantibus in palatio nostro quorum nomina supposita sunt et signa.

S.[h] comitis Theobaudi[i], dapiferi nostri. S. Guidonis buticularii. S. Mathei[j], camerarii. S. Radulphi constabularii.

Data per manum (monogramma[k]) Hugonis[l] cancellarii.

CCXXXVIII

*Velletri, 27 mai 1182 ou 1183*².

Luce III mande à l'abbé et aux religieux de Saint-Benoit-sur-Loire que le droit des églises paroissiales devra être sauvegardé lorsque

---

CCXXXVII. — a. Franciæ rex, noverint universi presentes pariter et futuri quod sicut *etc. C.* — *b.* Deo *CLMN*. — *c.* igitur *LM*. — *d.* universi omis par *N* — *e.* beati *CMN*. — *f.* supra *N*.— *g.* munivimus *L*. —*h. K* ne donne que S. Theobaudi, Radulphi constabularii.— *i.* Theobaldi *M*; Teobaudi *N*. — *j.* Matthaei *CK*. — *k.* Monogramme omis par *CM*. — *l.* Ugonis *M*.

---

1. Dom Gérou fournit sur l'original, encore existant en 1764, les indications suivantes : « Extrait des titres de l'abbaye de Saint-Benoit-sur-Loire, layette *Privilèges des Rois*. Copié sur le titre original qui a sept pouces de large et neuf de hauteur; le sceau qui était pendant par des lacs de soyes blanche et rouge a été conservé. »

2. Luce III n'a résidé à Velletri le 27 mai qu'en 1182 et 1183.

des personnes saines se feront enterrer dans le nouveau cimetière des lépreux du bourg de Saint-Benoit-sur-Loire[1].

C, p. 51. — E, fol. 93 v°.

Lucius episcopus, servus servorum Dei, dilectis filiis abbati et conventui sancti Benedicti Floriacensis salutem et apostolicam benedictionem. Relatum est[a] nobis[b] ex parte vestra quod, cum ad opus leprosorum de burgo[c] sancti Benedicti sit novum cemeterium benedictum, sanis in eo eligentibus sepeliri, parochiales ecclesie ex hoc grave[d] sui juris sustinent[e] detrimentum. Hac itaque ratione inducti, auctoritate apostolica[f] constituimus ut, si sanus aliquis in prescripto cimiterio elegerit sepulturam, ecclesie a qua cadaver assumitur canonica justitia conservetur. Ad hec autem auctoritate apostolica prohibemus ne possessiones ad vestrum dominium pertinentes, nisi de assensu vestro, jam dicti leprosi sibi appropinquare presumant. Nulli ergo, *etc.* Si quis autem, *etc.* Datum Velletri, sexto[g] kal. junii.

CCXXXIX

1183[1].

Jean, abbé de Saint-Faron de Meaux, témoigne auprès de Renaud, évêque élu de Chartres, du droit de présentation qu'avait l'abbaye de Saint-Benoit-sur-Loire à l'église de Sonchamp.

C, p. 161. — D, fol. 56 v°, d'après B, fol. 69 v°, n° 271. — E, fol. 308. — M, Bibl. nat., ms. lat. 12775, p. 127.

Venerabili domino et in Christo plurimum reverendo R., gratia Dei[a] Carnotensi electo, Johannes, sancti Faronis[b] Mel-

---

CCXXXVIII. — a. est omis par E. — b. nobis omis par C. — c. in burgo E. — d. magnum E. — e. sustinere E. — f. apostolica auctoritate C. — g. V° E.

CCXXXIX. — a. Dei gratia E. — b. Pharonis D.

---

1. Voy. ci-dessus (n° CCXXX), un acte de Guy archevêque de Sens, relatif à la consécration de ce cimetière.

2. Jean, abbé de Saint-Faron, vivait vers 1184 et 1189; l'abbé de Saint-Benoit-sur-Loire, en fonction lorsque cette lettre fut écrite, est

densis abbas humilis, salutem et promptum sincere devotionis obsequium. Attendentes qualiter ad incrementa ecclesiarum et sancte religionis favorem tota generis vestri nobilitas a progenie in progenies semper extitit[c] studiosa, ecclesiam beati Benedicti[d] super Ligerim in suo jure celsitudini vestre duximus securius commendare. Audivimus sane quod inter vos et predictam ecclesiam super presentatione ecclesie de Sumcampo[e] querela versatur; ut igitur purum testimonium pure perhibeamus veritati, quod ab avunculo nostro domino G., canonico vestro, audivimus, vobis fideliter attestamur. Didicimus itaque ab eo quod cum esset puer in domo Henrici prepositi, vacante ecclesia de Sumcampo[e], et prepositus, et ipse, per litteras rogavit dominum M.[f], predecessorem abbatis beati Benedicti qui nunc est, ut ecclesiam illam Manerio, clerico, eorum interventu, conferret, et ad eorum preces eidem clerico est collata. Nos quoque audivimus Manerium sepius cognoscentem quod per ecclesiam beati Benedicti et de manu domini Macharii abbatis suam fuerat ecclesiam assecutus, et nobis propter hoc sepius exhibuit obsequium et honorem. Dicit etiam dominus G. avunculus noster quod Manerius ei gratias retulit quia suam per eum ecclesiam habebat. Ut ergo honori vestro cui divina dignatio benignius aspirat salubriter consulatis, rogamus et fideliter consulentes humiliter exhortamur quatenus ecclesiam beati Benedicti in sua justitia respicere velitis clementius et fovere. Valete[g]. Crescat utinam in dies honor vester.

CCXXXIX. — c. extiterit EM. — d. sancti Benedicti E. — e. Suncampo CE. — f. dominum G. D. — g. Valete omis par CDM.

Arraud (1161-1183) puisque le document, bien que ne donnant pas son nom, le mentionne comme étant le successeur immédiat de Macaire; dans ces conditions R. élu de Chartres doit être identifié avec Renaud de Mouçon qui devint évêque en 1183; la lettre de Jean ne peut être que de cette année même et antérieure a tous les documents de 1183 qui se rattachent à l'abbatiat de l'abbé Garnier.

CCXL

1183-1210[1].

Garnier, abbé de Saint-Benoit sur-Loire, contracte une association de prière avec les religieux de Saint Pierre de Chalon.

K, p. 447 d'après B, fol. 209 (analyse)[2].

INDIQ. : A. Longnon, A. Vidier et L. Mirot, *Obituaires de la province de Sens*, t. III, p. 144, note 6.

Societatem iniit Garnerius cum monachis cenobii sancti Petri Cabilonensis. Hec sunt societatis conditiones « abbate utriusque ecclesie decedente, in altera ecclesia, pro ejus anima, officium et tricenarium plenarie fiet, annualim quoque anniversarium celebrabitur; brevibus pro defunctis fratribus susceptis et lectis, pulsabitur classicum, dicetur officium et missa celebrabitur in conventu feria secunda secunde ebdomade quadragesime; in utroque conventu anniversarium pro defunctis fratribus cum tricenario fiet; fratres Floriacenses capitulum Cabilonense habebunt, et vice versa fratres Cabilonenses, capitulum Floriacense ».

CCXLI

1183-1210[3].

Bertier, chanoine d'Orléans, en présence de Garnier, abbé de Saint-Benoit-sur-Loire, acquiert quatre arpents de vigne, dont deux en la censive de l'abbaye, et deux en celle de Guibert de Corbeil; il fonde en outre son anniversaire moyennant une redevance annuelle de vingt sous, monnaie de Gien, qui seront payés,

---

1. Ces dates sont celles de l'abbatiat de Garnier.

2. A défaut du texte de cet acte d'association, nous reproduisons l'analyse qu'en a donnée dom Chazal.

3. Les dates extrêmes de l'abbatiat de Garnier permettent seules de suppléer à l'absence de données chronologiques. Le nom de Bertier, chanoine d'Orléans et de Chartres, apparait dans un acte sans date, mais rédigé entre 1166 et 1189, concernant le chapitre Sainte-Croix d'Orléans (J. Thillier et E. Jarry, *Cartulaire de Sainte-Croix d'Orléans*, p. 149, n° LXXVII).

*après ledit Berlier, par le tenancier des vignes de « Prosel ».
L'abbé Garnier reconnaît à d'autres lettres scellées de l'ancien
sceau du chapitre la même authenticité qu'aux présentes lettres
munies d'un nouveau sceau*[1].

C, p. 284.

INDIQ. : K, p. 440, d'après B, fol. 131.

Ego Garnerius, Dei permissione abbas sancti Benedicti Floriacensis, et universum ejusdem ecclesie capitulum notum fieri volumus tam presentibus quam futuris quod dilectus et fidelis clericus noster magister Berterus, Aurelianensis canonicus, emit a Marco, burgense nostro, quatuor arpentos vinearum, quorum duo de censiva et feodo nostro sunt, reliqui vero duo de censu Guiberti militis de Corbellio, pro LXXI lib. parisiensis monete; facta autem est hec venditio presente me abbate et predicto Guiberto milite laudantibus, et garentiam, fide interposita, promittentibus uxore ejusdem Marci et filiis suis. Noverint etiam omnes qui presentes litteras viderint quod alie littere antiquo capituli nostri sigillo roborate tantum valent quantum iste presenti sigillo confirmate. Sciendum est etiam quod prefatus magister Berterus dedit nobis in eleemosynam ad celebrandum annuatim anniversarium suum xx sol. giomensis monete, quos nobis persolvet singulis annis in octavis Pasche quicunque duos arpennos predictarum vinearum que dicuntur de Prosel et plateam que fuit Joanne Burgaude juxta ecclesiam sancti Dionysii post magistrum Berterum possidebit. Quod, ne posset oblivione deleri vel malitia qualibet perturbari, sigillis et scripto presentibus mandatum est ad memoriam conservandam.

---

1. Dom Chazal cite cette charte à propos de la mention du sceau, il ignore comment était le sceau ancien: le nouveau est, selon lui, à l'effigie de saint Benoît, assis sur une chaire élevée, tenant de la main droite le bâton pastoral, et, de la gauche un livre ouvert, avec la légende : SIGILLUM CAPITULI SANCTI BENEDICTI FLORIACENSIS. Chaque office avait son sceau particulier, du même type, mais d'un module moins grand et avec une légende qui variait suivant les offices: les actes émanés de l'abbé étaient scellés de cire verte, les actes émanés du couvent ou de ses officiers, de cire blanche.

CCXLII

Saint-Benoit-sur-Loire, 1183-1192[1].

Association entre les abbayes de Saint-Benoit-sur-Loire et de Saint-Germain-des-Prés.

K, p. 805, d'après une copie de dom Bouillart. — N, Bibl. nat., coll. Moreau, vol. 183, fol. 201, d'après K. — X, Bibl. nat., ms. lat. 13882, fol. 94 v°, copie du xii° siècle en marge d'un obituaire de Saint-Germain-des-Prés.—Z, Bibl. nat., ms. lat. 12833, fol. 179 v°, copie du xiii° siècle dans un obituaire de Saint-Germain-des-Prés.

INDIQ. : A. Longnon, A. Vidier et L. Mirot, *Obituaires de la province de Sens*, t. III, p. 144, note 7.

Ne forte modernorum traditio temporum, curriculo labente, subsequenti evo valeat deperire, fructuosum est modo acta litteris commendare. Noverint igitur universi tam moderni quam posteri quod G., Floriacensis, et F., sancti Germani Parisiensis abbates, familiaritatem et amicitiam perhennem inter ipsos et eorum monasteria durare expectantes, statuerunt in Floriacensi capitulo, fratribus cunctis astantibus, quod, cum alteruter abbatum ad alterius monasterium accesserit, honorifice susceptus, vicem abbatis loci illius sicut in propria domo exequetur; monachos etiam in sentencia positos judex sedens in capitulo absolvet, puniendos sicut expedire cognoverit affliget, et, si necessitas fuerit, alter ab altero ad tractanda domus negotia vocatus, consilium et auxilium suum impendet. Die vero obitus sui cognita, quicquid pro abbate suo decedente monasterium facere consuevit, pro eo qui decesserit fiet, scilicet anniversarium et annale cum percepto fructu refectorii. Pro fratribus quoque defunctis vicissim portabuntur breves et fiet officium et missa in conventu, signis resonantibus, et ipsa die prebenda integra pauperibus persolvetur. Capitulum sancti Benedicti et capitulum sancti Germani communia erunt. Se-

---

1. Les initiales des abbés Garnier et Foulques permettent d'assigner à cet acte comme dates extrêmes les années 1183 et 1192, 1183 étant l'année où commença l'abbatiat de Garnier à Saint-Benoit-sur-Loire, et 1192 celle de la fin de l'abbatiat de Foulques à Saint-Germain-des-Prés.

cunda feria post octabas Pentecostes fiet anniversarium pro defunctis fratribus in utroque monasterio, et tricenarium eadem die incipietur, cum integra prebenda. Sciendum etiam quod si quempiam monachorum iram et indignationem abbatis sui incurrisse contigerit et ad alterius monasterium se transtulerit, ibi tamdiu manere poterit donec pax inter eum et abbatem suum reformetur. Quod ut inconcussum permaneat, sigilli nostri munimine roboravimus.

CCXLIII

1183-1190 [1].

Le prieur de Dyé et les héritiers d'Hatton de Villemaur s'accordent par l'entremise de l'évêque de Troyes, Manassès, et sous le sceau, de Garnier, abbé, et du chapitre de Saint-Benoit-sur-Loire, au sujet de leurs parts respectives dans les revenus et charges du moulin de Vove.

C, p. 53. — E, fol. 97.

Quoniam[a] caliginose antiquitatis oblivio priorum acta successorum memorie furabatur, elegans et fructuosa fuit necessitas ut quidquid in posterum memorari[b] placuerit, litterarum vivaci memorie commendetur. Pateat igitur universis tam presentibus quam futuris contentionem inter priorem de Diaco et Hathonem[c] de Villa Mauri super quodam molendino de Vova[d], retroactis temporibus, fuisse exortam, tandem defuncto Hathone[e], heredes ipsius Hathonis[f] et prefatus prior in hanc pacis formam per manum venerabilis Manasses[g], Trecensis episcopi, convenerunt[h], quod prior de Diaco in jam dicto mo-

---

CCXLIII. — a. Cum E. — b. memorie C; memori E. Corr. memorari. — c. Gathonem C. — d. Vona C. — e. Gathone C. — f. Gathonis C; ipsius Hatonis omis par E. Corr. Hatonis. — g. Manassis E. — h. convenerint C.

---

1. Manassès a été évêque de Troyes de 1181 à 1190, et Garnier, abbé de Saint-Benoit-sur-Loire de 1183 à 1210; l'accord qui les mentionne l'un et l'autre n'a donc pu être conclu qu'entre 1183 et 1190.

lendino duas partes, tam in custodia quam in omnibus aliis proventibus, libere et quiete possidebit, heredes vero Hathonis[i] tertiam partem in omnibus habebunt; et quidquid in opus vel[j] facturam molendini expendi convenerit[k], prior duas partes solvet, et ipsi tertiam; hoc etiam notum fieri volumus quod si predicti heredes partem suam vendere voluerint, nulli alii nisi priori de Diaco, a quo possident, aut abbati sancti Benedicti, nisi[l] eorum assensu, vendere aut impignorare poterunt. Quod[m] ut inconcussum permaneat, presens scriptum utroque[n] et abbatis Garnerii et capituli[o] sigillo et chirographi petitione signavimus[p].

Hujus rei testes sunt Gualterius[q], archidiaconus Trecensis, magister Bernardus, Odo presbyter sancti Aviti, Warengius[r], prepositus de Villa Mauri, Iterius sororius[s] deffuncti[t] jam dicti Hathonis[u], Guillelmus[v], Gumbertus, Iterius, filius Ducis de Vova[x].

CCXLIV

1183[1].

Renaud, évêque élu de Chartres, garantit Garnier, abbé de Saint-Benoit-sur-Loire, de toute réclamation de Bertier au sujet de l'église de Sonchamp que ledit abbé a concédée à Foulques sur la présentation de l'évêque.

C, p. 227. — D, fol. 142, d'après B, fol. 105 r°, n° 420.

R.[a], Dei gratia Carnotensis electus, omnibus ad quos littere iste pervenerint in Domino salutem. Noverint universi quod

---

CCXLIII. — i. Gathonis C.—j. inter E.— k. convenit C.—l. sine C. — m. sed C. — n. nostroque et E. — o. et capituli omis par E.— p. signamus C. — q. Galterius C. — r. Warengino C. — s. Sorore C. — t. deffuncta C. — u. Gathonis C. — v. Guillelmus omis par E qui laisse le nom en blanc. — x. Vona C.

CCXLIV. — a. Petrus D.

1. L'une des deux copies attribue cette charte à Pierre, évêque de Chartres; on doit préférer la leçon R., élu de Chartres, à cause de la mention de l'abbé Garnier, dont les premiers actes sont de 1483. Cet

dilectus noster G.*b*, sancti Benedicti Floriacensis venerabilis abbas, ad instantiam precum nostrarum Fulconi, dilecto filio Huberti, ecclesiam de Summocampo, que ad donationem illius monasterii pertinebat, concessit; nos autem promisimus ei quod si magister Berterus*c* super eadem ecclesia aliquam*d* moveret questionem, nos predictum abbatem inde penitus faceremus absolvi.

CCXLV

Saint-Benoit-sur-Loire, 1183.

Guy, archevêque de Sens, déclare que Sevin de Chappes et les frères dudit lieu se sont mis sous sa protection, qu'ils ont pris l'engagement de ne se placer sous la sujétion d'aucune abbaye sans son consentement, et, qu'au cas où par la suite ils viendraient à le faire, de ne s'unir qu'à la seule abbaye de Saint-Benoit-sur-Loire.

C, p. 338. — L, p 428, d'après B, fol. 155. — M, Bibl. nat., ms. lat. 12775, p. 118.

PUBL : A. Vidier, *Ermitages orléanais au XII*e *siècle*, dans *Le Moyen âge*, 2e série. t. X (1906), p. 148, n° XX (tir. à part, p. 56).

INDIQ. : K. p. 139, d'après B, fol. 155.

Guido, Dei gratia Senonensis archiepiscopus, omnibus ad quos littere iste pervenerint in Domino salutem. Notum fieri volumus quod venientes ante nos frater Seguinus de Capis*a* et fratres ejusdem loci se et ordinem suum et domum suam nostro

---

CCXLIV. — *b*. G. omis par D qui laisse un blanc. — *c*. Terbertus C. — *d*. aliquam omis par C.

CCXLV. — *a*. Cappis L.

---

acte de l'évêque de Chartres doit être rapproché de la lettre de l'abbé de Saint-Faron de Meaux adressée au même évêque (*supra* n° CCXXXIX); l'une et l'autre se réfèrent au même différend entre l'évêque et l'abbaye touchant leurs droits respectifs sur l'église de Sonchamp; la lettre de l'abbé de Saint-Faron, écrite alors qu'Arraud était encore abbé, est antérieure à l'acte de l'évêque, rédigé au temps de l'abbé Garnier.

specialiter subdiderunt patrocinio et protectioni, firmiter promittentes quod nec se alii ordini nec domum suam alii subjicient religioni sine licentia et assensu nostro, et si forte aliquo tempore voluntatem habuerint ut ordinem suum mutent et alium suscipiant, alium suscipere non poterunt quam ordinem sancti Benedicti super Ligerim, nec hoc quidem licebit eis facere nisi per assensum et licentiam nostram et salvo per omnia jure Senonensis ecclesie. Ut ergo hoc ratum maneat et firmum, presenti scripto fecimus annotari et sigillo nostro muniri.

Actum apud Sanctum Benedictum, in domo abbatis, anno incarnati verbi M°C°LXXX°III°.

CCXLVI

Fontainebleau, 17 avril-31 octobre 1183.

Philippe Auguste confirme la charte accordée par le roi Louis VII à l'abbaye de Saint-Benoit-sur-Loire n 1147[1].

C, p. 7 et 101. — D, fol. 31 v°, d'après B, fol. 15 v°, n° 163. — E, fol. 11 et 197. — L, p. 227, d'après B, fol. 15 v°. — N, Bibl. nat., coll Moreau, vol. 87, fol. 40 et 41. copies de dom Gérou (11 décembre 1764 et 15 janvier 1765) d'après C. — Z, Archives départementales du Loiret fonds de Saint-Benoit-sur-Loire, vidimus de 1567, par Nicolas Provenchère, notaire royal au Châtelet d'Orléans, sous le sceau de Jean de Mareau, garde de la prévôté d'Orléans, d'après un vidimus de Jean Leprestre en date du 20 mars 1429.

PUBL. : Prou, *Les Coutumes de Lorris*, dans la *Nouvelle revue historique de droit français et étranger*, 1884, p. 534 (tirage à part p. 153), d'après C.

INDIQ. : Inventaire de 1658, liasse I, n° 16, p. 1, d'après Z. — b, fol. 323, d'après B, fol. 5, n° 13, et fol. 15. — K, p. 437, d'après B, fol. 5. — L. Delisle, *Catalogue des actes de Philippe-Auguste*, n° 75.

In nomine sancte et individue Trinitatis, amen. Philippus, Dei gratia Francorum rex. Que a patribus nostris juste et rationabiliter acta sunt, et precipue que ecclesiis collata sunt et

---

1. Publiée ci-dessus, n° CLII. t. I, p. 347.

concessa*a*, a nobis irrefragabiliter decet*b* observari*c* ut et successores nostros ad observanda que gerimus congruis invitemus exemplis. Eo nimirum intuitu, beati Benedicti Floriacensis ecclesiam *etc.*, *ut supra in charta n° CLII usque ad* universa que post decessum proavi nostri, regis Philippi, avus noster, rex Ludovicus, sancto Benedicto donavit et genitor noster, bone memorie rex Ludovicus, concessit in villis que subscribuntur, Maisnilis*d* videlicet*e* atque*f* parrochia*g* de Bulziaco, in*v* parochia de Veteribus Domibus et in parochia de Castaneto et in illa*i* de Mazeriis*j*, tam in bosco quam in plano preter cervum et bischiam*k* et capreolum, quamvis quedam injuste quedam juste regia potestate consuetudinarie capiebat. Concedimus etiam quodcumque*l* memoratus pater noster ex propria largitione donavit, videlicet quartam partem furnorum de Lorriaco*m* et centum solidos quos avus noster pro recolendo anniversario patris sui regis Philippi, proavi nostri *etc.*, *ut in charta n° CLII, mutatis mutandis, usque ad* Aurelianensis videlicet monete, quos et nos similiter reddi precepimus. Que omnia ut perpetuam stabilitatem obtineant, presentem paginam sigilli nostri auctoritate ac regii nominis charactere*n* inferius annotato precepimus*o* confirmari. Datum apud Fontem Blaudi*p*, anno incarnati Verbi M°C°LXXXIII*q*, regni nostri anno quarto, astantibus in palatio nostro quorum nomina supposita*r* sunt et signa. S.*s* comitis Theobaldi*t*, dapiferi nostri. S.*s* Guidonis, buticularii nostri. S.*s* Mathei camerarii. S.*s* Radulphi constabularii.

Data*u* per manum Hu-(*monogramma*)*v* gonis cancellarii.

CCXLVI. — a. et precipue *jusqu'à* collata *sunt inclus omis par* E 1. — b. decet irrefragabiliter E 1. — c. conservari E 2 L. — d. Maisvillis E 1 2 L. — e. videlicet *omis par* E 1. — f. atque *omis par* D. — g. in parochia E 2. L. — h. et C. — i. villa E 2, L. — j. Matzeriis C.; Matheriis E 1. — k. bestiam D E 1. — l. quedam que E 2 L. — m. Loriaco D; Lauriaco E 1. — n. charactere C. — o. precipimus E 2 L. — p. Blaudi C L: Blunudi E 1. — q. La date *en toutes lettres* L. — r. subscripta C. — s. Signum *rendu par* S *en* C; S *barrée en* L; S *barrée d'un trait vertical recourbé à gauche à la partie supérieure en* D, *sauf devant* Radulphi *où* Signum *est en toutes lettres*. — t. Theobaudi C; Teobaudi D. — u. Dataque D. — v. Le monogramme *figuré en* D E 1 2 L. *entre* Hu *et* gonis *en* D, *entre* Hu *et* nis *en* E 1 2 L (*la syllabe* go *d'*Hugonis *écrite à l'intérieur du monogramme*), *rejeté après* cancellarii *en* L, *remplacé par* Philippus *après* cancellarii *en* C.

CCXLVII

1ᵉʳ novembre 1183.

Arnoul Guinaut cède à l'abbaye de Saint-Benoit-sur-Loire, avec l'approbation de Geoffroy Besens, la maison de « Breten », près du moulin des deux eaux, en échange du prieuré de Chalette qu'il reçoit de l'abbé Garnier, pour en jouir sa vie durant et à charge de payer une rente de douze deniers et d'y construire une habitation pour un ou deux moines.

C, p. 102. — E, fol. 201. — K, p. 803, « ex autographo ». — L, p. 557, d'après B, fol. 46.

INDIQ. : Inventaire de 1567, n° 67, « scellées du scel de la dite abbaye ».

In nomine sancte et individue Trinitatis. Noverint universi[a] tam posteri quam presentes quod Arnulphus Guinaut[b] masuram de Breten[c], juxta molendinum duarum aquarum, ecclesie nostre pro remedio anime sue in presentia totius capituli liberaliter tribuit et nobis in perpetuum annuit possidendam; Gaufridus[d] etiam miles, cognomine Besens[e], ad cujus feodum masura illa pertinebat, donum istud laudavit et concessit, et feodum masure[f] illius ecclesie nostre quittavit; ego autem abbas Garnerius et omnis conventus predicte ecclesie eidem Arnulpho[g] prioratum de Cataleta[h], tantum[i] in vita sua, habendum[j] firmavimus, ipse autem armario in festivitate sancti[k] Benedicti hiemali annuatim duodecim denarios reddet, ea videlicet conditione quod prefatus Arnulphus[l] infra ambitum ejusdem prioratus domum ad habitationem unius monachi vel duorum congruam et grangiam simul ad valentiam quingentorum solidorum infra duos annos edificabit; post ejus vero decessum[m], aut si eum in vita sua ad aliquam religionem de se donum fecisse constiterit, cum omnibus que in parochia illa

---

CCXLVII. — a. universi *omis par* L. — b. Arnulphus de Guinaut. C. Arnulphus de Guinault, E; Arnulfus de Guinant K; — c. Brecen K. — d. Gaufredus EL. — e. Beseni EL; Bresenus K. — f. illius masure K. — g. Arnulfo KL. — h. Cataletta CK. — i. tam CEL — j. habere dum CK. — k. beati L. — l. Arnulfus K. — m. post decessum vero ejus EKL.

quocumque modo acquisierit et omni suppellectili et substantia que in eodem domo inventa fuerit ad nos sine aliqua contradictione revertetur. Dictum etiam et firmatum est quod tres lecti ad minus cum omni apparatu suo invenientur. Actum anno ab incarnatione Domini M°C°LXXX°III°.

Ex parte nostra hujus rei testes sunt : Artaudus prior, Arnulphus[n] subprior, Gaudefridus[o] tertius in ordine, Guillelmus cellerarius, Hugo prepositus, Guillelmus armarius, Richardus infirmarius, Durendus succentor. Ex parte Arnulfi Guinaut[p] testes sunt : Ferricus miles, Gaufridus[q] major Sancti Benedicti, Simon[r] dictus de Soisi, Gaufridus[s] Besens[t], Guibertus Jovis[u].

Datum per manum Guillelmi armarii, kalendis novembris.

CCXLVIII

Melun, 1184.

Guy, archevêque de Sens, et [Eudes], abbé de Cercanceaux, à ce commis par le pape Luce III, règlent le différend survenu entre l'archidiacre de Bourges, et Garnier, abbé de Saint-Benoit-sur-Loire, au sujet du droit de procuration que ledit archidiacre exerçait sur le prieuré de Châtillon-sur-Loire.

C, p. 348. — D, fol. 316 v°, d'après B, fol. 161, n° 673.

INDIQ. : K, p. 437, d'après B, fol. 161.

Guido, Dei gratia Senonensis archiepiscopus, et ...[a] abbas Sacre Celle[b], omnibus ad quos littere iste pervenerint in Domino salutem. Notum fieri volumus quod, cum causa verteretur inter O., Bituricensem archidiaconum, et G., abbatem sancti Benedicti Floriacensis, super procuratione quam idem O. archidiaconus, in prioratu Castellionis super Ligerim exi-

---

CCXLVII. — *n*. Arnulfus *K L*. — *o*. Godefredus *E L* : Godefridus *K*. — *p*. Guinant *K*. — *q*. Gaufredus *E K L*. — *r*. Simon clericus *C L*; Simon clericus de Soisy *E*. — *s*. Gaufredus *E K L*. — *t*. Besenu *K*; Besenz *L*. — *u*. Jovis *omis par C*.

CCXLVIII. — *a. Blanc entre* et *et* abbas *C*. — *b.* Selle *D*.

gebat, dominus papa Lucius eam demum nobis commisit audiendam et debito fine decidendam. Nos itaque, post longam cause ventilationem, pacem inter eos in hunc modum ordinavimus, quod archidiaconus predictus et successores sui singulis annis, semel in anno procurationem percipient in prescripto prioratu cum septem equitaturis tantum. In cujus rei memoriam, presentem cartam notari fecimus et sigillis nostris muniri.

Actum Miliduni, anno incarnati Verbi MCLXXXIIII.

CCXLIX

Vitry-aux-Loges, 1er avril-31 octobre 1184.

Philippe Auguste donne aux frères du Gué de Chappes le tiers de la dime du pain et du vin pendant les séjours du roi à Vitry-aux-Loges.

C, p. 338. — L, p. 230, d'après B, fol. 155. — M, Bibl. nat., ms. lat. 12775, p. 119. — N, Bibl. nat., coll. Moreau, vol. 88, fol. 21, copie de dom Gérou (22 janvier 1764), d'après C.

PUBL. : A. Vidier, *Ermitages orléanais au XIIe siècle*, dans *Le Moyen âge*, 2e série, t. X (1906), p. 148, n° XXI (tirage à part, p. 57).

INDIQ. : K. p. 438, d'après B, fol. 155. — L. Delisle, *Catalogue des actes de Philippe-Auguste*, n° 108, d'après M et N.

In nomine sancte et individue Trinitatis, amen. Philippus, Dei gratia Francorum rex. Noverint universi presentes pariter ac futuri quoniam[a] nos, intuitu Dei et ob remedium anime nostre et patris nostri, regis Ludovici, et predecessorum nostrorum, dedimus fratribus de Vado Capparum et in perpetuum habendam concessimus tertiam partem decime totius panis et vini quod expendemus quoties[b] et quandiu erimus apud Vitriacum in Logio[c]. Quod ut in posterum ratum illibatumque permaneat, presentem paginam sigilli nostri authoritate ac regii nominis caractere inferius annotato precepimus confirmari.

Actum Vitriaci in Logio[c], anno incarnati Verbi MCLXXXIIII.

CCXLIX. — a. quod M. — b. quotiens L. — c. Legio M.

regni nostri anno V°, astantibus in palatio nostro quorum nomina supposita sunt et signa.

S.*d* comitis Theobaudi dapiferi nostri. S.*d* Guidonis buticularii. S.*d* Mathei*e* camerarii. S.*d* Radulfi*f* constabularii.

Datum per manum Hugonis (*monogramma*)*g* cancellarii.

CCL

Vérone, 5 novembre 1184[1].

Luce III confirme à l'abbé Garnier et aux moines de l'abbaye de Saint-Benoit-sur-Loire les biens, droits et privilèges de leur monastère[1].

Orig. : Parchemin, haut. 0m75, larg. 0m57; haut. du repli 0m017, scellé d'une bulle de plomb sur lacs de soie. Archives départementales du Loiret, H 28 bis [2].

L, p. 413, sans indication de source, probablement d'après l'original. — *Z*, Bibliothèque d'Orléans, ms. 492, p. 188 (copie du xvi*e* siècle reliée dans le recueil historique de Dom Leroy, vol. I).

Indiq. : Inventaire de 1658, p. 18, série III, liasse 1, pièce 3. — *K*, p. 437 « ex autographo ». — Ch. Grellet-Balguerie, *Histoire de Clovis III* (Orléans, 1882, in-8°), p. 19. — Jaffé-Lœwenfeld, *Regesta pontificum romanorum*, n° 15112.

Lucius *a* episcopus, servus servorum Dei, dilectis filiis Guarerio *b*, abbati monasterii sancti Benedicti Floriacensis quod

---

CCXLIX. — *d*. S. barrée *L*. — *e*. Matthei *C*. — *f*. Radulphi *L M*. — *g*. Monogramme omis par *C M*.

CCL.— *La première ligne, en caractères allongés, imprimée ici en capitales.* — *b*. Guarerio original. Corrigez Guarnerio.

---

1. Cette bulle confirme les bulles antérieures des papes Eugène III, du 15 avril 1146 (*supra*, n° CXLVII, t. I, p. 329), Adrien IV, du 1er décembre 1157 (*supra*, n° CLXX, t. I, p. 387) et Alexandre III (*supra*, n° CLXXXI, t. II, p. 10), et elle n'ajoute au dispositif de cette dernière qu'une mention des églises et chapelles sises en la paroisse Saint-Sébastien au bourg de Saint-Benoit (cf. peut-être sur ce point l'accord de 1180-1183 publié plus haut sous le n° CCXVI, t. II, p. 71). A cela près, il n'existe entre les deux documents que de très légères différences de forme: la plus importante est le rejet à la fin du dispositif, dans le document de 1184, de la phrase relative à la liberté de l'élection de l'abbé.

2. Quelques passages peu lisibles sur l'original ont pu être déchiffrés

JUSTA LIGERIM SITUM EST, EJUSQUE FRATRIBUS TAM PRESENTIBUS QUAM FUTURIS REGULAREM VITAM PROFESSIS, IN PERPETUUM. Pie postulatio voluntatis effectu debet prosequente compleri, ut et devotionis sinceritas laudabiliter enitescat et utilitas postulata vires indubitanter assumat. Eapropter, dilecti in Christo filii, vestris justis postulationibus clementer annuimus et prefatum Floriacense monasterium in quo, sicut felicis recordationis EUGENII, ADRIANI, ALEXANDRI et aliorum predecessorum nostrorum Romanorum pontificum testantur privilegia, gloriosi confessoris Christi Benedicti corpus requiescere creditur, quod juxta Ligerim situm est, in quo divino mancipati estis obsequio, sub beati Patri apostolorum principis, cujus juris specialiter esse dinoscitur, et nostra protectione suscipimus et presentis scripti privilegio communimus, in primis [siquidem] statuentes ut ordo monasticus, qui secundum Deum et beati Benedicti regulam in ipso monasterio institutus esse dinoscitur, perpetuis ibidem temporibus inviolabiliter observetur. Preterea quascumque possessiones, quecumque bona idem monasterium in presentiarum juste et canonice possidet, aut in futurum concessione pontificum, largitione regum vel principum, oblatione fidelium seu aliis justis modis, prestante Domino, poterit adipisci, firma vobis vestrisque successoribus et illibata permaneant. In quibus hec propriis duximus exprimenda vocabulis : parrochialem ecclesiam de Floriaco, ecclesiam de Gilliaco, ecclesiam de Tigiaco, ecclesiam de Germiniaco, ecclesiam de Habet, ecclesiam Sancti Martini de An[s]^c, ecclesiam Sancti Yterii de Soliaco, ecclesiam Sancti Germani, ecclesiam de Domna Petra, ecclesiam sanctorum martirum Gervasii et Protasii ; in civitate Aurelianensi, ecclesiam Sancti Benedicti, ecclesiam Sancte Marie de Castello Novo, ecclesiam de Vi-

---

CCL. — c. An[s], l's douteuse, original. Corriger Ars.

à l'aide d'une épreuve photographique réduite qui est jointe à quelques exemplaires de la brochure de Ch. Grellet-Balguerie ; d'autres passages correspondant à des trous résultant de la pliure du parchemin ont été restituès entre crochets d'après la copie de dom Jandot (L).

triaco, ecclesiam de Tilliaco, ecclesiam de Bulziaco, ecclesiam de Bulliaco, ecclesiam de Bosonis villa, ecclesiam de Bolonis villa, ecclesiam de Evera villa, ecclesiam de Evera castro, ecclesiam Sancti Aniani de Loureio, ecclesiam de Belgiaco, ecclesiam Sancti Aniani juxta Soliacum cum ecclesiis et omnibus ad eam pertinentibus, ecclesiam de Baldici[d] villare, ecclesiam de Cerdon, ecclesiam de Villa Mulna, ecclesiam de Braio ; in archiepiscopatu Senonensi : ecclesiam Sancti Petri de Stampis, ecclesiam Sancti Simphoriani, ecclesiam de Maceriis, ecclesiam de Bussedello, ecclesiam Sancti Petri de Dusione, ecclesiam de Monte Barresio, ecclesiam de Curte Matriniacensi, ecclesiam de Ulseto, ecclesias de Lorriaco, Sancte Marie et Sancti Sulpitii, ecclesiam de Castaneto, ecclesiam de Monasteriolo, ecclesiam de Veteribus domibus, ecclesiam de Catalecta, ecclesiam de Draciaco, ecclesiam de Villare Sancti Benedicti, sicut ab Henrico, quondam Senonensi archiepiscopo, vobis et monasterio vestro rationabiliter concessa est et suo scripto firmata, ecclesiam de Pruneio ; in episcopatu Carnotensi : ecclesiam de Marulfi villa, ecclesiam de Sainvilla, ecclesiam de Alto, ecclesiam de Suncampo, ecclesiam de Vinolio ; in episcopatu Autisiodorensi : ecclesiam Sancti Petri Giomensis cum ecclesiis et omnibus ad eam pertinentibus, ecclesiam de Versol ; in archiepiscopatu Bituricensi : ecclesiam Sancti Petri de Castello novo, cum ecclesiis et omnibus ad eam pertinentibus, ecclesiam Sancti Martini de Sacro Cesaris, cum ecclesiis et omnibus ad eam pertinentibus, ecclesiam Sancti Benedicti Salensis, cum ecclesiis et omnibus ad eam pertinentibus, ecclesiam de Capite Cervio, ecclesiam Sancti Mauricii de Castellione, ecclesiam de Valliaco, ecclesiam Monasterioli, ecclesiam Sancte Marie de Sancto Bricio, ecclesiam Sancti Martini, ecclesiam Sancti Petri de Poliaco, ecclesiam de Venesmio, cum capella Sancti Johannis, ecclesiam de Corcoe ; in episcopatu Eduensi : ecclesiam de Domna Petra, ecclesiam Sancti Benedicti de Patriciaco, ecclesiam Sancte Marie de Fontanis, cum ecclesiis et omnibus ad eam pertinentibus ; in episcopatu Va-

---

CCL. — d. Baldici *original*. *Corriger* Baldrici.

satensi : ecclesiam Sancti Petri de Regula, cum ecclesiis et omnibus ad eam pertinentibus ; in episcopatu Abrincensi : ecclesiam Sancti Jacobi de Beverone, cum ecclesiis et omnibus ad eam pertinentibus, ecclesiam Sancti Ylarii, cum pertinentiis suis ; in episcopatu Aquensi : ecclesiam Sancti Mauri de Pontons, cum ecclesiis et omnibus ad eam pertinentibus ; in episcopatu Lingonensi : ecclesiam Sancti Mauri de Diaco, ecclesiam de Vesambula, ecclesiam de Domne Monie, ecclesiam de Meriaco ; in episcopatu Trecensi : ecclesiam Sancti Benedicti super Sequanam, ecclesiam de Fegia, ecclesiam Sancti Benedicti Curtis Maurii*e* ; in episcopatu Belvacensi : ecclesiam Sancti Petri Aymerici Curtis ; in archiepiscopatu Remensi : ecclesiam Sancti Benedicti de Sorbone ; in episcopatu Sagiensi : ecclesiam de Magniaco, ecclesiam de Perreia; alias quoque ecclesias et decimas quas juste et canonice possidetis vobis nichilominus confirmamus. Adicimus preterea preposituras etiam Sancti Benedicti Aurelianensis, de Stampis, de Evera villa, de Curte Matriniacensi, de Aimerici Curte, de Diaco, de Castellione, de Villare Sancti Benedicti, cum earum pertinentiis, et burgum Sancti Benedicti, cum omnibus ecclesiis sive capellis infra parrochiam Sancti Sebastiani constitutis et cum tota valle ; quartam partem furnorum de Lorriaco a bone memorie Lodovico, rege Francorum, juste vobis concessam et scripto suo firmatam, et villam de Mentingis cum ecclesia et terra Spilemagnis a Rannulfo, Cestriensi comite, legitime vobis et ecclesie vestre concessam, et bone memorie Roberti, quondam Lincolniensis episcopi, pagina roboratam. Ad hec felicis memorie Eugenii, Adriani et Alexandri antecessorum nostrorum Romanorum pontificum, vestigiis inherentes, sententiam quam idem Eugenius inter vos et nobilem virum, Iterium de Tuciaco, super villa que Villare dicitur, de consilio fratrum suorum promulgasse dinoscitur, nos quoque auctoritate apostolica confirmamus, et juxta continentiam privilegii ejus ratam in posterum decernimus permanere ; adicientes etiam ut concessio illa, quam illustris memorie Lodovicus, Francorum

---

CCL. — *e.* Maruri *original. Corriger* Marini.

rex, de Castro Molineti vobis fecisse dinoscitur et scripto regio confirmasse, rata perpetuis temporibus et immobilis perseveret. Venditionem preterea a Roberto de Molineto de tota terra quam possidebat a strata publica que a Lorriaco Soliacum ducit usque ad Sanctum Benedictum, et de molendino, cujus stagnum totumque latifundium citra stratam illam a parte Sancti Benedicti, molendinum vero ipsum ultra stratam, assensu predicti regis vobis et vestro monasterio factam et ejusdem regis scripto firmatam, in suo statu perpetuo permanere sanccimus. Sane de presbiteris qui per parrochias ad monasteria pertinentes in ecclesiis constituentur, predecessoris nostri sancte recordationis URBANI pape, sententiam confirmamus, ut videlicet abbates in parrochialibus ecclesiis quas tenent, episcoporum consilio, presbiteros collocent, quibus, si idonei fuerint, [episcopi parrochie curam] cum abbatis consensu committant, ejusmodi sacerdotes [de piebis quidem cura episcopo rationem redd]ant, abbati vero, pro [rebus temporalibus] ad monasterium pertinentibus, debitam subjectionem exhibeant, et sic cuique [jura] sua [ser]ventur. Prohibemus quoque ut infra parrochias ecclesiarum vestrarum nullus ecclesias vel capellas absque vestro assensu in dampnum [earum] edificare presumat; distractionem vero bonorum et possessionum ipsius monasterii contra romana privilegia illicite factam evacuamus, et ea ad monasterium revocari censemus. Nullus insuper de ordine sacerdot[ali], archiepiscopus scilicet, aut episcopus, aut etiam inferioris ordinis, abbatem inquietare nec contra voluntatem ipsius ad idem monasterium venire, aut aliquam ordinationem vel missas publicas celebrare presumat. Nulla etiam ecclesiastica secularisve persona idem monasterium vel ejus pertinentias invadere vel minuere aut in quoquam molest[are, nec] subjectas illi personas, sine voluntate abbatis, distringere audeat. Ad hec adicientes statuimus ut in communi interdicto liceat vobis in ipso beati Benedicti monasterio divina officia celebrare, ita tamen ut interdicti vel excommunicati nullatenus admittantur. Fratribus autem qui in locis suis vivere regulariter nequeunt studio meliorande vite ad ipsum ducem monachorum confugere liceat, donec in suis religio reformetur. Si vero abbas vel monachus de eodem monasterio ad ecclesiasticam dignitatem promotus fuerit, non illic habeat ulterius potestatem remorandi aut aliquid ordinandi. Interdicimus etiam ne feuda que de vestro tenantur monasterio ad alias ecclesias absque vestro assensu transeant, et nec ipse abbas nec aliqua persona possessiones ipsius monasterii in potestate alterius possit redigere, sicut in predecessoris nostri bone memorie LEONIS pape privilegio continetur. In ligandis vero sive solvendis viris et mulieribus tui ordinis, fili abba, tibi subditis, eam potestatem habeas quam predecessores tui a Sede Apostolica habu[isse] noscuntur. Monachos vero ipsius congregationis nullus contra regulam retinere presumat. Quicquid etiam immunitatis et lib[ertatis] seu dignitatis, tam in supradictis quam in aliis, a Romanis pontificibus sive a regibus eidem venerabili loco rationabiliter concessum et scriptis eorum firmat[um est] nos quoque concedimus et presentis scripti pagina roboramus. O[beun]te vero te, nunc ejusdem loci abbate, vel tuorum quolibet successorum, nullus ibi qualibet surreptionis astutia seu violentia preponatur, nisi quem fratre communi consensu, vel fratrum pars consilii sanioris, secundum Dei timorem et beati Benedicti [regulam] providerint elis gendum ; electus autem a Romano pontifice vel a quocumque voluerit catholico episcopo munus benedictionis [re]cipiat. Decernimus ergo ut nulli omnino hominum fas sit prefatum monasterium temere, perturbare [aut ejus possess]iones auferre vel abbatas retinere, minuere seu quibuslibet vexationibus fatigare, sed omnia integra conserventur eorum pro quorum gubernatione ac sustentatione concessa sunt usibus omnimodis profutura, salva Sedis apostolice auctoritate et in supradictis ecclesiis diocesanorum episcoporum canonica justitia. Si qua igitur in futurum ecclesiastica secularisve persona hanc nostre constitutionis paginam sciens contra eam venire temptaverit, secundo tertiove commonita, nisi reatum suum digna satisfactione correxerit, potestatis honorisque sui dignitate careat ream que se divino judicio existere de perpetrata iniquitate cognoscat et a sacratissimo corpore ac [sangui]ne Dei et Domini redemptoris nostri Jhesu Christi aliena fiat atque in extremo examine divine ultioni subjaceat, cunctis autem eidem loco sua jura servantibus sit pax Domini nostri Jhesu Christi quatinus et hic fructum bone actionis percipiant et apud districtum judicem premia eterna pacis inveniant. AMEN. AMEN, AMEN.

(*Rota cum cruce, cujus in angulis* : BENEVALETE †

scs || Petrus || scs. || Paulus ' (*in modo monogrammatis*)

Luc || ius || pp. || III

et inter circulos :

† Adjuva nos Deus salutaris noster.)

Ego Lucius, catholice ecclesie episcopus, SS.

† Ego Conradus, Sabinensis episcopus, Maguntine sedis archiepiscopus, SS.

† Ego Theodinus, Portuensis et sancte Rufine sedis episcopus, SS.

† Ego Henricus, Albanensis episcopus, SS.

† Ego Theobaldus, Hostiensis et Velletrensis episcopus, SS.

† Ego Johannes, presbyter cardinalis tituli sancti Marci, SS.

† Ego Laborans, presbyter cardinalis Sancte Marie trans Tiberim tituli Caliati, SS.

† Ego Willelmus, Remorum archiepiscopus, tituli Sancte Sabine cardinalis, SS.

† Ego Hubertus, presbyter cardinalis tituli sancti Laurentii in Dama[so], SS.

† Ego Pandulfus, presbyter cardinalis tituli basilice XII apostolorum, SS.

† Ego Ardisio, diaconus cardinalis sancti Theodori, SS.

† Ego Gratianus, sanctorum Cosme et Damiani diaconus cardinalis, SS.

† Ego S[o]fredus sancte Marie in via lata diaconus cardinalis, SS.

† Ego Alb[i]nus diaconus cardinalis sancte Marie nove, SS.

Datum Verone, per manum Hugonis sancte Romane ecclesie notarii, nonis novembris, indictione III, incarnationis dominice MCLXXX IIII, pontificatus vero domni Lucii pape III anno IIII.

CCL. — *f. Les souscriptions sont disposées, suivant l'usage, sur trois colonnes: la souscription du pape, accostée de la rota et du bene valete, au milieu, et, au-dessous, les souscriptions des cardinaux évêques ; les souscriptions des cardinaux prêtres, à gauche ; celles des cardinaux diacres, à droite.*

CCLI

Vérone, 15 décembre 1185 ou 1186.[1]

Urbain III confirme à l'abbaye de Saint-Benoit-sur-Loire le droit de cimetière à Châteauneuf qui lui a été accordé par son prédécesseur le pape Luce III[a]*.*

C. p. 25. — E, fol. 40 v°.

Urbanus, episcopus, servus servorum Dei, dilectis filiis abbati et conventui Floriacensi salutem et apostolicam benedictionem. Justis petitionum desideriis dignum est nos facilem prebere consensum et vota que a rationis tramite non discordant effectu prosequente complere. Eapropter[a], dilecti in Domino filii, vestris justis postulationibus grato concurrentes assensu, cemeterio quod vobis apud Castrum Novum a predecessore nostro pie recordationis Lucio papa indultum esse dinoscitur, liberam concedimus sepulturam, salvo parochiali jure illarum ecclesiarum a quibus assumpti fuerint qui in eodem cemeterio elegerint sepeliri. Nulli ergo omnino hominum *etc.* Si quis autem *etc.* Datum Verone, XVIII kal. januarii[b].

CCLII

1186-1190[3]*.*

Delmace, abbé de la Chaise-Dieu, ayant contracté avec Garnier, abbé de Saint-Benoît-sur-Loire, une association de prières, accorde à celui-ci le droit d'assister aux assemblées capitulaires de la Chaise-Dieu et d'y exercer le droit de grâce en faveur des

---

CCLI. — a. Quapro: ter C — b. februarii E.

1. Cette bulle émanant du successeur de Luce III doit être attribuée à Urbain III : celui-ci, élu le 25 novembre 1185, étant mort le 20 octobre 1187, on ne peut hésiter, pour la date à assigner à la présente bulle, qu'entre les années 1185 ou 1186.
2. La bulle de Luce III ne nous est pas parvenue.
3. Delmace a été abbé de la Chaise-Dieu de 1186 à 1190.

moines punis ; la fête de l'« illatio » de saint Benoît, le 4 décembre, sera célébrée à la Chaise-Dieu, et celle de saint Robert, le 24 avril, à Saint-Benoît-sur-Loire¹.

K, p. 446, ex autographo. — L, p. 581, sans indications de source. — M. Bibl. nat, ms. latin 12775, p. 147.

INDIQ. : b, fol 329 vº, d'après B (fol. 209 ou 210).

Quoniam per bivium*a* caritatis compendiosius pervenitur ad vitam, familiare et necessarium salute consilium est indesinentis studii*b* vigilantia caritatis operibus inservire, caritas enim nisi dispensetur elabitur, dispensata non minuitur sed augetur. Hujus igitur rei gratia, ego Dalmatius, **abbas Casæ Dei, et fratres nostri, cum ad monasterium beati Benedicti hospitandi gratia venissemus et*c* a venerabili abbate Garnerio honorifice recepti essemus inter dilectissimos fratres et dominos nostros, praefatum scilicet abbatem necnon*d* totam congregationem monasterii beati Benedicti Floriacensis super mutuae vinculo fraternitatis sub hac forma componere decrevimus, ut inde*e* salutis remedia aeternae nostris et successorum nostrorum proveniant animabus. Statuimus igitur quatenus quisquis Sancti Benedicti futurus est abbas in benefactis et orationibus nostris integre communicet*f*, ac si ecclesiae nostrae vinculo professionis fuisset astrictus*g*.** Decrevimus etiam quod si aliquem monachorum nostrorum reatu sui exigentia alicui poenae addixerimus, abbas Sancti Benedicti, si ad nos venerit et in capitulo nostro interesse voluerit, poenam poterit minuere vel poenitus relaxare. Festum etiam beati Benedicti de illatione quod est II nonas*i* decembris XII lectionum faciemus. Ipsi vero festum sancti Roberti quod est VIII kalendas maii similiter celebrabunt. Si vero aliqui praedictae ecclesiae monachi*j* ad nos venerint, ampliori ho-

---

CCLII. — *a*. bravium. L. — *b*. inde ervenies studii L. — *c*. et *omis* par L. — *d*. et M. — *e*. ut in K ; ut e im L. — *f*. communicat M. — *g*. fuisset contrictus L. — *h*. sancti M. — *i*. pridie nonas L. — *j*. aliqui predicti monachi K.

---

2. Dom Chazal fait remarquer que saint Robert figure avec la mention « 12 leçons » dans un ancien calendrier de l'abbaye ; ce calendri r doit être celui qui précède le ms. du XIIIᵉ siecle actuellement coté 173 (101) a la bibliothèque d'Orléans ; on y lit, en effet, au VIII des kalendes de mai : « Roberti abbatis et confessoris IX lect. ».

nore quam nostri suscipientur[k]. Decretum est insuper aput nos ut singulis annis[l] in calendibus martii profra tribus totius congregationis viam universae carnis ingressis die quae primum libera occurrerit, signa nostra solemniter pulsantur, missa in conventu celebrabitur[m], tricesimum incipietur cuidem pauperi xxx diebus cotidianos[n] victus assignabitur. Beati vero Benedicti devota congregatio in consimilibus beneficiis pari nobis vicissitudine respondebit.

CCLIII

1186-1200.[1]

Ralph III, comte de Chester, mande à Hugues, évêque, au chapitre de Lincoln et à tous ses officiers et vassaux, qu'il a confirmé la donation faite par son père[2] *et son grand-père*[3] *à Notre-Dame, Saint-Jacques et Saint-Benoît et à leurs moines de Minting ; il y ajoute un droit d'usage dans son bois de Minting.*

Z. Publ. Record Office, Charter Roll 131, 10 Edw. III, n° 21 (vidimus d'Edouard III).

INDIQ. : *K*, p. 418, d'après B, fol. 178.

Ranulphus, comes Cestrie, Hugoni Dei gratia Lincolniensi episcopo et capitulo Lincolniensis ecclesie et constabulario suo et dapifero et justiciariis et vicecomitibus et baronibus et ministris et ballivis et omnibus hominibus et amicis suis Francis et Anglicis et omnibus prelatis et filiis sancte matris ecclesie salutem. Noverit universitas vestra me, pro amore

---

CCLII. — *k.* suscipiuntur *M.* — *l.* singulis annis omis par *K.* — *m.* signa nostra... celebrabitur *omis par K.* — *n.* quotidianis *L.*

---

1. Saint Hugues de Grenoble, à qui cet acte est adressé, fut évêque de Lincoln de 1186 à 1200 ; les dates de Ralph III (1181-1232) ne permettent pas de préciser davantage la date de cet acte.
2. Voy. supra, charte n° CLX (1153-1181).
3. Voy. supra, charte n° CLVI (1147-1153).

Dei et pro salute anime mee et animarum antecessorum meorum concessisse et hac presenti carta mea confirmasse omnes donaciones et libertates quas Ranulphus, comes Cestrie, avus meus, dedit Deo et beate Marie et Sancto Jacobo et Sancto Benedicto et monachis eorum in Mentinges, volo itaque et firmiter precipio quod predicti monachi bene et quiete et libere et honorifice imperpetuum teneant omnia illa que predictus avus meus eis dedit in predicta villa, sicut in carta ipsius continetur, et in carta patris mei confirmatur. Ita quod de bosco meo de Mentingis capiant quod eis necessarium erit decenter per visum forestariorum meorum. Praeterea dedi et concessi et hac carta mea confirmavi Deo et Sancte Marie et Sancto Jacobo et Sancto Benedicto et predictis monachis decimam assarti de bosco predicto de Mentingis in perpetuum habendam sicut puram et perpetuam elemosinam.

Testibus hiis : Simone de Kyma ; Thome, dispensario ; Ranulpho de Praeriis, Gaufrido et Willelmo Farsy ; Ricardo de Croile ; Hugone et Ricardo de Bordele; Ricardo de Peissun; Simone de Dribia ; Philippo de Thateshale ; Ricardo de Waringwurthe ; Roberto, filio suo ; Harculpho de Praeriis ; Radulpho, filio Simonis ; Rogero de Maletot ; Rogero de Estreby ; Roberto, clerico, ballivo Bancefordie ; Thome, clerico, presencium scriptore, et aliis multis. Apud Bencefordiam.

CCLIV

1186, mars (n. st.).

Philippe Auguste, à la relation de Josserand du Temple, ancien maire de Saint-Benoit-sur-Loire, ordonne à tous les possesseurs de vignes du dit lieu de laisser libre accès dans leurs celliers aux mandataires chargés par l'abbé de prélever la dîme et les prises.

C. p. 236. — M. Bibl. nat., ms. lat. 12739, p. 368.

INDIQ. : Delisle, *Catalogue des actes de Philippe Auguste*, n° 154, d'après M.

PUBL. : H.-François Delaborde. *Recueil des actes de Philippe-Auguste*, t. I, p. 197, d'apres C et M.

Philippus, Dei gratia Francorum rex, universis in territorio et in*a* parrochia ville Sancti Benedicti vineas habentibus salutem. Quoniam fratris Josceranni de Templo, viri religiosi quondam majoris vestri, veraci testimonio didicimus quod et monachi et servientes ecclesie beati *b* Benedicti, ad querendam decimam et recipiendam necnon et captiones, consuetudinarie cellaria vestra debeant ingredi, et quod etiam in cellarium suum quod*c* majoris erat dominii, quam alii consuevissent intrare, ideo vobis mandamus et precipimus precise quatenus nuntiis abbatis ad querendam decimam et captiones transmissis cellaria vestra, omni contradictione et difficultate remota, ingredi permittatis. Si quis autem huic precepto nostro presumpserit contradicere, nostram inde habebimus et abbatem suam*d* faciemus emendationem habere. Actum anno ab incarnatione Domini MCLXXXV, mense martio.

CCLV

Paris, 1er mars-12 avril 1186 (n. st.).

Thibaud, comte de Blois et sénéchal de France, garantit l'exécution du précepte rendu par son neveu Philippe, roi de France, au sujet de la perception de la dîme du vin par les religieux à Saint-Benoit-sur-Loire.

C, p. 242.

Ego Tecbaldus, comes Blesensis et Franciscus senescallus, notum facio universis quod dominus ac nepos meus Philippus, Dei gratia Francorum rex, audito venerabilis ac religiosi viri, videlicet fratris Josceranni, testimonio, quod et monachi et servientes ecclesie Sancti Benedicti ad querendam et recipiendam decimam *etc ut supra in charta n°* CCLIV *usque ad* ingredi permittatis. Ego etiam, considerato rationabili do-

---

CCLIV. — *a,* in *omis par* M. — *b.* sancti M. — *c.* qui C. — *d.* abbatem inde suam C.

mini regis precepto et autentico prefati fratris Josceranni testimonio, promisi et concessi quod, si quis contraire vellet abbati et ecclesie, pro posse meo, cum ipsi me inde requirerent, adjutor existerem. Quod ut ratum sit, litterarum munimine et sigilli mei impressione signavi. Actum Parisius, anno incarnationis dominice M°CLXXX°V°. Datum per manum magistri Hilduini cancellarii mei.

CCLVI

Saint-Benoit-sur-Loire, 1186.

Amodiation par Garnier, abbé, et le chapitre de Saint-Benoit-sur-Loire, à Étienne Maréchal et ses héritiers, du moulin[1] *construit à Germigny par Ranulphus, frère convers, jadis maître de l'oeuvre.*

C. p. 12. — E. fol. 20.
Indiq. : K. p. 137, d'après B, fol. 6.

Notum sit omnibus tam presentibus quam futuris quod ego Garnerius, Dei gratia[a] abbas Sancti Benedicti Floriacensis, et universum capitulum nostrum molendinum, quod Rannulphus, conversus noster[b], quondam magister operis, apud[d] Germiniacum construxerat[c], admodiavimus Stephano Marescallo et heredibus suis, cum proprisia et omni emendatione quam ibi fecerat, pro quinque modiis siliginis quos ei de feodo singulis annis reddere tenebamur et duobus modiis frumenti annuatim reddendis eleemosynario[e] ad anniversarium venerabilis Arraudi[f] abbatis[g]. Quidquid autem de molendino illo humanitus acciderit, eidem Stephano pro quinque modiis siliginis quos ei debebamus de feodo, predictos quinque modios molendini illius assignavimus et duos modios singulis

CCLVI. — a. Dei gratia omis par C. — b. conversus noster omis par E qui laisse un blanc. — c. cum quondam magnum opus apud E. — d. construxerit E. — e. eleemosinario E. — f. Ferrandi E. — g. abbatis omis par C.

1. Note de Dom Chazal, en K : « Molendinum istud nuncupatum molendinum *des Mareschaus* nunc audiit molendinum *des Ruces* ».

annis in festo sancti Egidii persolvet qui erunt frumenti. Ad hec autem concessimus quod molendinum non faciemus a Chenort usque ad pontem Rusti nec a portu Sancti Benedicti usque ad ulmum de Sabloneriis.

Actum in capitulo nostro anno ab incarnatione Domini M°C°LXXXVI.

Datum per manum Willermi armarii.

CCLVII

Vérone, 13 juillet 1186.

Urbain III, à la requête de Sevin, prieur, et des frères de Notre-Dame du Gué de Chappes, prend leur église sous sa protection, y confirme l'institution de la règle de saint Benoit et la propriété de leurs biens, savoir : le lieu même jadis donné par le roi Louis VII, où leur maison est établie, dix-huit setiers de seigle à prendre chaque année au grenier royal de Lorris, des offrandes en pain, argent, vin et chandelle quand le roi ou la reine séjournent à Lorris et à Vitry-aux-Loges, des vignes à Châteauneuf, des prés tenus à cens près de Chappes, une terre à Saint-Martin-d'Ars (les Bordes). Le pape en outre les exempte de la dîme des novales, les autorise à donner asile aux laïques et aux clercs fugitifs, interdit aux frères ayant fait profession monastique dans leur maison de la quitter sans l'autorisation du prieur, leur accorde le droit de célébrer les offices en cas d'interdit général, de donner la sépulture, d'élire librement les prieurs, et défend d'exercer des violences sur les terres de l'église.

C, p. 25. — E, fol. 41. — L, p. 150, d'après B. — M, Bibl. nat. ms. lat. 12775, p. 128, copie abrégée. — Y. Archives départementales du Loiret, H 61 ; copie authentique du notaire Foubert (11 décembre 1644) d'après B. — Z. Archives départementales du Loiret, H 61 ; copie informe sur parchemin d'après B.

PUBL. : A. Vidier, *Ermitages orléanais au XII° siècle*. p. 58 (extr. du *Moyen-Age*).

INDIQ. : C, fol. 323 v°, d'après B (fol. 11). — K, p. 439. — Jaffé, *Regesta pontificum*, n° 15648, d'après M.

Urbanus, episcopus servus servorum Dei, dilectis filiis

Sevino, priori ecclesiae Sanctae Mariae de Vadi Caparum[a] ejusque fratribus tam praesentibus quam futuris regularem vitam professis, in perpetuum. Quotiens a nobis petitur quod religioni et honestati convenire dignoscitur, animo nos decet libenti concedere et petentium desideriis effectum congruum impertiri. Ea propter, dilecti in Domino filii, vestris justis postulationibus clementer annuimus, et praefatam ecclesiam Sanctae Mariae de Vado Caparum[b] in qua divino estis obsequio mancipati, sub beati Petri et nostra protectione suscipimus et praesentis scripti privilegio communimus. Imprimis siquidem statuentes ut ordo monasticus qui secundum Deum et beati Benedicti regulam in eodem loco noscitur institutus perpetuis ibidem temporibus inviolabiliter observetur. Praeterea quascumque possessiones, quaecumque bona eadem ecclesia impraesentiarum juste et canonice possidet, aut in futurum concessione pontificum, largitione regum vel principum, oblatione fidelium seu aliis justis modis praestante Domino poterit adipisci, firma vobis vestrisque successoribus et illibata permaneant. In quibus haec propriis duximus exprimendum vocabulis : Ex dono illustris memoriae Ludovici regis Francorum, locum ipsum cum pertinentiis[c] suis, decem et octo sextarios siliginis annuatim de granario regio[d] apud Lorriacum[e] et quamdiu rex ibidem fuerit, singulis diebus de domo[f] ejus quatuor panes, duos denarios, dimidium sextarium vini et quatuor frusta candelarum, quod si regina absque rege ibidem fuerit medietatem duntaxat horum recipietis ; tertiam praeterea partem decimae panis et vini regis quoties et quamdiu perhendinaverit[g] apud Vitriacum in Logio[h] ; vineas quas habetis apud Castellum Novum et prata quae tenetis ad censum prope Cappas, cum terra quam, habetis de ipsa quae fuit Burchardi[i] apud Sanctum Martinum de Ars[j]. Sane novalium vestrorum quae propriis manibus aut sumptibus colitis, sive de nutrimentis vestrorum ani-

---

CCLVII.—a. Capparum *L.*— b. Capparum *L.*— c. cum omnibus pertinentiis *L.* — d. regis *CE.* — e. Loriacum *CEY.* — f. donis *C.* — g. perhennimaverit *L.*— h. Legio *CE.*— i. Buchardi *CEL.*—j. Aers *CEY.*

malium, nullus a vobis decimas exigere vel extorquere prae sumat. Liceat quoque vobis clericos vel laicos e saeculo fugientes liberos et absolutos ad conversionem recipere, et eos absque contradictione aliqua retinere. Prohibemus insuper ut nulli fratrum vestrorum post factam in eodem loco professionem fas sit de ipso sine prioris sui licentia nisi arctioris religionis obtentu discedere, discedente[h] vero, absque communium litterarum cautione nullus audeat retinere. Cum autem generale interdictum terrae fuerit, liceat vobis, clausis januis, exclusis excommunicatis et interdictis, non pulsatis campanis, suppressa voce, divina officia celebrare. Sepulturam praeterea ipsius loci liberam esse decernimus, ut eorum devotioni et extremae voluntati qui se illic sepeliri deliberaverint, nisi forte excommunicati vel interdicti sint, nullus obs'stat, salva tamen justitia illarum ecclesiarum a quibus mortuorum corpora assumuntur. Obeunte vero te nunc ejusdem loci priore, vel quolibet tuorum[l] successorum, nullus ibi qualibet subreptionis astutia seu violentia praeponatur, nisi quem fratres communi consensu vel fratrum pars consilii sanioris[m] secundum Dei timorem et beati Benedicti regulam providerint eligendum. Paci quoque et tranquillitati vestrae paterna in posterum sollicitudine providere volentes, authoritate apostolica prohibemus ne quis infra ambitum domorum vestrarum furtum facere, ignem apponere, hominem capere vel interficere rapinamve committere, seu aliquam violentiam temere audeat exercere. Decernimus ergo *etc*... Si qua igitur *etc*... Cunctis autem, *etc*... Amen, Amen, Amen.

(*Rota*)[n] Ego Urbanus, catholicae ecclesiae episcopus, SS.
BENEVALETE.

† Ego Henricus, Albanensis episcopus, SS.

† Ego Paulus, Praenestinus[o] episcopus, SS.

CCLVII. — *k*. discedentem *L*. — *l*. tuorum quolibet *L*. — *m*. sanioris consilii *L*. — *n*. Rota non figurée par *L. Les croix omises par toutes les copies sauf L. Les SS irrégulièrement donnés par les différentes copies.* — *o*. Praenestensis *L*.

† Ego Johannes, presbiter cardinalis tituli sancti Marci, SS.

† Ego Laborans, presbiter cardinalis sanctae Mariae tran Tyberim tituli sancti Calixti, SS.

† Ego Pandulfus[p], presbiter cardinalis tituli XII apostolorum, SS.

† Ego Albinus, presbiter cardinalis tituli sanctae Crucis in Jerusalem, SS.

† Ego Melior[q], presbiter cardinalis sanctorum Joannis et Pauli tituli Pagmachii, SS.

† Ego Jacinthus[r], diaconus[s] cardinalis sanctae Mariae in Cosmidin, SS.

† Ego Gratianus, sanctorum Cosmae et Damiani diaconus cardinalis, SS.

† Ego Bobo[t], sancti Angeli diaconus cardinalis, SS.

† Ego Octavianus[u], sanctorum Sergii et Bachi diaconus cardinalis, SS.

† Ego Soffredus[v], sanctae Mariae in Via Lata diaconus cardinalis, SS.

† Ego Rolandus[x], sanctae Mariae in Porticu diaconus cardinalis, SS.

† Ego Radulfus[z], sancti Georgii ad Velum aureum diaconus cardinalis, SS.

Datum Veronae, per manum Alberti[a], sanctae Romanae ecclesiae presbiteri cardinalis et cancellarii, III idus julii, indictione IIII[a], incarnationis dominicae anno MCLXXXVI, pontificatus vero domni Urbani papae III anno primo.

CCLVII. — p. Pandulphus L; Pardulfus M. — q. Mehor L. Melchior CEZ. — r. Hyacinthus Y; Hyacintus L; Jacintus CE. — s. presbiter CEMYZ. — t. Rolo CEMYZ; Robo L. Corriger Bobo. — u. Cette souscription et la suivante omise par CE. — v. Gofredus LYZ; Goffredus M. Corriger Soffredus. — x. Rolandus LM. — z. Radulfus L. — a. Alberici CEMYZ.

CCLVIII

Vérone, 1186, 23 octobre.

Urbain III confirme à l'abbé et aux moines de Fleury les libertés et immunités qui leur ont été accordées par l'église Sainte-Croix d'Orléans.

C. n° 81, p. 52. — E, n° 73, fol. 95.

Urbanus, episcopus, servus servorum Dei, dilectis filiis abbati et fratribus Floriacensibus, salutem et apostolicam benedictionem. Cum simus ad curam et regimen universalis ecclesie licet immeriti providentia superne dispositionis assumpti, si quedam[a] postulantur a nobis que ad ecclesiarum utilitatem pertinent, petentium desideriis clementer nos convenit condescendere[b] et eorum vota prosequente effectu complere. Quapropter, dilecti in Domino filii, vestris justis postulationibus grato concurrentes assensu, libertates et immunitates ab ecclesia Sancte Crucis Aurelianesnis vobis et cenobio vestro juste concessas et rationabiles consuetudines hactenus observatas, sicut in autenticis scriptis exinde factis plenius continetur, vobis et per vos cenobio vestro autoritate apostolica confirmamus. Nulli ergo omnino, *etc*... Si quis autem, *etc*. Datum Verone, decimo kal. novembris.

CCLIX

1186.

Henri, évêque d'Orléans, ratifie l'accord intervenu entre Garnier, abbé de Saint-Benoit-sur-Loire, Jean Macaire, prieur d'Yèvre-le-Châtel, et Jean de Lorris, curé du dit lieu, au sujet des revenus de la chapelle Saint-Lubin élevée par les

---

CCLVIII. — a. Quando *E*. — b. conscendere *E*.

habitants d'Yèvre dans le cimetière, sous réserve des droits de funérailles, confessions, mariages et purifications de l'église paroissiale de Saint-Gouault.

C, n° 494, p. 266. — D, fol. 545, d'après B, fol. 122 v°, n° 518.

INDIQ. : K, p. 437, d'après B, fol. 122.

PUBL. : *Annales de la Société du Gâtinais*, t. XXXIX, p. 22.

Henricus, Dei gratia Aurelianensis electus[a], omnibus in perpetuum. Cum in capella Sancti Leobini que in cimeterio castri Evere[b] fuerat ab ipsius castri gente fundata, sine voluntate abbatis et fratrum Sancti Benedicti Floriacensis, divina celebrari non possint, tandem, ad preces quorumdam burgensium et fratris Joannis Macharii[c] necnon et dilecti nostri in Christo magistri Joannis de Lorriaco[d], dilectus noster Garnerius abbas, suo consentiente capitulo, cum praedicto magistro qui parochialem praefati castri ecclesiam canonice noscitur possidere, sup.. praedicta capella sub hoc pacis tenore transegit. Quod prior Everae quicunque fuerit et rector parochialis ecclesiae omnes redditus praedictae ecclesiae[e] quocunque modo proveniant, tam pro vivis quam pro defunctis, per medium partientur. Sciendum praeterea quod parochialis B. Gudualdi ecclesia jure suo et dignitate pristina non privabitur sed deffuncti ad eamdem ecclesiam deferentur, et ibi primo pro eis unicae missae sacrificium Domino offeretur. Annuales etiam, confessiones, sponsalia quoque et purificationes et alia ad parochialem usum spectantia ibidem more solito celebrabuntur. Quod ne memoriam humanam effugiat aut aliqua malignitate inposterum valeat immutari, presenti scripto firmare sigilli[f] nostri voluimus[g] autoritate validare. Hoc etiam dominus Bucardus[h] archidiaconus concessit et sigilli sui munimine approbavit, anno incarnati Verbi 1186.

CCLIX. — a. clericus D. — b. Evrae D. — c. Macarii D. — d. Loriaco D. — e. capellae D. — f. et sigilli D. — g. volumus D. — h. Buccardus D.

CCLX

1186.

Arnaud, maître de l'ordre du Temple en deçà des Alpes[1]*, reconnaît par acte chirographaire un échange de cens et corvées entre la maison du Temple de Saint-Marc et le prieuré de Saint-Gervais d'Orléans, les Templiers restant redevables d'une rente annuelle de sept sous payable le jour de la fête de Sainte-Croix en mai.*

C, p. 233. — N, Bibl. nat., coll. Moreau, vol. 89, fol. 34, copie de Dom Gérou (15 janvier 1765), d'après C.

INDIQ. : Inventaire de 1567, n° 59 [2].

FraterA[rnaldus],Dei permissione magister cisalpes Templi, et ejusdem domus capitulum, omnibus ad quos litterae istae pervenerint, in Domino salutem. Noverit universitas vestra quod cum fratres nostri de Sancto Marco prioratui de Sancto Gervasio deberent annuatim III sol. VII d. et obolum de censu et quinque corveias, et idem prioratus praefatae domui nostrae de Sancto Marco deberet similiter annuatim VII d. de censu et unam corveiam, pro evitandis controversiis quae de relevationibus emergebant, pro pace inter praefatas domos firmius retinenda taliter ut hinc inde statutum et bonorum virorum consilio de partium assensu compensatum, quod fratres nostri illum censum septem denariorum et corveiam sibi debitam fratribus de Sancto Gervasio omnino quiete dimiserunt, et insuper septem solidos eisdem annuatim in festo

---

1. Le nom du maître de l'Ordre du Temple nous est fourni par deux bulles du pape Luce III, datées respectivement de 1182 et 1184 (Jaffé, *Regesta pontificum*, 2° édit., t. II, n°° 14568 et 14873).

2. Autres lectres estant en parchemin, escripte en latin en forme de chartres contenant la cession et transport de quelques censive et droictz qui appartenoient auxdits abbé et religieux, de l'an mil cent quatre vintz et six et scellées.

sanctae Crucis in maio reddent, et sic erga eos de omnibus quieti erunt, excepto quod nisi infra octavas ejusdem festi eos redderent priori vel alicui de domo loco ipsius deinceps cum emendatione legis reddere tenerentur.

Hoc autem factum est anno incarnationis M°C°LXXX°VI°, fratre Stephano de Varenella, procuratore domus Sancti Marchi, Sevino, priore Sancti Gervasii, praesentibus ex parte nostra Malberto, Sanctae Crucis canonico, Joanne de Martreio, domini regis praeposito, Odone de Bestisiaco, Nicolao Tascherio ; et de fratribus nostris Garnerio Goherio, Arnulpho Bocello, Anselmo de Bruerra, Gaufrido de Fraxino; ex parte vero prioris Sancti Gervasii, magistro Bertero, Sanctae Crucis canonico, Stephano Picam, Thoma Bertero, et Petro de Sancto Marcho, quod, ne posset in contentionem recidere sigillo nostro et chyrographo mediante volumus confirmari.

CCLXI
1186.

André, seigneur de Ramerupt, abandonne par échange à Garnier, abbé de Saint-Benoit-sur-Loire, et à A., prieur de Saint-Maur-de-Dyé, la fille d'Étienne, prévôt « de Garreseio ».

C, n° 51', p. 27.
INDIQ.: K, p. 833, d'après B, fol. 127.

Ego Andreas, Rammerudi dominus. notum facio praesentibus et futuris quod dedi benigne in excambio filiam Stephani praepositi de Garreseio G., abbati Sancti Benedicti Floriacensis, et A., priori Sancti Mauri de Diaco. Ut autem scriptum hoc ratum et firmum haberetur et ne oblivione posset deleri, sigilli mei id munimine roboravi. Hujus rei testes et laudatores extiterunt Aaliz, uxor mea, Galterius et Erardus filii mei, Elizabeth et Agnes filiae meae. Testes alii praeter istos, Garnerius, presbyter Sancti Valeriani ; Garnerius, presbyter Florini ; Iterius, senescallus meus ; Adam, praepositus Veniseii ; Popas de Sancto Valeriano ; Nicolaus Anglicanus. Actum anno ab incarnatione Domini 1186.

CCLXII

Vérone, 3 septembre 1186 ou 1187¹.

Urbain III mande aux évêques de Nevers et d'Auxerre et au chapitre d'Orléans qu'en raison d'un incendie qui a détruit les dépendances de l'abbaye de Saint-Benoit, de la foudre qui a brûlé la maison de Lorris, dépendance du même monastère, et des gelées d'automne qui ont enlevé tout espoir de récolte de raisin pendant trois ans, ils exhortent tous leurs paroissiens à contribuer à la réparation des édifices détruits et interdisent, sous peine d'excommunication, de percevoir des droits de péage sur le bois et la pierre transportés à l'usage de l'église et de ses dépendances.

K, p. 437, ex autographo.

Urbanus, episcopus servus servorum Dei, venerabilibus fratribus Nivernensi, Altisiodorensi episcopis et dilectis filiis capitulo Aurelianensi, salutem et apostolicam benedictionem. Ignorare vos loci vicinitas non permittit qualiter monasterium Floriacense voluerit Dominus incendio visitare, redactis enim officinis ejusdem monasterii in favillam sicut audivimus, domum de Lorriaco quae ad prescriptum monasterium pertinet casualis ignis, Domino permittente, consumpsit, vites praeterea jamdicti monasterii adeo brumalis intemperantia steriles reddidit, quod bonis agricolis usque ad sequens triennum vini spes nulla remansit, quanto igitur idem monasterium specialius beati Petri juris existit tanto libentius ejus necessitatibus subvenimus, et reputamus gratius si apostolicae sedis intuitu in tantis illis tribulationibus succurratur ; discretionem vestram per apostolica scripta mandamus, monemus attentius atque praecipimus quatenus parrochianos vestros ad fabricam reparandam de propriis facultatibus largiantur, sollicitis monitis

---

1. Cette bulle ne peut être que d'Urbain III, Urbain IV n'ayant jamais résidé à Vérone ; et Urbain III n'a exercé le pontificat en septembre que pendant les années 1186 et 1187.

et exhortationibus inducatis, et nuntii monasterii per vos et vestros subditos, in quibus opus habuerint, sicut officio vestro assistentes, prohibeatis, sub interminatione anathematis ne quis inligari pedagium de lignis aut lapidibus vel de rebus aliis quae ad usus ecclesiae vel domorum portabuntur audeat extorquere; si qui autem prohibitionis vestrae contemptores extiterint et admoniti noluerint quantocius resipiscere, eos, omni amore postposito, contradictione quoque et apellatione remota, excommunicationis vinculo innodetis et usque ad dignam satisfactionem sicut excommunicatos faciatis ab omnibus evitari. Datum Veronae, III nonas septembris.

CCLXIII

1187.

Étienne, comte de Sancerre, corrobore l'inféodation faite à titre personnel à Milon par Garnier, abbé de Saint-Benoit-sur-Loire, d'un fief sis à Châtillon, précédemment inféodé par l'abbé Arraud à Sevin « Viator », beau-père du dit Milon.

C, p. 348. — D, fol. 317, d'après B, fol. 161, n° 674.

INDIQ. : Inventaire de 1567, n° 214. — b, fo!. 328 v°, d'après B, fol. 161.

Ego Stephanus, comes Sacrocesariensis, notum facio omnibus qui presentes litteras viderint, quod dominus [a] Garnerius, abbas Sancti Benedicti Floriacensis, petitionibus nostris acquiescens [b], feodum quem venerabilis Arraudus, predecessor ejus, Sevino Viatori apud Castellionem ad vitam ipsius Sevini contulerat, Miloni genero Sevini concessit, ad servitium quod idem Sevinus pro feodo facere promisit. Si vero eumdem Sevinum mori vel ad religionem transferri contigerit, feodus ad monasterium Floriacen-

---

CCLXIII. — a. domnus D. — b. adquiescens D.

sem^c libere et quiete revertetur^d, ita quod nec Milo neque uxor ejus aut haeredes eorum aliquid in feodo poterunt reclamare. Quod ut inviolabiliter postmodum observetur, praesens scriptum sigilli nostri munimine roboramus^e. Actum anno incarnati Verbi 1187, regnante Philippo, Urbano summo pontifice.

CCLXIV
1187.

Hervé de Donzy, seigneur de Gien, et ses fils Guillaume et Philippe, exemptent les moines de Saint-Benoit-sur-Loire de tout péage pour les vins et grains, les bois et pierres à leur usage, passant sur ses domaines, soit par eau soit par terre, moyennant quoi ils célébreront son anniversaire ainsi que ceux de son père Geoffroy III de Donzy le 28 avril et de sa femme le 22 janvier.

C, n° 212, p. 121. — E. n° 2 1, fol. 240 v°. — K. p. 814, ex autographo. — L., p. 599, probablement d'après l'original. — T, Archives de l'Yonne, G, 1197; copie du XVIIe siècle, sans indication de source.

INDIQ. : Inventaire de 1658. p. 9, d'après l'original [1].

Omnia^a que temporaliter fiunt, temporaliter transeunt. In congruum idcirco nequaquam duximus, ut que a morsu oblivionis illesa servare^b volumus litterarum^c apicibus annotemus. Notum sit igitur^d tam presentibus quam futuris quod ego Herveus^e, Giomensis dominus^f, ad remedium

---

CCLXIII.— c. Floriacense D.— d. reverteretur D.— e. roboravimus D.

CCLXIV. — a. Quoniam CLT. — b. idesa servare omis par C — c. litteram C. — d. ergo CK. — e. Hen icus C. — f dominus omis par C.

---

1. « De l'an 1187, donation par Hervé, chevalier, seigneur du château de Gien, au profit du monastere de St-Benoit de Flory, du droit de péage et tribut qu'il avoit accoutumé de prendre tant par eau que par terre sur les vins et autres choses passanz sur ses terres qui appartenoient audit monastere, la dite est en bonne forme au rang de sa date parmy les chartes royales » Liasse I, n° 17.

anime*g* mee dono*h* in perpetuum monachis Sancti Benedicti totum pedagium quod accipere solebam de vino et annona et universis aliis rebus suis per terram seu per*i* aquam ad usum eorum deferendis. Preter hec*j* concedo eis pedagium de lignis et lapidibus undecumque transferendis vel deferendis ad usum ecclesie et omnium domorum suarum pertinentibus per terram sive per aquam*k*. Pro hac itaque donatione susceperunt me monachi in missis*l* et*m* vigiliis et orationibus eorum, et inde concesserunt se facturos anniversarium meum post mortem meam et anniversarium patris mei Gofredi*n* de Donzeio, quod est III kalendas maii, et anniversarium uxoris mee, quod est XI° kalendas*p* februarii. Hoc concessit Guillelmus primogenitus meus et Philippus et alii heredes mei. Hujus rei sunt testes, ex parte mea, Gaufredus*q* de Dongione, Hugo frater ejus*r*, Ferricus Fuldrabricrius de Altrico*s*, Robertus de Aceio*t* Andreas Girbertus*u*, Stephanus de Boniaco, Nicolaus Baudris, Hugo de Altrico, Andreas Sanachol*v*, Andreas Grand*x*, Stephanus Paillardus*y*. Factum est hoc regnante Philippo rege Francorum, anno ab incarnatione Domini millesimo centesimo*z* octogesimo septimo.

CCLXV
1189-1210.

Geoffroy, abbé de Marmoutier, autorise le mariage des hommes et des femmes dépendant de cette abbaye avec les

---

CCLXIV. — *g*. ob anime mee remedium *C*.— *h*. do *CET*.— *i*. per omis *par C*. — *j*. hoc *K*. — *k*. seu aquam *E*. — *l*. missis aissé en blanc par *CE*. — *m*. in *E*. — *n*. Gaufridi, *CET*, Gaufredi *L*. — *o* Dongione *E*. — *p*. in calendas *C*, in sexto calendas *E*. — *q*. Effredus *CLT*, Gofredus *E*. — *r*. ejusdem *L*. — *s*. Ferricus Fulbrienus de Altrico *C*, Fuldibriensis de Altrico *E*, Ferricus Fuldra, Briceius de Atrico *K*. — *t*. Ateio *E*. — *u*. Grebertus *L*. — *v*. Andreas Chol *CEK*. — *x*. Andræas Goaud *CET*. — *y* Puillardus *E*. — *z*. centesimo o *ms par CE*.

---

1. Aucun Geoffroi ne figure dans l'obituaire de Saint-Benoit rédigé au XVe siècle, au 28 avril; et aucun nom de femme n'est porté dans ce même obituaire au 22 janvier.
L'obituaire du XIIIe siècle n'est plus représenté que par des extraits trop courts pour qu'on y puisse vérifier l'inscription de ces deux anniversaires (voy. *Recueil des Historiens de la France*, Obituaires, t. III, diocèse d'Orléans, p. 149.

hommes et les femmes dépendant de l'abbaye de Saint-Benoit-sur-Loire, sous condition que les deux abbayes auront par moitié droit sur les enfants nés de ces mariages et sur les biens de ceux qui les auront contractés.

C, n° 406, p. 228. — M, Bibl. nat., ms. latin 12775, p. 125.
INDIQ. : K, p. 90, d'après B, fol. 108 v°.

Frater Gaufridus, Dei gratia Majoris Monasterii humilis minister, et totus ejusdem ecclesiae conventus, universis qui praesens criptum viderint vel audierint, salutem. Noverit universitas vestra quod nos concessimus monachis Sancti Benedicti Floriacensis ut homines nostri et homines eorum, filios et filias suas, invicem matrimonio jungant[a], ita tamen quod medietas eorum qui ex ipsis nati fuerint aequali portione[b] nobis cedat tam in pecunia[c] quam in caducis et in omnibus aliis rebus, si forte evenerint.

CCLXVI

1190.

Garnier, abbé de Saint-Benoit-sur-Loire, reconnaît la fondation d'anniversaire faite par Pierre, chapelain de Saint-Aignan, moyennant une rente de douze sous que Eudes, sergent de l'abbaye à Saint-Aignan, et son frère Jean, s'engagent à payer pour une tenure que ledit Pierre leur a donnée.

C, p. 92. — E, n° 132, fol. 178. — L, p. 600, d'après B, fol. 42. — N, Bibl. nat., coll. Moreau, vol. 92, fo .89; copie de dom Gérou, du 15 janvier 1765, d'après C.
INDIQ. : C, fol. 324, d'après B, fol. 42. — K, p. 441, d'après B, fol. 42.

Ego Garnerius, Dei gratia abbas Sancti Benedicti Floriacensis, et ecclesiae nostrae totus conventus. notum facimus universis tam praesentibus quam futuris quod dilectus et

---

CCLXV. — a. jungantur C. — b. aequali partitione C. — c. peomina C.

1. Il n'est pas possible de déterminer la date de ce document d'une façon plus précise : les dates indiquées sont celles de l'abbatiat de Geoffroi I.

familiaris amicus*a* noster Petrus, capellanus de Sancto Aniano, ob devotionem et amorem quem habebat erga nos, dedit nobis singulis annis duodecim solidos in anniversario quod*b* annuatim celebrabimus in procuratione conventus et trium pauperum expendendos. Quoniam autem prior circa negotia domus majorem habet sollicitudinem, ipsi denarii in manu prioris venient et per manum prioris in usum*c* conventus expendentur, ipsos autem duodecim solidos Odo serviens noster de Sancto Aniano et frater ejus Joannes*d* de tenemento quod eis capellanus tradidit, et de suo proprio tenemento, exceptis aliis omnibus consuetudinibus praeter censum qui prioris est de Sancto Aniano, sine difficultate se solvere septem diebus ante anniversarium fide data concesserunt, pro hoc autem beneficio audito obitu capellani. Unusquisque sacerdotum duas missas cantabit, caeteri vero inferioris ordinis unum psalterium, conversi vero tercenties orationem dominicam dicent. Hujus rei testes sunt, ex parte nostra, Artaudus prior, Arnulphus supprior, Willelmus armarius, Arnaldus prior de Regula, Willemus tertius in ordine; ex parte capellani, Bartholomaeus capellanus de Poly, Fulco pelliparius, Rusellus de Sancto Aniano ; ex parte Odonis, Bartholomaeus capellanus de Sancto Clemente, Joannes capellanus de Sancto Florentio, Martinus et Johannes fratres ipsius Odonis. Hoc autem ut firmius teneretur, praesentem cartam per chirographum partitam, cujus unam partem ipsi Odoni reservandam tradidimus et alteram nobis retinuimus, sigillorum nostrorum munimine fecimus roborari. Actum anno incarnati Verbi 1190.

CCLXVII.

1190, juin.

Philippe Auguste abandonne trois setiers d'avoine qu'il

CCLXVI. — *a.* amicus *omis par E.* — *b.* ejus quod *E*. — *c.* usu *E.* — *d.* Joannes *omis par L.* — *e.* Subprior *E.* — *f.* Rossellus *E*, Rasellus *L*.

percevait sur deux arpents de terre sis à Sonchamp et acquis pour établir le cimetière et le jardin de l'église du dit lieu.

C, p. 161. — D, fol. 57 v°, d'après B, fol. 69 v°, n° 272. — E, fol. 309 v°.

INDIQ. : L. Delisle, *Catalogue des actes de Philippe Auguste*, n° 303.

PUBL. : H.-François Delaborde, *Recueil des actes de Philippe Auguste*, t. I, p. 427.

In nomine sancte et individue Trinitatis, amen. Philippus, Dei gratia Francorum rex. Noverint universi ad quos littere iste pervenerint quod tres sextarios avene quos de duobus arpennis terre sitis apud Suncampum*a* annuatim solemus percipere, qui empti sunt ad faciendum cimeterium*b* et hortum ad opus ecclesie ejusdem ville, ob salutem et remedium anime patris nostri et matris nostre*c* et predecessorum nostrorum, prefate ecclesie in perpetuum quittamus. Et ut ratum permaneat, presentem paginam sigillo nostro corroborari fecimus. Actum anno ab incarnatione Domini millesimo centesimo nonagesimo, mense junio.

CCLXVIII.

1191.

A[lice], dame d'Issoudun, et Eudes [de Déols], son mari, accordent à l'église Saint-Pierre de Châteauneuf-sur-Cher une foire de trois jours commençant le dimanche qui précède l'Ascension.

C, n° 600, p. 325.

Ego A., domina Exoldunensis, notum fieri volo presentibus et futuris quod O[do], dominus Exoldunensis vir meus, et ego, dedimus et concessimus ecclesie Sancti Petri de Castro novo et monachis ibidem Deo servientibus nundinas tribus diebus continuandas die dominica ante Ascensionem Domini cum omni jure et dominio quod in

---

CCLXVII. — a. Summumcampum D ; Sumcampum E. — b. cimiterium C. ; cymeterium E. — c. matris nostre *omis par DE*.

ipsis nundinis habere poteramus in perpetuum possidendas. Si vero aliquis in jamdictis nundinis latrocinium vel homicidium perpetraverit in curia Sancti Petri judicabitur et post judicium... suspendi debeat, preposito domini Exoldunensis tradetur. Omnes enim qui ad sepedictas nundinas venerint securi veniant et nisi in predictis nundinis forisfactum fecerint unde debeant impediri. Quod ut ratum et inconcussum premaneat, sigilli mei autoritate confirmavi. Hujus donationis testes sunt Raymundus de Castro novo et filii ejus, Gaufridus de Ben[egonio], Stephanus de Morlac et fratres ejus, Ebo de Verdie, Raymundus de Trigoil et fratres ejus, Odo de Bonés, Villelmus de Parrigniaco, magister Rogerus capellanus Sancti Petri, magister Petrus ejusdem ecclesie conca[no]nicus, Bartholomeus Fulcheri capellanus meus, A., clericus meus, qui hanc cedulam notavit, Josbertus Gois, Girardus, servientes. Actum est hoc anno incarnati verbi 1191.

CCLXIX

1191, juin.

Philippe Auguste confirme le don fait à l'abbaye de Saint-Benoît-sur-Loire par Adam Brun, de Sully, croisé, avec la garantie de son frère Arnoul, de biens sis à Saint-Martin-d'Ars, qu'il avait achetés à sa sœur Mathilde.

C, n° 431, p. 241. — L, 1°, p. 231, d'après B, fol. 111 ; 2° page 559, d'après B, fol. 111.

Indiq. : K, p. 448, sans indication de source.

Publ. : H.-François Delaborde, *Recueil des actes de Philippe Auguste*, t. I, p. 472.

In nomine sancte et individue Trinitatis, amen. Philippus, Dei gratia Francorum rex[a]. Noverint universi presentes pariter et futuri quod Adam Breun[b], frater[c] Arnulfi Brun de Soliaco, Hierosolimam[d] profecturus, ob remedium ani-

---

CCLXIX. — *a.* Franciæ rex C. — *b.* Adam Brevii K; Bremi L. — *c.* filius C. — *d.* Arnulphi Bremi Ierosolymam L.

me sue et ut ei Dominus viam ejus in salutis sue prosperitate disponeret, monasterio beati Benedicti Floriacensis in eleemosinam dedit in perpetuum totam terram et omnes redditus quos Mathildis*e*, soror sua, in mariagio possederat apud Sanctum Martinum de Ars*f*, que omnia idem Adam ab eadem sorore sua emerat. Ut autem hec eleemosina esset stabilis, predictus Adam Breun*g* et Arnulfus frater ejus eam se jure conservare et garentire fide et sacramento firmaverunt. Hoc autem factum est in presentia prepositorum Lorriaci et juratorum ejusdem ville. Quod ut ratum et inconcussum permaneret, sigilli nostri autoritate confirmatur, astantibus Andrea, camerario nostro, et Nicolao, vice notario, et Athone de Gravia, et Balduino Brunello. Actum anno incarnati Verbi 1191, mense junio.

CCLXX

Lorris, décembre 1191-4 avril 1192.

Philippe Auguste confirme, en faveur de l'abbé Garnier, un diplôme octroyé par son grand-père Louis VI[1], en vue de remédier à la mauvaise administration du monastère, notamment à la vente d'églises et aux abus de pouvoir du maire et de son frère Payen.

C, p. 196. — E. fol. 376.

INDIQ. : b. fol. 26 v°, d'après B [fol. 86]. — K, p. 448. — L, p. 232, d'après B, fol. 86 v°. — L. Delisle. *Catalogue des actes de Philippe Auguste*, n° 348, d'après b.

PUBL. : H.-François Delaborde. *Recueil des actes de Philippe Auguste*, t. I, p. 484.

In nomine sancte et individue Trinitatis. Philippus, Dei gratia Francorum rex. Noverint universi presentes pariter et futuri quod Garnerius, amicus et fidelis noster abbas Sancti Benedicti Floriacensis, a nobis postulavit quod ei confirmaremus ea que in quodam privilegio habe-

---

CCLXIX. — *e.* Maltildis *L.* = *f.* Airs L 2. — *g.* Adam Bremi *L.* — *h.* Athene de Grania *L.* — *i.* mense junio *omis par L.*

---

1. Voy. le texte de ce diplôme (1109), *supra*, t. I, p. 264, n° CVI.

bantur, collato[a] ecclesie beati Benedicti ab illustrissimo[b] avo nostro pie recordationis rege quondam Ludovico. Nos autem, pro utilitate ecclesie et avitis vestigiis inherentes, dignum duximus litteris mandare ea que in privilegio continebantur ; in primis consilio optimatum suorum decrevit et regali precepto confirmavit quatenus tres ecclesias parrochiales quas quidam clericus, Ansellus nomine, emerat et simoniace tenebat, abbas acciperet et pro jure Sancti Benedicti eas possideret. Exegit preterea a fratre majoris Pagano quatenus prata et census[c] vinearum et captionem vini domino suo abbati cum feodio familie redderet[d] et hoc regali precepto inseruit. Exegit quoque a majore ut asinos a molendinis suis removeret[e], qui annonas ad molendina monachorum deferre debebant, quos cogebat annonam ad molendina sua deferre servientes etiam et majores, exterarum[f] villarum quos idem major fide et hominio sibi subjugabat a vinculo fidei et hominii liberos perpetualiter dimitteret, et ut abbati et monachis, sicut dominis suis fideliter per omnia deserviret. Precepit etiam regia autoritate ut annonam videlicet pro mestivis quas quidam abbates quibusdam hominibus ejusdem loci pro feodo distribuerant, et nummos pro solidatis et festivitatum consuetudines necnon et census domorum et vinearum cum captione[g] vini et cetera omnia que absque consilio capituli et regio assensu data aut venundata erant, ad usus ecclesie sue retorqueret, et hoc prohibuit ne ulterius ipse vel posteri sui abbates tales solidarios habeant aut instituant[h]. Voluit etiam predictus avus noster notum[i] fieri, quia majorem et fratrem ejus cum tota prole matris eorum sui juris esse proclamabat; pro amore autem Dei et pro anima patris sui proavi nostri, eos ab ipsa proclamatione et calumpnia absolutos Sancto Benedicto et ipsius monachis concessit habendos, retenta tantummodo majoris filia quam etiam continuo manumisit, tali videlicet

---

CCLXX. — a. collatio E. — b. a beatissimo C. — c. censum E. — d. reddet E. — e. amoveret E. — f. ceterarum E. — g. cum acceptione E. — h. constituant édit. Delaborde. — i. notum omis par E.

tenore ut si majoris filius^j absque legitimo herede mortuus esset et^k predicta filia majoris in majoratu patris jure hereditario redire vellet, cum suo marito, lege patris sui eam Sanctus Benedictus possideret. Universa autem predicta nos ad imitationem avi confirmamus et abbati et successoribus suis precipimus^l ut ea firma et illibata custodiant. Preterea precipimus ad majorem domus utilitatem quod si servientes qui census Sancti Benedicti apud Sanctum Benedictum recipiunt infra octo dies post receptionem abbati aut ministerialibus ejus census non reddiderint, ballivas suas amittant. Que omnia ut perpetuam obtineant firmitatem^m, sigilli nostri autoritate et regii nominis caractere inferius annotato presentem paginam munire precepimus. Actum Lorriaci, anno incarnati Verbi 1191^n, regni nostri anno 13°, astantibus in palatio nostro quorum nomina supposita sunt et signa. Dapifero nullo. S. Guidonis buticularii. S. Matthaei^o camerarii. Constabulario nullo. Data vacante (*monogramme*^{p}) cancellaria.

CCLXXI

1192[1].

Guy, archevêque de Sens, règle les allocations auxquelles sont tenus les moines de Saint-Benoit-sur-Loire à l'égard du curé de Villiers-Saint-Benoit.

C, n° 454, p. 249, collationné d'après l'origi al. — D, fol. 522, d'après B. fol 112 v°, n° 465. — L. p. 435, d'après le même texte.

Guido^a, Dei gratia Senonensis archiepiscopus, omnibus ad quos littere presentes pervenerint in Domino salutem. Notum fieri volumus quod quicumque presbyter fuerit ecclesie de Vilers^b Sancti Benedicti per monachos Sancti

---

CLXX. — *j*. illius majoris *E*. — *k*. et *omis par E*. — *l*. precepimus *E*. — *m*. stabilitatem *E*. — *n*. les chiffres en toutes lettres *E*. — *o*. Mathei *E*. — *p*. e monogramme *omis par E*.

CCLXXI — *a*. G. *CD*. — *b*. Villiers *L*, Villiers *D*.

---

1. Nous adoptons la date 1192, mais la date 1182 serait également acceptable, Guy de Noyers ayant occupé le siège épiscopal de Sens de 1176 à décembre 1193.

Benedicti Floriacensis debet eligi, et nobis aut successoribus nostris presentari, dabuntque monachi presbytero, singulis annis, de messione decem et octo sextarios annone, quatuor sextarios et dimidium frumenti, quatuor et dimidium siliginis et tamtumdem ordei, et tantumdem avene, et reddetur messio ista presbytero annuatim usque ad octabas sancti Andree ; reliquum vero beneficium ecclesie inter monachos et presbyterum equaliter dividetur, ita quod monachi medietatem unam inde habebunt per omnia, et presbyter alteram habebit. Preterea presbyter unum arpentum[c] prati et quatuor arpentos[d] terre arabilis et unam aream sine censu in qua domus sua edificabitur. In cujus rei testimonium presentem cartam[e] notari fecimus et sigilli nostri impressione muniri. Datum per manum magistri Petri cancellarii nostri, anno incarnati verbi millesimo centesimo nonagesimo[f] secundo.

CCLXXII
Vers 1195.

Guillaume, abbé de Notre-Dame de Blois (Bourgmoyen), notifie l'accord intervenu entre lui et l'église de Saint-Benoit-sur-Loire, relatif à la liberté de mariage entre les hommes et femmes des deux abbayes, celles-ci se réservant chacune la moitié des enfants à naître de ces mariages et des biens de ceux qui les auront contractés.

C, n° 188, p. 111. — E, fol. 220. — M, Bibl. nat., ms. latin 12775, p. 142.

INDIQ. : K, p. 90, d'après B, fol. 49.

Guillelmus, Sancte Marie abbas et conventus Blesensis[a], omnibus ad quos presentes littere[b] pervenerint, salutem in Domino. Noverit universitas vestra quod inter nos et ec-

---

CCLXXI. — c. arpennum L. — d. arpennos L. — e. chartam L. — f. octuagesimo D.

CCLXXII. — a. sancte Marie Blesensis abbas M. — b. littere presentes E.

1. Guillaume, abbé de Bourgmoyen, est cité en 1196 dans la *Gallia christiana*, t. VIII, p. 390. Les dates extrêmes de son abbatiat sont inconnues.

clesiam Sancti Benedicti Floriacensis hujusmodi intercessit*c* conditio, quod viri et mulieres nostri et illi qui predicte videntur esse ecclesie, ubicunque manserint, quod eis antea non licuit liberam*d* inter se contrahendi matrimonii*e*, habebunt deinceps potestatem ita videlicet quod in liberis qui ex eis procreati fuerint et in eorum possessionibus et pecuniis medietatem habebimus.

CCLXXIII

Châteauneuf-sur-Loire, 1196.

Philippe Auguste notifie à tous prévôts, sergents et baillis, que l'abbaye de Saint-Benoit-sur-Loire est placée sous la sauvegarde royale.

C. n° 437, p. 242. — *L.* p. 232, d'après *B*, fol. 111 v°. — *N*, Bibl. nat. coll. Moreau, vol. 97, fol. 112, copie de Dom Gérou, du 15 janvier 1765 d'apres *C*.

INDIQ. : L. Delisle, *Catalogue des actes de Philippe Auguse*, n° 492, d'apres *N*.

Ph[ilippus], Dei gratia Francorum rex, omnibus prepositis, servientibus et ballivis*a* suis ad quos presentes littere*b* pervenerint, salutem. Noveritis ecclesiam Sancti*c* Benedicti super Ligerim cum universis ad eam spectantibus in nostra esse protectione atque custodia. Proinde vobis mandamus et precipimus quatenus si quis in damnum illius ecclesie seu rerum ad eam spectantium aliquid temerarie vel violenter presumpserit et ab abbate vel aliquo vice ipsius de justitia requisiti fueritis, quotiescunque justitia indignerint, justitiam eis plenariam et absque dilatione exhibeatis, circa quod si negligentes*d* existeritis, nos a vobis inde requisituros emendationem noveritis. Actum apud Castrum Novum super Ligerim, anno ab incarnatione Domini millesimo centesimo nonagesimo sexto.

CCLXXII. — c. interesset *M*. — d. liberam hab*ant *M*. — e. matrimonium *E*.

CCLXXIII. — a. bailllivis *C*. — b. littere presentes *L*. — c. beati *L*. — d. negligenter *C*.

CCLXXIV

1197, mai.

Guillaume, comte de Sancerre, confirme un accord intervenu en présence et sur la médiation de son oncle Guillaume archevêque de Reims, entre l'abbé de Saint-Benoit-sur-Loire et Geoffroy Ernaud, au sujet du bois de Mimérand.

ORIGINAL parchemin, lacs de soie rose [1], le sceau manque. Archives du Loiret, H 48.

C, n° 66', p. 356. — D, fol. 317 v°, d'après B, fol. 161 r°, n° 675. — a, p. 805, d'après l'original. — L, p. 436, d'après B, fol. 161.

INDIQ. : b, fol. 328 v°, d'après B, fol. 161.

Ego Willelmus, comes Sacricesaris, notum facio omnibus ad quos littere iste pervenerint quod, cum inter abbatem monasteriumque beati Benedicti super Ligerim et Gaufridum Ernaudi super nemore quodam quod Mesmerant dicitur, et quibusdam terragiis, hospitibus et aliis rebus querela verteretur, tandem, presente patruo meo W., Remensi archiepiscopo et mediante, et de assensu partium que in ipsum compromiserant, arbitrium proferente, terminata fuit et pacificata per ipsum, ita quod predictus Gauridus et Elizabez uxor sua fratresque sui Petrus et Willelmus, clerici, et Johannes, laicus, totam querelam predictis abbati et monasterio quitam clamaverunt, et universa super quibus querela vertebatur eidem monasterio libera dimiserunt, quiete et pacifice perpetuo possidenda. Idem vero Gaufridus fide data promisit quod ab aliis heredibus hoc laudari faceret et bonam jamdictis abbati et monasterio garandiam portaret, et ei date sunt pro bono pacis sexaginta libre Giem[ensium] de bonis monasterii predicti. Ego etiam ad ejusdem Gaufridi requisitionem laudavi et manucepi hec omnia firmiter observanda. Et in eorum confirmationem et testimonium presentes litteras scribi et sigilli mei feci munimine roborari. Actum anno incarnationis Domini millesimo centesimo nonagesimo septimo, mense maio.

---

1. Au dos : « Carta de Mermarant » (XIII° siècle). — C'est aujourd'hui Mimérand, comm. de Cernoy, cant. de Châtillon-sur-Loire.

CCLXXV
1197, mai.

Guillaume de Champagne, archevêque de Reims, légat du Saint-Siège, confirme le précédent accord intervenu sous sa médiation et avec l'approbation de son neveu Guillaume, comte de Sancerre, entre l'abbé de Saint-Benoit-sur-Loire et Geoffroy Ernaud, au sujet du bois de Miméranu.

C, n° 670, p. 357. — D. fol. 318 v°, d'apres B, fol. 161 v°, n° 676.

INDIQ. : b, fol. 328 v°, d'apres B, fol. 161. — L, p. 436, d apres B, fol. 161.

Willelmus[a], Dei gratia Remensis[b] archiepiscopus, Sancte Romane ecclesie titulo Sancte Sabine[c] cardinalis, sedis apostolice legatus, omnibus ad quos littere iste pervenerint, in Domino salutem. Noverit universitas vestra quod cum inter abbatem, *etc. ut supra in carta* n° CCLXXIV *usque ad* tandem presentibus nobis et mediantibus et de assensu partium que in nos compromiserant arbitrium proferentibus terminata fuit et pacificata per nos ita quod, *etc. ut supra in carta* n° CCLXXIV *usque ad* roborari. Karissimus quoque nepos noster[d] Willelmus[e] comes Sacri Cesaris hoc laudavit et suis patentibus litteris confirmavit. Actum[f] anno incarnationis Domini millesimo centesimo nonagesimo septimo[g], mense maio. Data per manum Mathei[h] cancellarii nostri.

CCLXXVI
1197.

Garnier, abbé, et le couvent de Saint-Benoit-sur-Loire concluent, par l'entremise de l'évêque d'Orléans, un accord avec les frères de l'aumônerie de Sainte-Croix d'Orléans en vertu duquel les dits frères resteront en possession de leurs censives de Fleury, à charge de payer annuellement au prieur de Saint-Gervais, le jour de Saint André, dix sous pour les dîmes et coutumes des jardins et douze deniers de cens, et, en outre, quatre deniers de cens pour un arpent sis près la terre de Renaud des Prés ; les moines de Saint-Benoit

---

CCLXXV. — a. Willermus D. — b. Rhemensis C. — c. titulo Saucte Sabine *omis par* D. — d. meus C. — e. Willermus D. — f Data etc. D Actum etc. C. — g. 1297 C. — h Matthaei C.

ou leur prieur de Saint-Gervais conservant la justice et la perception des dîmes sur les terres arables.

ORIGINAL, parchemin scellé de deux sceaux [1]. Archives de l'Hôtel-Dieu d'Orléans, *B* 15.
PUBL. : Ch. Cuissard. *Les chartes originales de l'ancien Hôtel-Dieu d'Orléans*, dans *Mémoires de la Société archéologique et historique de l'Orléanais*, t. XXVIII (1901), p. 28v, n° 17, d'après l'original.

Garnerius, Dei gratia humilis abbas Sancti Benedicti Floriacensis, et totus ejusdem ecclesie conventus, omnibus ad quos littere iste pervenient, in Domino salutem. Ut in nostris gesta temporibus robur perpetue stabilitatis obtineant et memoriam nasciture posteritatis attingant, consilio maturiore provisum est res gestas sollempniter sigillatis apicibus perhennire. Eapropter ad universitatis vestre notitiam volumus pervenire quod, cum eleemosinam Sancte Crucis de possessionibus suis, quas apud villam nostram que Floriacum dicitur, tenet, nos et priores nostri de Sancto Gervasio traheremus in causam et eadem questio morosius disceptata diutius perdurasset, tandem, venerabilis viri domini H., Aurelianensis episcopi, mediante consilio, que propter hoc nobis preces satis affectuosas porrexit, concessimus ut eleemosinaria domus quidquid apud Floriacum tempore hujus transactionis et pacis censualiter habebat, in tranquillitate et pacis hujus integritate detineat et decem solidos omni anno in festo sancti Andree pro decimis quibuslibet hortulorum et omni alia consuetudine vel exactione priori nostro de Sancto Gervasio solvat et simili modo ad eumdem terminum duodecim denarios pro censu, quibus ab eleemosina persolutis, nos vel priores nostri, salva tamen justitia nostra, exceptis de fratribus et conversis predicte domus, nihil unquam poterimus a domo predicta requirere Concessimus insuper ut arpentum situm juxta terram Rainaldi de Pratis censualiter pacifice teneant, quatuor denarios annuatim pro arpento illo persolventes necnon in terris arabilibus decimas percipiemus annuatim. Quod ne oblivione vel malignitate mutetur, scripti et sigillorum nostrorum patrocinio necessarium duximus confirmare. Actum anno gratie MCXCVII.

---

1. Au dos : « Littere de Parvo Floriaco ».

CCLXXVII

1198.

Accord entre Acion, chanoine d'Auxerre, et Garnier, abbé de Saint-Benoit, au sujet du droit de présentation à l'église de Villiers-Saint-Benoit.

C, n° 455, p. 249. — D, fol. 523, d'après B, fol. 113, n° 466. — L, p. 4 8, d'après B, fo . 113.

Manasses, Senonensis archidiaconus, omnibus ad quos litterae istae[a] pervenerint, in Domino salutem. Universis palam esse volumus quod cum inter venerabilem G[b], abbatem Sancti Benedicti Floriacensis, et Acionem Autissiodorensem[c] canonicum, tam super presentatione ecclesie de Villari quam super pensione, quam idem Acio in prescripta ecclesia requirebat, coram venerabili domino Senonensi [archiepiscopo] et nobis[d] questio verteretur, ita demum inter ipsos compositio intercessit, quod vacante ecclesia jam dictus Acio personam quam elegerit presentabit abbati, et per manum ipsius domino Senonensi erit eadem persona presentata. Ad hec, memoratus Acio ab eo qui ecclesiam obtinebit pensionem decem librarum pruvinensis[e] monete, comite vita[f], percipiet, unde[g] quinquaginta solidi in festo omnium sanctorum, in Purificatione Beate Marie quinquaginta, in Ascensione Domini quinquaginta, in Assumptione Beate Marie[h] Virginis quinquaginta solventur. Statutum etiam fuit quod, sepedicto Acione sublato de medio, prescripta ecclesia ab illa prorsus pensione remanebit libera et immunis, et jus presentandi ad abbatem et monasterium Floriacense libere revertetur. Actum anno ab incarnatione Domini MCLXXXXVIII[i].

CCLXXVII. — a. litterae presentes *LD*. — b. Garnerium *L*. — c. Autissiodorensis *D*. — d. Senonensi Michaele et nobis *LD*. — e. pruvinensis omis par *D*. — f. comite vita omis par *D*. — g. unde omis par *D*. — h. Mariæ omis par *D*. — i. a date en toutes lettres *LD*

CCLXXVIII

1198¹, après septembre.

Giraud, vicomte de Brosse, fils d'Agathe de Prullet, abandonne aux moines de Saint-Benoit-du-Sault, entre les mains de Hugues, abbé de Saint-Martial de Limoges et précédemment prévôt du Sault, les hommes et femmes qui s'établiront, d'où qu'ils viennent, sur la terre de Saint-Benoit, même en dehors du bourg.

C, n° 329, p. 194. — E, fol. 571. — M. Bibl. nat., ms. latin 12775, p. 143 (ex cartulario Floriacensi). — Z. Archives de l'Indre, H 101°, vidimus de l'official d'Orléans du 22 février 1280.

Auctoritate veterum inolevit consuetudo ut que concorditer fiunt tenaci litterarum memorie tradantur. Eapropter, posterorum memorie tradimus quod Giraudus, vicecomes Brucie, filius domne Agathe de Prullet[a], donavit, quittavit[b] et concessit Deo et beate Marie et reverendo[c] beato patri Benedicto monachisque Salensibus in perpetuum possidendum, sine querela, pro anima patris sui et matris[f] et aliorum parentum suorum[g] tam vivorum quam mortuorum, omnes homines ac mulieres advenientes ubicumque in terram Sancti Benedicti, extra vicum Sancti Benedicti, de quacumque terra advenerint, sive de Mangnac vel de Mangnazeis, vel de Tremulia et de Tremuleis, sive de Brider et de Bridareis, vel de Largisa et de Guirseis, sive de Gargelesse et de Gargelesseis, de Duno et[i] de Duneis, de Anallac et de Analazeis[j], vel de quacunque alia terra advenientes habitaverint in terra Sancti Benedicti, extra vicum Sancti Benedicti, salvis aliis consuetudinibus vicecomitis Brucie[e].

CCLXXVIII. — a. Prullei M. — b. quittavit omis par CM. — c. et concessit omis par M. — d. et omis par C. — e. reverendo omis par CE. — f. et matris omis par M. — g. à partir de ce mot, résumé de la charte jusqu'à salvis consuetudinibus M. — h. Lagirsa EZ. — i. et omis par Z. — j. Anallezeis EZ.

1. Hugues, prévôt du Sault, est devenu abbé de Saint-Martial en septembre 1198 et est mort en 1213 (Charles de Lasteyrie, *L'abbaye de Saint Martial de Limoges*, p. 113 et 119). La concession du vicomte de Brosse date du temps où il était encore prévôt du Sault, mais l'acte dressé en conséquence n'a été rédigé qu'après son élévation à l'abbatiat.

2. Les localités visées dans cet acte sont : Magnac (Creuse); La Trémouille (Vienne) ; Bridier (Creuse) ; Gargilesse (Indre); Dun le Palleteau (Creuse) ; Naillat (Creuse).

Hoc autem factum est in manu Hugonis, abbatis beati Martialis Lemovicensis, tunc preposili Salensis, videntibus et audientibus Bosone Folii, Helia Folii, Villelmo[k] Brachet, Helia Cardonis[l], Villelmo de Pennavaria[m], Gaufredo de Oratorio, Oleverio[n] de Noallac[o], Bernardo Bohart[p], Petro de Melloi[q], Guidone de Challac[r], Giraudo de Brueuil, G. Sanner[s] et servientibus Sancti Benedicti, Berengario, Benedicto Galabruni, Stephano Galabruni, Gaufredo Porcelli, Stephano Boet, Villelmo[u] monacho, Petro Legat[v], monacho, Raimundo cellerario, monacho, Petro, capellano Sancti Benedicti. Si quis[x] hoc violare presumpserit, in gehenne incendiis cum angelis diaboli penas eternas patiatur[y].

CCLXXIX
1199, octobre.

Pierre, comte de Nevers, promet à Guillaume, prieur de Dyé, de n'exercer aucun droit de procuration sur son prieuré pendant deux ans.

C, p. 280.

INDIQ.: *b*, fol. 327, d'après *B* [fol.128]. — *K*, p. 433, d'après *B*, fol. 128. — *M*. Bibl. nat., ms. latin 12775, p. 140.

Petrus, comes Nivernensis, omnibus qui praesentes litteras viderint salutem. Noverit vestra universitas quod nos concessimus dilecto nostro Villelmo, priori de Diaco, quod infra duos annos nullam procurationem capiemus in prioratu suo, neque nos neque successores nostri similiter; volumus enim ut prioratus qui multum gravatur possit alleviari a debitis. Ad haec volumus vos scire quod in villa vel prioratu de Diaco nullam habemus gistam de consuetudine. Actum anno incarnationis Domini M°CL°XXXX°IX°, mense octobri.

CCLXXVIII. — *k*, Vallmo *E*. Wilelmo *Z*. — *l*. Helyas Audoin *M*. — *m*. Panuavaria *Z*. — *n*. Ouverio *M*. — *o*. Noa lat *E*. — *p*. Bochard *Z*. Bernardo Bohart *omis par E qui laisse un blanc*. — *q*. Melloi *MZ*. — *r*. Chauiat *E*. Chaalac *MZ* — *s* G Sanner *omis par E qui laisse un blanc*. — *t*. Gale *E*. — *u*. Vulmo *E*. Willelmo *Z*. — *v*. Beat *Z*. — *x*. Si quis vero *Z*. — *y*. *la fin manque depuis Brueuil N.*

CCLXXX

1199.

Accord conclu en présence de Hugues, évêque d'Orléans, Garnier, abbé de Saint-Benoit-sur-Loire, et Adam, archidiacre, entre Robert, prieur, et Girard, curé de Vitry-aux-Loges, au sujet des revenus de l'église du dit lieu.

C, n° 616, p. 331. — *D*, fol. 276 v°, d'après B, fol. 153, n° 642.

INDIQ. : *K*, p. 442, d après *B*, fol. 153. — *L*, p. 439; d'après *B*, fol. 153.

Hugo, Dei gratia Aurelianensis episcopus, G., Sancti Benedicti abbas totusque ejusdem monasterii conventus, Adam, archidiaconus, omnibus ad quos praesentes litterae pervenerint in Domino salutem. Universitati vestrae notum fieri volumus quod cum inter Robertum, priorem de Vitriaco, et Girardum, presbyterum[a] ejusdem loci, super oblationibus, minutis decimis necnon et proventibus ecclesiae de Vitriaco frequens questio verteretur, tandem nter eos nobis mediantibus, sic amicabiliter est transactum. Statutum siquidem est et pro bono pacis de assensu utriusque partis, nobis consentientibus, est unanimiter in perpetuum confirmatum quod quidquid deinceps ex altare[b] sive occasione altaris ecclesiae de Vitriaco tam intra ecclesiam quam extra, tam ex ecclesia quam pro ecclesia provenerit de oblationibus vivorum, mortuorum tricenariis, annualibus, legatis, purificationibus, visitationibus, confessionibus, candelis, pane, vino et omnibus aliis rebus quocunque modo provenerint tam publice quam privatim in aequum participium deveniet, sed et minutae decimae et decima vini totius parochiae deinceps communes erunt quae secundum provisionem prioris et presbyteri per ipsos vel eorum custodes sibi adinvicem fidelitatem facientes vel per unicum si maluerint custodem collectae et coadunatae in loco pro eorum voluntate assignato aequaliter dividentur nec alter[e] altero inrequisito et contradicente praedictas decimas ad modiationem dare poterit. Statutum est etiam ut quoties[d]

CCLXXX. — *a.* priorem *D.* — *b.* altari *D.* — *c.* alite· *D.* — *d.* quotiens *D.*

mortuus in ecclesia de Vitriaco fuerit, statim ipso humato sacerdos et prior in ecclesia de Vitriaco convenient de legatis et eleemosyna*e* mortui, rationem et compotum ad invicem*f* sibi reddituri. Ad hoc si presbyter in Ramis palmarum questam fecerit, suum erit quidquid occasione illius questae sibi eodem die fuerit erogatum, praeterea statutum est quod prior presbytero qui pro tempore ecclesiam de Vitriaco tenebit pro eo quod ipsum eundo et redeundo ad synodum suis solet sumptibus exhibere, dabit de suo septem solidos annuatim quorum medietas in resurrectione Domini altera in festo Sancti Remigii persolvetur, et prior sicut ante consueverat de proprio annis singulis reddet archidiaconis consuetudinem quae circada*g* et synodus appellatur. Si episcopus vel archidiaconus super presbyterum exactionem vel collectam fecerit vel procurationem ceperit, nihil prior inde persolvet. In hujus modi autem*h* conventionibus est adjectum quod quoties*i* prior vel sacerdos divina celebrare voluerit, uterque sibi necessaria providebit praeter communia vestimenta et instrumenta divinae celebrationi necessaria et post celebrationem divinorum ante recepto quidquid celebrator ad usum missae de proprio posuerit oblatio, si qua fuerit inter eos aequaliter distribuetur. Demum volumus ut prata et terrae et redditus furnagii de Vitriaco et duo modii sigali*j* quos presbyter in grangia domini regis ante tempus hujus transactionis percipiebat, ipsi et successoribus suis pacifice relinquatur*k*, et prior similiter bladum quod in grangia domini regis percipere consuevit cum omnibus aliis*l* redditibus suis praeter eos qui superius nominantur quiete percipiat, ita quod presbyter nihil in illis possit reclamare quidquid autem post haec devotio fidelium ecclesiae de Vitriaco erogaverit in terra hortis*m*, pratis, censu vel quibuslibet aliis cum suis proventibus commune erit presbyteri et prioris nisi ex ratione monachatus erogatum fuerit quod erit prioris. Has conventiones praetaxatas*n*

CCLXXX. — *e.* elemosina *D.* — *f.* et compositum sibi ad invicem *D* — *g.* circata *D.* — *h.* etiam *D.* — *i.* quotiens *D.* — *j.* sigaiii *D.* — *k.* relinquantur *D.* — *l.* cum universis aliis *D.* — *m.* ortis *D.* — *n.* praetextatas *D.*

presbyter qui ecclesiam de Vitriaco tenuerit in capitulo Sancti Benedicti jurabit se inviolabiliter servaturum et si suffraganeus ab ipso in eadem ecclesia institutus fuerit apud Vitriacum jurabit id ipsum. Ad hoc de elleemosynis et[o] legatis presbyter sine priore vel prior sine presbytero nihil poterit relaxare; licet[p] autem presbytero sine contradictione prioris amovere[q] vel instituere clericum sibi prout placuerit serviturum. Ut igitur haec[r] omnia in posterum stabilitate gaudeant inconcussa, in hujus rei[s] memoriam et certius testimonium, has litteras tam sigillorum nostrorum quam praesentis chirographi caractere fecimus communiri. Actum anno incarnationis dominicae 1199[t].

CCLXXXI
1200.

Guillaume, abbé de Saint-Benoit-sur-Loire, approuve la cession faite par Alice de Buno à une chapelle fondée par elle au Bois de Villiers, de ce qu'elle possédait à Etampes, savoir la seizième partie des moulins du pont de la Juine, d'un huitième d'un four, d'un huitième du cens des hôtes et des vignes, du huitième du rouage, du forage, des ventes et autres coutumes de la dite terre, le tout relevant en fief de l'abbé de Saint-Benoit.

C, n° 113, p. 75. — D. fol. 24 v°, d'après B, fol. 4, n° 141. — E, fol. 141 v°.

INDIQ. : K, p. 443, d'après B. fol. 34.

Guillelmus, Dei gratia[a] humilis abbas Sancti Benedicti Floriacensis, et totus ejusdem ecclesie conventus, omnibus ad quos presentes littere pervenerint in Domino salutem. Noverit universitas vestra quod domna Aalis de Buno[b], pro remedio anime sue et antecessorum suorum salute animarum[c] fundavit capellam apud Boscum de Villari

---

CCLXXX. — o. elemosinis vel D. — p. licebit D. — q. ammovere D. — r. Ut qui hec D. — s. In cujus rei D. — t. millesimo centesimo nonagesimo D.

CCLXXXI. — a. Dei gratia omis par E. — b. Oalis de Binio C. Donna Daliz de Bono D. Domina de Alis de Buno E. — c. mortuorum E.

et ad priorationem^d capellam^e constituit et concessit in eleemosynam quodcumque jure hereditario suum erat dominicum^f apud Stampas, nisi feodum, scilicet sextam decimam^g partem in duobus molendinis ad pontem Juine^h, in furno autem octavam partem et in censu hospitum et vinearum octavam partem similiter, et in ………ⁱ et in roagio et in foragio et in venditionibus et in aliis consuetudinibus terre per omnia^j et in^k omnibus, nisi in feodo, similiter^l octavam partem in perpetuum^m. Et quoniam hoc totum erat de nostro feodo, ad petitionem dicte domneⁿ et amicorum^o suorum preces, hanc donationem concessimus et laudavimus. In cujus rei memoriam presentem cartam fecimus et sigillorum nostrorum munimine roboravimus. Actum anno gratie millesimo ducentesimo.

CCLXXXII
1200.

Aynord, dame de Beaujeu, ratifie l'accord conclu entre elle, d'une part, l'abbe et le couvent de Saint-Benoit de Fleury, le prieur de Saint-Martin de Sancerre, d'autre part, au sujet de certaines terres dites les Bruyères des Brosses-Saint-Martin, au diocèse d'Auxerre, les dits abbé, couvent et prieur ayant renoncé à toute prétention sur les dites terres et Aynord leur ayant concédé une rente annuelle de deux setiers de seigle pour la célébration de son anniversaire à Saint-Martin de Sancerre.

C, n° 551, p. 290.

Universis presentes litteras inspecturis Agnordis^a, domina Bellijoci, salutem in Domino. Noverit universitas vestra quod cum contentio verteretur inter me, ex una parte, et venerabilem abbatem et conventum Sancti Benedicti

---

CCLXXXI. — d. priorationem *omis par DE qui laissent un blanc.* — e. *Corriger peut-être* procurationem capelle. — f. hereditario firmum erat dominium D. — g. septem decimam D. — h. pontem Juine *omis par D.* — i. *blanc* CD. *sans blanc* E. — j. pro omnino C. — k. in *omis par* E. — l. similiter *omis par* E. — m. imposterum D. — n. prædictæ dominæ E. — o. petitionem et dominæ et annexorum D.

CCLXXXII. — a. *Corrigez* Aynordis.

Floriacensis et priorem Sancti Martini de Sancero, ex altera, super quibusdam terris que Bruerie de Brociis Sancti Martini vocantur, sitis in diocesi Autissiodorensi, quas dicti abbas et conventus et prior prioratus Sancti Martini de Sancero de jure pertinere dicebant, me vero contrarium asserente, tandem de bonorum virorum consilio composuimus ad invicem in hunc modum quod dicti abbas et conventus et prior quittaverunt mihi et heredibus meis predictas terras in perpetuum possidendas. Ego vero pro donatione ista, pro anniversario meo in ecclesia Sancti Martini de Sancero annis singulis in perpetuum celebrando, dedi et concessi duos sextarios sigilinis ad mensuram de Sacrocesare, infra octavas sanctorum Remigii et Germani, priori sancti Germani, qui pro tempore erit, annuatim in perpetuum persolvendos cum propriis nunciis et expensis meis dicto termino ad dictum prioratum deferendos. Promisi etiam, fide prestita corporali, compositionem predictam firmiter et inviolabiliter me in perpetuum servaturam. Volo autem quod heredes mei compositionem hujusmodi observare firmiter et fideliter in perpetuum teneantur. Datum anno Domini M°CC°.

CCLXXXIII
1200, décembre.

Itier de Toucy déclare que la monnaie d'Auxerre aura seule cours à Villiers-Saint-Benoît et que, dans le cas où cette monnaie viendra à faiblir, les revenus de l'abbé de Saint-Benoît-sur-Loire et les siens seront payés à la valeur de la monnaie de Provins.

C, n° 457, p. 249. — D, fol. 523 v°, d'après B, fol. 113, n° 467.
INDIQ.: L, p. 439, d'après B.

Noverint universi qui presentes litteras viderint quod ego Iterius, dominus Tuciaci[a], testor et concedo quod alia moneta non poterit currere in villa que dicitur Villare,

---

CCLXXXIII. — a. Tutiaci D.

nisi Altissiodorensis moneta, sed si Altissiodorensem monetam decrescere forte contigerit de lege vel pondere, homines de Villari redditus abbatis et meos ad valentiam Pruvinensis persolvent, donec predicta moneta ad[b] priorem statum, in quo nunc est, reversatur. Actum est hoc anno incarnationis dominice M°CC[c], mense decembri.

CCLXXXIV
1200, décembre.

Itier de Toucy confirme la bulle d'Eugène III[1] ainsi que la charte de son père Narjot, concernant les droits dont devaient jouir ses prédécesseurs à Villiers-Saint-Benoit.

C. n° 457, p. 249. — D, fol. 524, d'après B, fol. 113 r°, n° 468.
INDIQ. : L, p. 139, d'après B, fol. 113.

Noverint universi qui hanc cartam viderint vel audierint quod ego Iterius, dominus Tuciaci[a], concedo et confirmo privilegium pape Eugenii quod fecit de rebus quas predecessores mei habere debuerunt in villa de Villari cum omnibus appendiciis suis ; confirmo etiam et ratam habeo cartam patris mei Narioti, que idem privilegium confirmat. In cujus rei memoriam presentem cartam feci notari et sigilli mei munimine roborari. Actum anno gratie MCC[b], mense decembri.

CCLXXXV
1201, juillet.

Hugues, évêque d'Orléans, se porte garant de la cession à vie faite par l'abbé de Saint-Benoit-de-Fleury à Jean, curé de Germigny, de la masure Gontier, moyennant une pension annuelle de deux sous, la dite masure devant faire retour à l'église de Saint-Benoit après la mort du dit Jean.

E, fol. 208.
INDIQ. : b, fol. 324 v°, d'après L, fol. 47.

CCLXXXIII. — b. in D. — c. 1200 C. Millesimo ducentesimo D.
CCLXXXIV. — a. Tusciaci D. — b. 1200 C. Millesimo ducentesimo D.

---

1. Voyez dans notre t. I, p. 326, n° CXLV, la bulle d'Eugène III du 2 mai 1145. Cf. une autre bulle du même pape, du 9 septembre 1147, ci-dessus, t. I, p. 351, n° CLIV.

Hugo, Dei gratia Aurelianensis episcopus, omnibus ad quos littere presentes pervenerint, salutem in Domino. Universitati vestre notum fieri volumus quod venerabilis G., abbas Sancti Benedicti Floriacensis, mazuram Gunterii Joanni, presbitero de Germiniaco, in vita sua tantum concessit habendam, sub annua duorum solidorum pensione eidem abbati persolvenda, salva tamen ipsius abbatis justitia. Nos vero testes sumus et manucepimus quod successores predicti Joannis in eadem mazura nihil unquam poterunt reclamare, sed post decessum memorati presbiteri ad ecclesiam beati Benedicti cum omni melioramento sine contradictione revertetur. Quod ut firmius teneretur, presentem cartam sigilli nostri munimine roboravimus. Actum anno Domini millesimo ducentesimo primo, mense julio.

CCLXXXVI

Saint-Benoit-sur-Loire, 1201, août.

Garnier, abbé, et le couvent de Saint-Benoit de Fleury, à la prière de maître Bertier, concèdent à l'aumônerie de Saint-Serge d'Orléans, fondée par le dit Bertier, trois arpents de terre sis en un clos à Fleury-aux-Choux, à charge de payer annuellement cinq sols au prieur de Saint-Gervais.

Original, parchemin, autrefois scellé de deux sceaux. Archives de l'Hôtel-Dieu d'Orléans.

PUBL. : Ch. Cuissard, *Les chartes originales de l'ancien Hôtel-Dieu d'Orléans*, dans *Mémoires de la Société archéologique et historique de l'Orléanais*, t. XXVIII (1902), p. 289, n° 18, d'après l'original.

Garnerius, Dei gratia humilis abbas sancti Benedicti Floriacensis, et totus ejusdem ecclesie conventus, omnibus ad quos littere iste pervenerint, in Domino salutem. Noverit universitas vestra quod nos concessimus eleemosine domui sancti Sergii Aurelianensis, ad preces magistri Berteri, qui ejusdem domus fundator extiterat, tres arpennos terre in quodam clauso apud Floriacum, pro quinque solidis singulis annis priori Sancti Gervasii solvendis, ab omni alia consuetudine liberos et immunes. Quod ut ratum sit et permaneat inconcussum, presentem cartam scribi fecimus et sigillorum nostrorum munimine confirmari. Actum in capitulo nostro, universis presentibus et consentientibus. Anno ab incarnatione Domini MCCI, mense augusto.

CCLXXXVII

Paris, 1202, décembre.

Philippe Auguste donne au prieur de Lorris une poterne sise près de l'église Saint-Sulpice de Lorris.

C, p. 169. — D, fol. 67 v·, d'après B, fol. 73, n° 244. — E, fol. 322 v°. — L, p. 580, d'après B, fol. 73

PUBL. : Prou, *Les coutumes de Lorris*, p. 155, n° XIII.

INDIQ. : K, p. 448. d'après B, fol. 73. — L. Delisle, *Catalogue des actes de Philippe Auguste*, n° 724.

Philippus, Dei gratia Francorum rex. Noverint universi ad quos presentes pervenerint quod nos concedimus priori Sancti Sulpitii[a] deLorriaco[b] posternam que est juxta Sanctum Sulpitium ad edificandum et ad[d] hospitandum ad opus monachorum ibi lem commorantium. Quod ut perpetuum robur obtineat, presentem paginam sigilli nostri auctoritate confirmamus. Actum Parisius[e] anno Domini millesimo ducentesimo secundo[f], mense decembri.

CCLXXXVIII

1202.

Guillaume de « Cormerion » fait remise à Saint-Benoit-sur-Loire d'onze deniers de cens que l'abbaye était tenue de lui payer annuellement.

C, n° 204, p. 118. — E, fol. 234.

CCLXXXVII. — a. Sancti Sulpicii omis par C. — b. Loriaco DEL. — c. Supplitium D. — d. ad omis par L. — e. Parisiis DE. — f. 1202 C.

Ego Guillelmus*a* de Cormerion, omnibus presentes litteras inspecturis in Domino salutem. Noverit universitas vestra quod ego Guillelmus*a* de Cormerion dedi et concessi Deo et Sancto Benedicto desuper Ligerim, pro remedio anime mee et patris mei et matris mee et fratris mei, undecim denarios censuales quos mihi singulis annis reddere tenebantur. Hoc idem laudaverunt fratres mei. Quod ut ratum et inconcussum permaneat, sigilli mei munimine roboravi. Actum anno incarnati Verbi MCCII*b*.

CCLXXXIX.
1202.

Accord conclu entre Mathilde, comtesse du Perche, et Laurent Flahaut, au sujet des dettes contractées par feu Geoffroy, comte du Perche, et des promesses à lui faites par ledit Flahaut. Elle reconnaît lui devoir trois cents livres angevines, qu'elle s'engage à payer sur les revenus de la forêt de Bellême jusqu'à pleine extinction de la dette; quant à la donation faite par ledit Flahaut à l'aumônerie de Mortagne, elle l'en quitte dans la mesure où elle recevra elle-même quitus de l'abbé et du couvent de Saint-Benoit-sur-Loire.

C, n° 309, p. 185. — E, fol. 357 v°, n° 293.

INDIQ. : *b*, fol. 326 v°, d'après *B*, fol. 81.

Omnia*a* que geruntur in nostro tempore, ne cum lapsu temporis elabantur, poni debent in lingua testium et scripture memoria perennari. Noverint igitur*b* universi tam presentes quam futuri quod ego Mathildis, comitissa Pertici*c*, finem feci cum Laurentio Flaaut*d* de omnibus que dominus meus bone memorie Gaufridus, comes Pertici*e*, ei debebat, et que idem Laurentius eidem comiti predicto promiserat, tali modo quod ipse Laurentius tantum erga me fecit et tantum mihi accommodavit quod ipse de om-

---

CCLXXXVIII. — a. G. E. — b. 1202 C. — Milles mo ducentesimo secundo E.

CCLXXXIX. — a. Quoniam C. — b. ergo E. — c. Pratici C. — d. Flaaut E. — e. Pratici C.

nibus que erga me sunt quittus est, et ego illi debeo trecentas libras Andegavensium de quibus ego ipsi Laurentio solutionem faciam[f] in foresta Belesmii usque dum trecente libre persolvantur. De donatione autem quam ipse Laurentius de se precepto comitis erga domum eleemosine de Mauritania fecerat, omnibus modis quittavi, nisi erga abbatem Sancti Benedicti tantum fecero quam ipse abbas et conventus Sancti Benedicti erga quos tenebatur eum quittant[g], quando locuta fuerat cum abbate ; et si mihi eum quittaverint, ego domui eleemosine de Mauritania eum cum omnibus dominationibes suis et eleemosinis quittum[h] reddo ; et nisi mihi cum quittaverint[i], ego et dominus Stephanus Pertici[j], qui presentem cartulam sigillorum nostrorum munimine roboravimus, eumdem Laurentium cum omnibus emptionibus et eleemonisis suis domui de Chesa omnino quittavimus et quittamus. Hujus autem pactionis fide tenentur domnus[k] Gervasius de Prulleio[l] et domnus Gascetus de Richeriis[m], mandato domne[n] comitisse Pertici[o]. Hamo[p] de Quercu Galonis hanc pactionem enendam manu cepit. Datum Carnotis, anno incarnati Verbi millesimo ducentesimo secundo.

CCXC.

1203.

Guillaume, abbé de Saint-Benoît-sur-Loire, notifie que Jodoin, fils de Ferry, d'accord avec sa femme, a donné aux moines de la Cour-Dieu le rouage qu'il réclamait sur les vignes que les dits moines tenaient de lui.

Copie du XVIIe siècle. Cartulaire de l'abbaye de La Cour-Dieu, Archives dép. du Loiret, H 73, 2e partie, fol. 23

Guillelmus, Dei gratia humilis Sancti Benedicti Floriacensis abbas, notum esse volumus universis presentibus et futuris quod Jodoinus, filius Frederici, in nostram pre-

---

CCLXXXIX. = f. facio CE; corriger faciam. — g. quitant E. — h. quitum E. — i. quitaverint E. — j. Pratici C. — k. dominus E. — l. Prulleyo E. — m. Vicheriis E. — n. omine E. — o. Pratici C. p. Haino E.

sentia constitutus, rouagium quod in quibusdam vineis quas monachi de Curia Dei de illo tenent clamabat, ipse et uxor ejus pro remedio anime sue, eisdem fratribus dederunt et concesserunt. Quod ut ratum et cognitum posteris haberetur, ad preces partis utriusque literis hoc commendavimus et sigilli nostri impressione roboravimus. Actum est hoc anno ab incarnatione Domini Mº CCº IIIº.

CCXCI

1203.

Hugues, évêque d'Orléans, notifie le rachat fait par l'abbé de Saint-Benoît de Fleury, moyennant vingt sous, de la coutume des fruits à laquelle le Chapitre de Saint-Pierre-aux-hommes d'Orléans prétendait, en faveur de ses petits clercs de chœur, le jour de la Saint-Benoît d'été, sur le verger de Saint-Benoît-du-Retour.

C, p. 413. — M. Bibl. nat., ms. latin 12739, p. 270 (copie de Dom Estiennot).

INDIQ. : b, fol. 329, d'après B, fol. 187.

Hugo, Dei gratia[a] Aurelianensis episcopus, omnibus presentes litteras inspecturis in Domino salutem. Noverint universi quod in presentia nostra sepissime ventilata fuit contentio inter Garnerium, dilectum nostrum, abbatem Floriacensis ecclesie, et capitulum Sancti Petri Virorum, super quadam consuetudine pomorum, quam predictum capitulum asserebat clericulos[b] de suo choro habere et habuisse in viridario Sancti Benedicti Aurelianensis, in festo videlicet ejusdem sancti quod in aestate celebratur. Ad ultimum vero, bonorum virorum habito sano consilio, sepulta fuit predicta contentio tali modo quod predictum capitulum, salvis suis refectionibus ex omni consuetudine viridarium illud quittavit in perpetuum pro xx solidis, quos predictus abbas Sancti Benedicti ad emendum red-

---

CCXCI. — a. divina gratia C. — b. suos clericulos M ; asserebat clericos C.

ditum clericulis erogavit. Quod ut ratum haberetur, ad preces utriusque partis, litterarum nostrarum apposuimus munimentum. Actum anno MCCIII.

CCXCII

Sens, 1204.

Béatrice, comtesse de Chalon, à la suite d'un accord conclu avec l'abbé de Saint-Benoit-sur-Loire, par l'entremise et en présence du roi, abandonne à l'église de Perrecy la prévôté de La Chapelle [-au-Mans] et le prévôt Étienne de Dompierre comme homme lige, aussi longtemps qu'il tiendra la prévôté ; confirme la donation faite en aumône à la dite église par son père, le comte Guillaume, de la moitié de Dompierre [-sous-Sanvignes], à la réserve de la prévôté, et obtient d'Ardouin de Dompierre l'abandon des droits qu'il avait sur cette moitié en qualité de prévôt. Elle donne, en outre, à la dite église les fils de Barthélemy de Dompierre et leurs héritiers, avec trois sous de commande sur eux ; les fils d'Audouin, pêcheurs de Génelard et leurs héritiers, à l'exception de Richard ; les hommes de Montchanin et six sous de commande sur eux. Elle renonce aux mauvaises coutumes qu'elle exigeait des hommes de l'église de Perrecy à Curdin. Elle confirme l'aumône faite par Gauceran de ce qu'il avait en la paroisse de Dompierre, confirme une charte de son père en faveur de l'église, et accorde à la dite église de Perrecy l'exemption de péage dans toute sa terre pour les objets à l'usage des moines. En récompense de quoi, elle obtient de l'abbé et du couvent de Saint-Benoît le pardon des injures qu'elle leur a faites.

C, p. 195. n° 333. — *E*, fol. 374, n° 313. — *Z*, Copie du xviie siècle dans un vidimus de l'abbé Théotbert de 1258, « ex chartophylacio Patriciacensi », Bibl. nat., ms. latin 12689, fol. 71 v°.

INDIQ. : *b*, fol. 326 v°, d'après *B*, fol. 86. — *h*, p. 443, d'après l'original aux archives de Perrecy.

Noverint universi presens scriptum legentes et audientes

quod ego Beatrix, comitissa Cabilonensis[a], pro remedio[b] anime mee et antecessorum meorum necnon pro delictis et offensis ecclesie de Patriciaco[c] a me vel[d] a meis illatis, eidem ecclesie donavi et guerpivi preposituram de Capella et Stephanum de Dompetra[e], ut sit[f] homo legius ejusdem[g] ecclesie, quamdiu[h] preposituram tenuerit predictam; si[i] vero eamdem preposituram dimittere voluerit[j], ad dominium meum eidem redire licuerit, sed prepositura illa libera et quicta[k] ad ecclesiam de Patriciaco[l] devenerit; et sciendum quod nobilis comes, pater meus, Guillermus[m] in eleemosinam[n] dedit prescripte ecclesie de[o] Patriciaco[p] medietatem de Dompetra[q], excepta prepositura[r]. Postmodum vero Harduimus[s], prepositus de Dompetra[t], de mandato meo, guerpivit omne jus quod habebat in illa medietate nomine[u] prepositure. Preterea donavi et guerpivi prescripte ecclesie filios Bartholomei de Dompetra et heredes eorum et tres[v] solidos quos[x] in eosdem de comanda[y] habebam; guerpivi etiam eidem ecclesie filios Audoini, piscatores de Genelaio[z] et heredes eorum, excepto Richardo[a] de salvamento, quandiu[b] sub dominio meo morari voluerit[c]; quod si ad ecclesiam redire voluerit, ecclesie liber[d] conceditur. Quittavi etiam eidem ecclesie homines[e] Montis Canini[f] et comandam sex solidorum quam ab eis recipiebam; item quittavi et[g] guerpivi omnes injurias quas ego vel homines mei faciebamus in hominibus quos ecclesia Patriciaci[h] habet apud villam que dicitur Correnis[i]. Adjeci etiam quod eadem ecclesia de cetero per me vel[j] per meos pacifice[k] possidebit[l] eleemosinam quam Gaucerannus[m]

CCXCII. — a. Cabillonensis Z. — l. redemptione E. — c. Perreciaco C; Parriciaco E. — d. et Z. — e. Dampetra C. — f. sic Z. — g eidem Z. — h. quandam Z. — i. hi Z. — j. volentes Z. — k quieta CE. — l. Perreciaco C.: Parriciaco E. — m. Guilelmus Z. — n. eleemosynam E. — o. de omis par E? — p. Parreciaco C; Perriciaci E; Patriciaci Z. — r. Dampetra CE. — r. excepta prepositura omis par E. — s. Arduinus E. — t. Dampetra C; de Dampetra prepositus E. — u. nostræ Z. — v. omnes Z. — y. commenda CZ. — z. Genolai C.; Genelai Z. — a. Bicardo Z. — b. quoniam Z. — e. voluit Z. — d. libere Z. — e. hastes Z. — f. Camini E; Calvini Z. — g. ac Z. — h. Parreciaci CE. — i. Cortem Z. — j. et EZ. — k. — pacifice omis par Z. — l. possederit E. : possideat Z.

Ruminansfer[n] eidem ecclesie[o] contulit, videlicet quidquid habebat in parochia de Dompetra[p]. Approbo etiam et concedo cartam quam pater meus eidem ecclesie dedit et quidquid in ea continetur. Donavi etiam memorate ecclesie quatenus[q] deinceps in perpetuum omnia que ad usum et victualia monachorum ibidem commorantium et prioratus fuerint[r] per totam terram meam deportata, sine pedagio libere transeant ; et ob hanc donationem et predictorum guerpitionem gratiam delictorumque quittationem et offensarum a domino abbate et totius conventu consortio suus adepta[s]. Hec itaque concordia in presentia domini regis Philippi Senonis in Radulfum[t] de Marneio[u], ex parte comitisse, et Gaufredum, majorem Sancti Benedicti, ex parte abbatis[v], posita fuit et per eosdem et per Guidonem Gasteblé[x], quem tertium ad hoc definiendum[y] domnus rex apposuit, fuit[z] subsecuta. Quod ut ratum et firmum habeatur, presentem cartam sigilli mei munimine feci roborari[a]. Actum anno MCCIIII.

CCXCIII

1204, février (n. st.).

Hugues, évêque d'Orléans, notifie que Pierre de Toucy a, pour la fondation de son anniversaire en l'église de Saint-Benoît de Fleury, donné à la dite église tout ce qu'il possède et acquerra à Fleury dans la terre de Saint-Benoît, sous reserve de l'usufruit viager en faveur de Philippe, son clerc, et de lui-même, à charge pour l'usufruitier de payer une rente de dix sous à Saint-Benoît et de dix sous au prieuré de Saint-Gervais d'Orléans, lesdites possessions devant faire retour après leur mort à Saint-Gervais, à charge pour le prieur du

---

CCXCII. — m. Gauceranibus *CE.* ; Gaverannus *Z.* — n. Ruminansfer omis par *E* qui indique des points. — o. ecclesiæ eidem *Z.* — p. Dampetra *C.* — q. quatinus *E.* — r. fuerint omis par *Z.* — s adeptatus *E.* — t. Radulphum *EZ* — u. Maracio *E.* ; mandato *Z.* — v. ex parte abbatis omis par *Z.* — x. Gastable *E* ; Quastoblat *Z.* — y. diffiniendum *E.* — z. sint *Z.* — a. roborari et la la date omis par *E,*

dit *Saint-Gervais de payer annuellement vingt sous au couvent de Saint-Benoit, et sous la réserve de la faculté pour le dit prieur de déposer sa dîme dans la maison du dit Pierre à Fleury.*

C, n° 695, p. 371. — L, p. 601, « ex cartulario, fol. 170 v° ».

Hugo, Dei gratia Aurelianensis episcopus, omnibus ad quos presentes littere venerint in Domino salutem. Sciant omnes quod dilectus noster in Christo, Petrus de Touciaco[a], pro remedio anime sue et parentum suorum et pro anniversario suo[b] annuatim in ecclesia Sancti Benedicti Floriacensis in perpetuum faciendo, dedit eidem ecclesie quidquid habet et habiturus est apud Floriacum in terra ejusdem ecclesie ; predicti vero loci abbas et monachi, bonam ipsius devotionem attendentes, ad petitionem ejus, Philippo, clerico ejusdem Petri, benigne concesserunt, quamdiu vixerit quiete et pacifice possidendum, quidquid prenominatus Petrus habet vel habiturus est in posterum apud Floriacum, ita tamen quod si post decessum Philippi Petrus supervixerit, in vita sua sine contradictione predicta bona integre possidebit, et post utriusque decessum omnia que in eodem territorio possident vel sequenti tempore possidebunt cum omni melioratione sine calumnia[c] ad prioratum Sancti Gervasii revertentur ; pretaxati autem sive Petrus sive Philippus, dum predictorum bonorum extiterint possessores[d], annuatim in festo sancti Andree, pro anniversario parentum suorum recolendo, memorate ecclesie Sancti Benedicti decem solidos et priori Sancti Gervasii, pro decima et omnibus aliis terre consuetudinibus similiter decem solidos persolvent ; cum autem Petrus et Philippus decesserint, a priore Sancti Gervasii qui possessionem illam habebit, in anniversario sepedicti Petri conventus Sancti Benedicti viginti solidos percipiet annuatim ; preterea in domo ejusdem Petri apud Floriacum prior Sancti Gervasii singulis annis, si voluerit, suam reponet decimam. Ut igitur actio[e] prenotata majori testimonio roboretur, prefati

---

CCXCIII. — *a.* Chaciaco *L*. — *b.* et pro anniversario suo omis par *C.* — *c.* calumpnia *L*. — *d.* possessores extiterint *L*. — *e.* actio omis par *L*.

Petri precibus, presenti cartule sigillum nostrum dedimus apponendum. Actum anno incarnationis dominice millesimo ducentesimo tertio, mense februario.

CCXCIV
1205.

Garnier, abbé de Saint-Benoit-sur-Loire, abandonne au Chapitre de la cathédrale de Troyes une maison ayant appartenu à feu Guillaume Testart, chanoine de Troyes, moyennant trente trois livres, monnaie provinoise.

Original parchemin jadis scellé. Bibliothèque municipale de Châlons-sur-Marne, fonds Garinet, ms. 353, n° 32.

Garnerius, Dei gratia humilis abbas Sancti Benedicti Floriacensis, et omnis ejusdem ecclesie conventus, omnibus presentibus pariter et futuris presentes litteras inspecturis, in Domine salutem. Cum inter nos, ex una parte, et venerabiles viros M., decanum, et capitulum Trecense, ex altera, questio verteretur super domo que fuit Willelmi Testart, quondam Trecensis canonici, tandem mediantibus bonis viris, de assensu etiam et conscientia delegatorum judicum coram quibus eadem questio vertebatur, talis inter nos et ipsos compositio intercessit, quod nos memorato capitulo et ecclesie Trecensi in perpetuum quitavimus memoratam domum et quicquid juris habebamus vel habere poteramus in ea, ut ipsam in ea integritate in perpetuum possideant in qua ab eodem Willermo dum viveret habebatur. Ipsi autem pro bono pacis et quitatione predicta triginta tres libras Pruvinensium nobis persolverunt. In cujus rei memoriam presentes litteras fieri et sigillorum nostrorum facimus appensione muniri. Actum anno gratie millesimo ducentesimo quinto.

CCXCV
1205.

Concession par Giraud, vicomte de Brosse, de la dîme de la Frissonnette au prévôt et aux religieux de Saint-Benoit-

du-Sault, lesquels en échange renoncent à la rente de douze setiers d'avoine qui leur avait été donnée en aumône par son grand-père, le vicomte Bernard.

Copie du xviii° siècle, accompagnée d'une traduction d'après l'original scellé de cire jaune sur double queue. Archives nationales, S 6905, fol. 5.

Noverint universi praesentes pariter et futuri quod ego Giraldus, vicecomes Bruciae, intuitu Dei et pro salute animae meae et antecessorum meorum, pro recompensatione etiam malefactorum quæ feci in terra Sancti Benedicti, dedi, concessi et quitavi in perpetuum ecclesiae Sancti Benedicti Salensis per manum domini Hugonis, abbatis Lemovicensis, tunc ecclesiae ipsius prepositi, decimam de Fraxineda ex integro quam adversus omnes homines tenebor garantire. Verum ipse abbas et monachi Sancti Benedicti quitaverunt mihi duodecim sextarios avenae quos eis debebam de eleemosina domini Bernardi vicecomitis avi mei. Ut hoc autem firmius teneatur, praesentem chartam fieri et sigilli mei feci munimine roborari. Actum anno incarnati Verbi millesimo ducentesimo quinto.

CCXCVI

1207.

Guillaume, archevêque de Bourges, notifie que Garnier de Baugis renonce à réclamer à Seguin de Cluis tous dommages que celui-ci lui a causés par pillage et par le rachat de Pierre Pastoureau, à la condition que les héritiers dudit Pastoureau et ceux de son père appartiendront à l'église de Saint-Benoit-du-Sault.

Copie du xviii° siècle, d'après l'original scellé. Archives nationales, S 6905, fol. 41.

Ego Guillelmus, Dei gratia Bituricensis archiepiscopus, Aquitaniarum primas, notum esse volumus presentibus et futuris quod Garnerius de Boginis, in nostra presentia constitutus, quitavit dilecto nostro Seguino de Cloer pro damnis quae ei in depredatione et redemptione Petri Pastorelli intulerat ; omnes heredes Pastorelli, patris Petri Pastorelli et heredes heredum in eperpetuum ad opus ecclesiae Sancti Benedicti de Casa ad quem post ejus obitum revertentur, excepta uxore Emerici de Aqua et heredibus suis quos vel predictus Seguinus vel ecclesia post ejus decessum habebit. Ad majorem autem evidentiam et firmitatem presentem cartam fieri fecimus et sigilli nostri appositione munire. Anno Domini 1207. Sigillatum.

CCXCVII
Orléans, mars 1207 (n. st.).

Foulques, doyen, et Yves, chantre d'Orléans, délégués par le Saint-Siège, terminent par voie d'accord le différend entre le trésorier de Saint-Benoit de Fleury et Jean, curé de Tracy-sur-Loire, sur le partage des offrandes faites à l'église d'Arthel aux fêtes de la Toussaint et de Noël, et le lendemain de Noël et de l'Assomption.

D, fol. 524 v°, d'après B, fol. 113, n° 469.
INDIQ. : K, p. 443, d'après B, fol. 113.

Fulco, decanus, et Ivo, cantor Aurelianensis, omnibus presentes litteras inspecturis salutem in Domino. Noverit universitas vestra quod contentio erat coram nobis, auctoritate apostolica, inter thesaurarium Sancti Benedicti Floriacensis, ex una parte, et Joannem, presbiterum de Traciaco, ex altera, super portione oblationum, ecclesie de Traciaco, quas predictus thesaurarius ad se et ad ecclesiam Sancti Benedicti pertinere constanter asserebat, eodem Joanne presbitero predicte ecclesie in contrarium asserente, tandem vero utraque pars in nostra presentia constituta in hanc formam pacis sine contradictione convenerunt, quod presbiter predicte ecclesie capiet primo sibi oblationes militum et eorumdem familiarum et servientum juratorum et puellarum et servientum, qui non tenent locum vel ignem et transeuntium, et etiam numerariorum et parochianorum de Arte[a] ; capiet etiam presbiter primo

---

CCXCVII. — a. Arce K.

quatuor panes et quatuor denarios et quatuor candelas, residuum vero oblationum dividetur in duas partes, et unam capiet sacerdos, reliqua vero dividetur in quatuor partes et tunc sacerdos capiet quartam partem ; thesaurarius vero, vel aliquis ex parte sua, reliquas tres partes ; et hoc modo fiet in festo omnium sanctorum et in Nativitate Domini et in crastino ejusdem Nativitatis et in Assumptione beatae Mariae tantum. Hanc autem composi ionem coram nobis solempniter factam ad petitionem utriusque partis litteris fecimus commendari et sigillorum nostrorum munimine roborari, ne posset imposterum super hoc contentio suboriri. Actum Aurelianis, anno gratiae millesimo ducentesimo sexto, mense martio.

CCXCVIII
1207, 11 juillet.

Pierre, archevêque de Sens, Eudes, évêque de Paris, Manassès, évêque d'Orléans, Guillaume, évêque d'Auxerre, et Guillaume, évêque de Nevers, à l'occasion de la translation des reliques de saint Benoit dans une châsse d'orfèvrerie posée sur le maître-autel de l'église de saint Benoît de Fleury, accordent sept jours d'indulgence à tous les fidèles pénitents qui ont assisté à cette cérémonie et à tous ceux qui, dans l'avenir, viendront prier près des reliques depuis la veille de la fête de saint Benoît [le 11] juillet jusqu'au lendemain des octaves.

C, p. 79, n° 122. — E. fol. 150, n° 10. — K, p. 144, d'après B, fol. 35.
PUBL. : Dubois, t. I, p. 251 (extraits).

Petrus, Dei[a] gratia Senonensis archiepiscopus[b], Udo Parisiensis, Manassarus[c] Aurelianensis, Willelmus[d] Autissiodorensis[e], Willelmus[f] Nivernensis ejusdem permissione episcopi, omnibus Christi fidelibus presentes litteras inspecturis salutem in vero salutari. Universitatem vestram[g] scire[h] volumus quod, anno incarnationis Dominice millesimo ducentesimo septimo[i], in festo translationis sancti Bene-

---

CCXCVIII. — a. divina C. — b. episcopus K.— c. corrigez Manasses. — d. Willielmus K. — e. Antisiodorensis E.— f. Willielmus K. — g. vestram omis par K — h. sentire C. — i. la date en chiffres K.

dicti quod est in mense julio, accessimus ad ecclesiam Sancti Benedicti floriacensis, et, viris prudentibus convocatis et inspectis[j] sancte Romane Ecclesie privilegiis, vere[k] cognovimus quod tanti confessoris presentia in[l] predicta Sancti Benedicti[m] Floriacensis ecclesia insignis[n] habebatur ; verum, cum pignora tanti patris[o] religionis monastice proni essent quasi[p] in abscondito et tanquam[q] candelabrum sub modio positum, ut lumen preberetur fidelibus a tanto luminari[r], de loco humili[s] qui datus erat ei[t] ab antiquo reclinatorium, archiepiscopis[u], episcopis, abbatibus et aliis viris magni nominis astantibus[u], in theca[v] super majus altare posita[x] reposuimus, auro, gemmis et argento pariter contexta[y]. Igitur ne redirent irremunerati qui ad tantam[z] translationis solemnitatem[a] convenerant, maxime cum non sit ambiguum orationes tanti patris devotionibus peccatorum non deesse, de divina confisi misericordia et meritis beati confessoris Benedicti, omnibus tante solemnitati[b] presentibus septem dies[c] relaxamus[d] de injunctis sibi penitentiis pro peccatis unde vere confessi fuerint et contriti. Ut autem idem redeat animarum[e] remedium omnibus tanti patres reliquias visitantibus[f] a vigilia festivitatise jusdem patris que singulis annis in julio celebrabitur usque in crastinum octabarum[g] ipsius festivitatis nominatum beneficium in perpetuum duximus concedendum. In cujus indulgentie testimonium presentem cartam conscribi fecimus et sigillorum nostrorum auctoritate communiri.

CCXCIX
1207-1208.

Guillaume, archevêque de Bourges, ayant assisté à la translation des reliques de saint Benoit dans une châsse édifiée par

---

CCXCVIII. — *j.* in scriptis *C.* — *k.* de re *E.* — *l.* in omis par *C.* — *m.* sancti Benedicti *omis par C.* — *n.* insignis *omis par E.* — *o.* patroni *EK.* — *p.* quasi *omis par EK.* — *q.* tamquam *EK.* — *r.* luminato *E.* — *s.* humilitatis *E.* — *t.* et *C.* — *u.* ab archiepiscopis *E.* — *x.* reposita *K.* — *y.* contextam *C.* — *z.* tante *k.* — *a.* solemnitatem *E.* — *b.* solemnitatis *CK* ; solempnitati *E.* — *c.* diebus *E.* — *d.* relaxationis *E.* — *e.* animarum *omis par E.* — *f.* visitatis *C.* — *g.* octavarum *C.*

l'abbé Garnier au-dessus du maître-autel de l'église de Saint-Benoit de Fleury, accorde sept jours d'indulgence aux fidèles qui viendront prier audit lieu depuis la veille de la fête de la translation [le 11 juillet], jusqu'au lendemain des octaves.

Original, indiqué dans *Catalogue de livres anciens et modernes relatifs à l'Orléanais* (vente Henri Leclerc, 1er mars 1913), n° 184 [1]

C, p. 78, n° 121. — E, fol. 149. — K, p. 444, d'après B, fol. 35.

INDIQ. : Abbé Rocher, *Histoire de l'abbaye royale de Saint-Benoit-sur-Loire*, p. 529 [2].

PUBL. : Dubois, t. I, p. 251 (extraits).

Willelmus[a], Dei gratia Bituricensis archiepiscopus, Aquitaniæ primas, universis Christi fidelibus per Bituriam[b] constitutis ad quos presentes littere pervenerint, salutem in eo qui salvat sperantes in se. Quia inter amphractus[c] varios presentis seculi constituti non possumus evitare quin polluamur sordibus vitiorum, satagere nos opportet ut amicos Dei nobis faciamus propitios piis obsequiis et devotis, quatenus pro nobis quos propria impediunt scelera apud Dominum intercedant. Cum igitur sanctissimi patris Benedicti corpus in ecclesia Floriacensi, sicut ex romanorum pontificum scriptis authenticis agnovimus[d], requiesceret et ibidem in humili loco esset ab antiquo repositum et, quod[e] indignum erat, prope[f] terram essent reliquie ejus recondite, qui vivens terrena omnia contemnebat[g], placuit vero religioso Garnerio abbati et conventu Floriacensi ut ei supra[h] majus altare, prout decebat, loculum magne venustatis etelegante prepararent, in quo quidem loculo dominus Senonensis archiepiscopus et nos, cum pluribus episcopis, astante maxima abbatum, cleri, plebisque multitudine, cum magna celebritate in festo translationis sancti Benedicti, sanctis-

---

CCXCIX. — a. Willielmus K. — b. Biturie E. — c. anfractus C. — d. cognovimus. — e, quoniam EK. — f. quod prope K. — g. contemnebat *omis par* E. — h. super EK.

---

1. Nous n'avons pu connaître le nom de l'acquéreur de l'original. Il nous a donc été impossible de le collationner.

2. L'abbé Rocher indique ce document comme étant parmi les « pièces manuscrites et imprimées déposées et conservées jusqu'à ce jour (1866) dans la grosse châsse de Saint-Benoit-sur-Loire ».

simum ipsius corpus duximus reponendum. Cum igitur dignum sit et saluti expediat animarum ut in solemnitate repositionis' reliquiarum annis singulis sanctus Domini confessor a fidelibus veneretur, nos, de divina misericordia et precibus beati confessoris confisi, omnibus qui ad predictum locum causa orationis et devotionis a vigilia predicte solemnitatis que in julio^j celebratur, usque in crastinum octabarum^k accesserint septem dies de penitentia^l que eis eo anno injuncta fuerint misericorditer relaxamus, et ut de^m ista nostra remissione et indulgentia aliqui non dubitent in futurum^n, eam duximus litteris commendandam et sigilli nostri fecimus munimine roborari. Actum anno Domini millesimo ducentesimo septimo.

CCC
Paris. 1207-1208, avril.

Adam, seigneur de Beaumont-du-Gâtinais, avec le consentement de son frère, renonce en faveur de Saint-Benoit-sur-Loire à la voirie qu'il exerçait à Auxy en la terre de Saint-Benoit, et qu'il tenait en fief de Gautier de Nemours [1].

C, n° 725, p. 386. — D, fol. 372 v°, d'après B, fol. 175 v°, n° 754.

Ego Adam, dominus Bellimontis, notum facio omnibus tam presentibus quam futuris quod, astante et laudante Joanne^a fratre meo, quitto in perpetuum Deo et ecclesie Beati Benedicti Floriacensis viariam Ausiaci, quam clamabam in terra Beati Benedicti apud Ausiacum, in parochia scilicet^b ville. Quod ut perpetuum robur obtineat, sigillo meo id confirmo et sigillo domini mei, videlicet domini Galteri de Nemosio, de cujus feodo id movet, feci confirmari. Actum Parisius^c anno Domini millesimo ducentesimo septimo^d, mense aprili.

CCXCIX. — i. solempnitate depositionis E — j. junio. E, corrigé en marge. — k. octavarum C. — l. indulgentia K. — m. de omis par K. — n. posterum E.

CCC. — a. Joanne omis par C. — b. scilicet omis par D qui laisse un blanc. — c. Parisiis D.

---

1. Voir ci-après, charte n° CCCI, la confirmation par Gautier de Nemours.

CCCI

Paris, 1207-1208, avril.

Gautier, seigneur de Nemours, [chambrier du roi,] confirme l'abandon fait par Adam, seigneur de Beaumont, à l'église de Saint-Benoît de Fleury, de la voirie d'Auxy relevant de lui en fief.

C, n° 727, p. 386 [1]. — D, fol. 373, d'après B, fol. 175 v°, n° 756. — M. Copie de Dom Estiennot, Bibl. nat., ms. latin 12775, p. 146, d'après B. — R. Copie du xvii° siècle. Bibl. nat., ms. français 28400, p. 49.

Ego Galterus[a], dominus Nemosii, notum facio omnibus tam presentibus quam futuris quod Adam, Bellimontis dominus, astante et laudante Joanne fratre suo, quittavit in perpetuum Deo et ecclesie Beati Benedicti Floriacensis[b] viariam[c] Ausiaci quam clamabat in terra Beati[d] Benedicti apud Ausiacum, in parochia videlicet[e] ville. Ego vero, ad petitionem dicti Ade, quia de feodo meo id movet, presens scriptum, ut perpetuum robur obtineat, sigilli mei munimine confirmo. Actum Parisius[f], anno incarnati Verbi[g] M°CC°VII°, mense aprili[h].

CCCII

1209, mai.

Pierre, archevêque de Sens, notifie que l'église de Saint-Benoît-de-Fleury a donné au curé de Mainvilliers la terre de feu Gautier de Chartres et une place dans la masure de Raoul du Puits, acquises de Guillaume de Montoire, en échange d'un muid et d'une mine de blé de rente annuelle à percevoir sur la dîme du dit feu Guillaume, et d'une partie du droit de synode due à cause de cette dîme et que paieront à l'avenir le dit curé et ses successeurs.

C, p. 106, n° 172. — E. fol. 209, n° 161.

INDIQ. : b, fol. 324 v°, d'après B, fol. 47. — L, p. 447. d'après B, fol. 47 v°.

CCCI. — a. Galterius M. — b. Floriacensi M. — c. vicariam R. — d. sancti MR. — e. videlicet omis par D qui laisse un blanc. — f. Parisiis DR. — g. incarnati Verbi omis par CM. — h. aprilis M.

---

1. Sur la même page est transcrit un texte abrégé de ce document, où Gautier de Nemours n'est plus qualifié « dominus Nemosii », mais « camerarius domini regis ». Il est vraisemblable que l'original portait ces deux qualificatifs auxquels il a droit.

Petrus, Dei[a] gratia Senonensis archiepiscopus, omnibus presentes litteras inspecturis in Domino salutem. Noverint universi quod ecclesia Beati Benedicti Floriacensis titulo permutationis dedit presbytero de Meinvillari[b] terram quondam Galteri[c] Carnotensis, quam eadem ecclesia emerat a Willelmo[d] de Montoire et plateam quamdam, quam eadem ecclesia similiter emerat ab eodem in masura Radulphi de Puteo, pro uno modio et una mina bladi redditus annui quos dictus presbyter in decima quondam prefati[d] Willelmi, nunc[e] autem sepefate ecclesie, percipiebat, et illa portione[f] synodi que pro eadem decima debebatur, cujus solutio in ipsium presbyterum et ejus successores de cetero ratione permutationis transfertur[g]. Adjecta est etiam conditio talis quod terram et plateam, quas presbyter ex ipsa permutatione recepit prefata ecclesia, tam ipsi quam suis successoribus tenebitur garantire, et expensas et damna, si qua nomine dictarum rerum sustinuerit[h], resarcire. In cujus rei memoriam, presentem paginam sigilli nostri munimine fecimus communiri. Actum anno gratie millesimo ducentesimo nono, mense maio.

CCCIII
1209, mai.

Giraud, vicomte de Brosse, concède à titre d'aumône perpétuelle, au prieuré de Saint-Benoit-du-Sault, un homme libre nommé Enard.

Copie du xviiie siècle, collationnée sur l'original par les notaires au Châtelet de Paris Trutat et Lefebvre le 17 novembre 1778. Archives nationales, S 6903, fol. 69.

Universis Christi fidelibus praesentibus et futuris praesentes litteras inspecturis, vicecomes Bruciae salutem in eo qui est salus omnium. Notum facimus universis præsentes litteras [inspecturis] ad quos praesentes litterae devenerint quod nos, pietatis intentione et peccatorum venia consequenda commoti, constituimus in perpetuam helemosinam

---

CCCII. — a. divina C. — b. Momvillari E. — c. Galteri E. — d. W. E. — e. nunc omis par E. — f. parte E. — g. transferetur E. — h. sustinerit C.

Deo et beato Benedicto Œnardum et ab omni servitio secretius liberum et immunem. In cujus rei fidem et memoriam nos dedimus etiam litteras istas sigilli nostri confirmatas. Datum anno Domini millesimo ducentesimo nono, mense maio.

CCCIV
Viterbe, 1209, 30 mai.

Innocent III confirme l'accord qui est intervenu entre l'abbé et le couvent de Saint-Benoit-de-Fleury, d'une part, et feu Guillaume archevêque et le Chapitre de Sens, d'autre part, au sujet de l'église de Lorris [2].

C, p. 50. — D, fol. 6 v°, d'après B, fol. 20a v°. — E, fol. 92 v°.
PUBL. : Baluze, *Epistolæ Innocentii III*, t. II, p. 327. — Migne, *Patrologia latina*, vol. CCXVI, col. 57.
INDIQ. : Potthast, *Regesta*, n° 3734.

Innocentius, episcopus[a] servus servorum Dei, dilectis filiis abbati et conventui Sancti Benedicti Floriacensis salutem et apostolicam benedictionem. Solet annuere sedes apostolica piis votis et honestis petentium precibus favorem benevolum impertiri. Ea propter, dilecti in Domino filii, vestris justis postulationibus grato concurrentes assensu, compositionem inter vos, ex parte una[b], et bone memorie W., archiepiscopum, et capitulum Senonense, ex altera[c], super ecclesia de Loriaco initam et scriptis autenticis roboratam, sicut sine pravitate[c] provide[d] facta est et ab utraque parte sponte recepta et in eisdem autenticis plenius continetur, auctoritate apostolica confirmamus et presentis scripti patrocinio communimus[e]. Nulli ergo omnino hominum liceat hanc paginam nostre confirmationis infringere vel ei ausu temerario contraire. Si quis hoc attentare presumpserit, indignationem omnipotentis Dei et beatorum Petri et Pauli apostolorum ejus se noverit incursurum. Datum Viterbii tertio kalendas junii, pontificatus nostri anno duodecimo.

CCCIV. — a. episcopus *omis par* D. — b. ex altera parte D. — c. paternitate D. — d. proinde D. — e. communivimus D.

---

1. Il s'agit de l'accord de 1171 (ci dessus, p. 41 et suivantes).

CCCV

Viterbe, 1209, 30 mai.

Innocent III confirme en faveur de l'abbé et du couvent de Saint-Benoit de Fleury la délimitation de la paroisse de Villiers-Saint-Benoit, établie par feu Henri, archevêque de Sens.

C, p, 32. — *D*, fol. 489, d'après *E*, fol, 13, n° 56. — *E*, fol. 50 v°.

PUBL. : *Epistolæ Innocentii III*, édit. Baluze, t. II, p. 321. — Migne, *Patrologia latina*, vol. CCXVI, col. 58.

INDIQ. : Potthast, *Regesta*, n° 3732.

Innocentius, episcopus servus servorum Dei, dilectis filiis abbati et conventui Sancti Benedicti Floriacensis salutem et apostolicam benedictionem. Ea que ratione prævia statuuntur, firma debent et illibata persistere, et ne in recidivæ contentionis scrupulum relabantur, apostolico convenit presidio communiri. Ea propter, dilecti in Domino filii, vestris justis postulationibus inclinati, limitationem parrochialis ecclesiæ vestræ de Villari[a] sicut a bonæ memoriæ H.[b] Senonensi archiepiscopo, rationabiliter facta est, auctoritate apostolica confirmamus et præsentis scripti patrocinio communimus[c]. Nulli ergo omnino hominum liceat hanc paginam nostre confirmationis infringere vel ei ausu temerario contraire. Si quis autem hoc attemptare[d] presumpserit, indignationem omnipotentis Dei et beatorum Petri et Pauli apostolorum ejus se noverit incursurum. Datum Viterbii, iii kal. junii, pontificatus nostri anno duodecimo.

CCCVI

Viterbe, 1209, 30 mai.

Innocent III, à l'exemple de son prédécesseur le pape Alexandre III, interdit à quiconque d'imposer la condition servile aux bourgeois qui, dans le temps règlementaire, ne se sont pas préoccupés de se conformer aux lois qui règlent leur situation.

CCCV. — *a*. Villare *E*. — *b*. Hugone *E*. — *c*. communi *C* ; communivimus *D*. — *d*. attentare *E*.

PUBL. : Baluze, t. II, p. 328. — Migne, *Patrologia latina*, vol. CCXVI, col. 58.

INDIQ. : Potthast, *Regesta*, n° 3736.

Innocentius, episcopus servus servorum Dei, dilectis filiis abbati et conventui Sancti Benedicti Floriacensis salutem et apostolicam benedictionem. Nemini debet titulus servilis conditionis apponi qui privilegio debet libertatis gaudere. Inde est quod, ad exemplar felicis recordationis Alexandri papae praedecessoris nostri, auctoritate duximus apostolica prohibendum ne burgenses suos, qui infra tempus statutum legibus super statu suae conditionis nulla sunt questione pulsati, deprimere quisquam praesumat onere servitutis. Datum Viterbii, III kalendas junii, pontificatus nostri anno duodecimo.

CCCVII

Viterbe, 1209, 30 mai.

Innocent III confirme les lettres de non-préjudice accordées par le pape Alexandre III en 1164 ou 1165 à l'abbaye de Saint-Benoit-sur-Loire.

PUBL. : Baluze, t. II, p. 327. — Migne, *Patrologia latina*, vol. CCXVI, col. 57.

INDIQ. : Potthast, *Regesta*, n° 3735.

Innocentius, episcopus servus servorum Dei, etc. In litteris felicis recordationis Alexandri papae praedecessoris nostri haec de verbo ad verbum perspeximus contineri : Alexander episcopus, etc., *ut supra in charta n° CLXXXVI usque ad Senonis*, VI idus martii. Quod igitur ab ipso praedecessore nostro provida fuit deliberatione statutum ratum et firmum habentes, ad exemplar ejusdem illud praecipimus inviolabiliter observari. Datum Viterbii, III kalendas junii, pontificatus nostri anno duodecimo[1].

---

1. Voy. ci-dessus, p. 18.

CCCVIII

Viterbe, 1209, 5 juin.

Innocent III autorise l'abbé et le couvent de Saint-Benoît de Fleury à révoquer les dons ou concessions de biens qui ont été faits injustement par les abbés antérieurs.

PUBL. : Baluze, t. II, p. 327. — Migne, *Patrologia latina*, vol. CCXVI, col. 56.

INDIQ. : Potthast, *Regesta*, n° 3733.

Innocentius, episcopus servus servorum Dei, dilectis filiis abbati et conventui Sancti Benedicti Floriacensis salutem et apostolicam benedictionem. Quoniam per administrationem improvidam et dissolutam incuriam praefatorum pro alienationibus illicitis factis ab ipsis quamplures Ecclesiae in temporalibus non modicum sustinent detrimentum, nobis, quibus est ecclesiarum omnium sollicitudo commissa, ex officii debito pastoralis incumbit post causam taliter vulneratam remedium competens invenire, quod obducere possit et debeat hujusmodi vulnerum cicatrices. Cum igitur a nobis duxeritis postulandum ut revocandi ea quae de nobis Ecclesiae per abbates ejusdem illicite alienata fuerint vel concessa in ejus praejudicium et gravamen vobis auctoritatem tribuere dignaremur, nos, vestris precibus inclinati, vobis duximus concedendum ut ea quae ab ipsis abbatibus inveneritis alienata illicite vel concessa vobis liceat ad jus ipsius appellatione remota legitime revocare. Nulli ergo, etc. Si quis autem, etc. Datum Viterbii, nonis junii, pontificatus nostri anno duodecimo.

CCCIX

Viterbe, 1209, 8 juin.

Innocent III, à la requête de l'abbé et du couvent de Saint-Benoit de Fleury, déclare qu'aucun archevêque ni évêque n'a le droit de prononcer une sentence d'excommunication ou d'interdit sur les églises dépendant de ladite abbaye, sans motif raisonnable, ni d'exiger d'elles un droit de procuration sans une permission spéciale du Saint-Siège.

PUBL. : Baluze, t. II, p. 328. — Migne, *Patrologia latina*, vol. CCXVI, col. 59.

Innocentius, episcopus servus servorum Dei, etc. Justis petentium desideriis dignum est nos facilem praebere consensum, et vota quae a rationis tramite non discordant effectu prosequere complere. Cum igitur monasterium vestrum, sicut in authentico bonae memoriae Alexandri papae predecessoris nostri perspeximus contineri, ad jus et proprietatem Beati Petri nullo mediante pertineat, nos, vestris precibus inclinati, autoritate praesentium inhibemus ne quis archiepiscopus vel episcopus in ecclesias monasterio ipsi subjectas absque manifesta et rationabili causa excommunicationis vel interdicti sententias audeat promulgare, vel ab eodem monasterio procurationem exigere vel correctionem in ipsum exercere praesumat nisi de mandato Sedis apostolicae speciali. Nulli ergo, etc. Datum Viterbii, VI idus junii anno duodecimo.

CCCX

Viterbe, 1209, 8 juin.

Innocent III confirme à Garnier, abbé de Saint-Benoit-sur-Loire, les biens, droits et privilèges de l'abbaye[1].

C, n° 59, p. 40, collationné sur l'original. — E, n° 55, fol. 77.

Innocentius, episcopus servus servorum Dei, dilectis filiis Garnerio, abbati monasterii Sancti Benedicti Floriacensis, quod supra Ligerim situm est, ejusque fratribus tam presentibus quam futuris regularem vitam professis, in perpetuum.

. . . .

Ego Innocentius, catholice ecclesie episcopus. †
Ego Johannes, Albanensis episcopus. †

---

1. Cette bulle confirme les bulles antérieures et reproduit la liste complète des possessions telle qu'elle se trouve dans la bulle de Luce III (ci-dessus n° CCL) ; il a donc paru inutile d'en donner à nouveau le texte.

Ego Johannes, Sabinensis ecclesie episcopus. †

Ego Nicolaus, Tusculanus episcopus. †

Ego Petrus, tituli Sancti Marci presbiter cardinalis. †

Ego Benedictus, tituli Sancte Susanne presbiter cardinalis. †

Ego Rogerius, tituli Sancte Anastasie presbiter cardinalis. †

Ego Gregorius, sancti Georgii ad velum aureum diaconus cardinalis. †

Ego Guido, sancti Nicolai in carcere Tulliano diaconus cardinalis. †

Ego Joannes, sancte Marie in via lata diaconus cardinalis. †

Ego Octavianus, sancti Sergii et Bacchi diaconus cardinalis. †

Ego Joannes, sanctorum Cosme et Damiani diaconus cardinalis. †

Ego Pelagius, sancte Lucie ad septa solis diaconus cardinalis. †

Datum Viterbii, per manum Joannis, sancte Marie in Cosmidin diaconi cardinalis, sancte Romane ecclesie cancellarii, vi idus junii, indictione xii, incarnationis dominice MCCVIIII, pontificatus vero domini Innocentii pape III anno duodecimo.

CCCXI

Viterbe, 1209, 10 juin.

Innocent III confirme à l'abbaye de Saint-Benoit l'exemption de l'Ordinaire que lui avait accordée, en 1180, Manassès évêque d'Orléans[1].

C. p. 27, n° 45. — E, fol. 44, n° 43. — L, p. 93.

PUBL. : *Epistolæ Innocentii III*, édit. Baluze, t. II, p. 328.

Innocentius, episcopus, servus servorum Dei, dilectis filiis abbati et conventui Sancti Benedicti Floriacensis, salutem et apostolicam benedictionem. Solet annuere sedes apostolica piis votis et honestis petentium precibus favorem benevolum impertiri. Ea propter, dilecti in Domino filii

---

1. Voy. ci-dessus la charte n° CCXXII.

vestris justis postulationibus grato concurrentes assensu' libertatem et immunitatem quas bonae memoriae Manasses, Aurelianensis episcopus, vestro monasterio et ejus prioratibus Manasses, Aurelianensis episcopus, vestro monasterio et ejus prioratibus recognovit, sicut in ipsius authentico plenius continetur, et vos eas juste ac pacifice obtinetis, auctoritate apostolica confirmamus et praesentis scripti patrocinio communimus. Ad majorem autem evidentiam autentiquum[a] ipsum hinc nostrae paginae de verbo ad verbum duximus inserendum[b]. Ego Manasses, etc., *ut supra p .g. 93*, usque ad ultimum verbum chartae ejusdem episcopi post quod continuatur Bulla sic. Nulli ergo omnino, etc. Si quis autem, etc. Datum Viterbii, tercio idus junii, pontificatus nostri anno 12º.

CCCXII.

1209, décembre.

Garnier, abbé, et le couvent de Saint-Benoît de Fleury concèdent à Guillaume, curé d'Éperrais, reçu en la fraternité de la dite église, leur maison du [Pont-de-] Magny, qu'il a libérée de toute dette, pour la posséder sa vie durant à titre de prieur, à condition qu'il y entretiendra un moine, qu'il paiera le cens annuel de deux livres dix sous tournois dû par la dite maison à l'aumônier de Saint-Benoît, de deux sous au chantre et de vingt sous parisis au cellerier, qu'il visitera annuellement l'église de Saint-Benoît en la fête de saint Benoît d'hiver ; en retour de quoi ledit Guillaume a donné en aumône à Saint-Benoît la moitié de tous ses meubles et immeubles ; le dit contrat confirmé par Silvestre, évêque de Sées.

C, p. 186, n° 310. — E, fol. 358, n° 294. — L, p.580, d'après B, fol. 81 v° (extraits).

INDIQ. : b, fol. 326 v°, d'après B, fol. 84 v°. — K, fol. 446, d'après B, fol. 81 v°. — L, p. 441.

Garnerius, Dei gratia humilis abbas Sancti Benedicti Floriacensis, et totius ejusdem ecclesie conventus, omnibus tam presentibus quam futuris presentes litteras inspecturis,

---

CCCXI. — a. autentiquum *manque* C. — b. inserendum de verbo ad verbum E.

in Domino salutem. Noverit universitas vestra quod veniens ad nos dilectus noster Willelmus, presbyter de Sperreia[a], humiliter a nobis postulavit ut ei fraternitatem nostram et beneficium ecclesie nostre, tam in vita quam in morte, concederemus, cujus nos devotionem considerantes, ejus pie petitioni condescendentes, in fratrem eum recepimus et omnium beneficiorum nostrorum par icipem fieri concessimus[b]. Cum itaque domus nostra de Magniaco multis et magnis debitis obligata teneretur et ab[c] avara feneratorum manu par se de facili erui non posset, jamdicti Villelmi presbyteri probitatem simul et dilectionem considerantes, eamdem domum ei dedimus et concessimus quandiu vixerit pacifice possidendam, sicut eam alii priores ante eum tenuerant. Ipse vero eamdem domum, hoc eodem hujus donationis anno, ab omni debito liberavit et unum ibi monachum secum tenebit, cui honorifice et sufficienter necessaria ministrabit, nobisque quantum ad prioratum illum pertinet tenebitur obedire, censum quoque quem predicta domus debere dinoscitur, videlicet eleemosinario nostro II libras X solidos turonensium[d], cantori duos solidos turonensis monetae, cellerario etiam nostro viginti solidos parisiensium singulis annis sine contradictione persolvet. Ad festivitatem quoque sancti Benedicti hyemalem singulis annis, ecclesiam nostram in persona propria visitebit, nisi aliqua rationabili et manifesta causa per licentiam nostram remanserit. Monachus in eadem domo manens, si aliqua rationabili et evidenti causa fuerit amovendus, nos alium quem dictus Willelmus rationabiliter petierit et postulaverit[e], substituemus. Eamdem autem domum cum omnibus ad eam pertinentibus memoratus Willelmus idem[f] prior indemnem pro posse suo conservabit nec aliquid de rebus vel redditibus suis detrimentum pati vel alienari permittet. Si vero superna gratia inspiratus religionis ha-

---

CCCXII. — a. Perreia *L*. — b. *à ce mot s'arrête L pour reprendre à* idem etiam Willelmus. — c. ab *omis par E*. — d. nostro quinquaginta solidos turon. monete *E*. — e. rationabiliter petierit et *omis par C*. — f. idem *omis par E*.

bitum assumere decreverit ad aliam nisi ad nostram ecclesiam transire non poterit ; illa siquidem nature jura persolvente, predicta domus nostra de Magniaco ab omni debito libera cum omnibus que in ea fuerint tam mobilibus quam immobilibus pacifice et absque alicujus reclamatione nobis remanebit. Idem etiam Willelmus medietatem omnium quae ubicunque habere dinoscetur pro remedio anime sue in eleemosynam nobis dedit et concessit habendam tam in mobilibus quam immobilibus. Hec omnia, sicut in presenti[h] carta sunt redacta, sepedictus[i] Willelmus se fideliter tenere et inviolabiliter observare, tactis sacrosanctis[j] in capitulo nostro firmavit, dominus quoque Sylvester, Sagiensis episcopus, hec omnia concessit et, ad nostram et memorati Willelmi[k] petitionem, presentem cartam sigilli sui caractere roboravit ; nos etiam in hujus rei testimonium hanc eamdem cartam sigillorum nostrorum munimine confirmavimus. Actum publice in capitulo Floriacensi, anno incarnati Verbi millesimo ducentesimo nono, mense decembri[l].

CCCXIII
1209.

Pierre, archevêque de Sens, donne à l'église de Saint-Benoît de Fleury l'investiture de la dîme que Guillaume de Montoire percevait sur la terre de Saint-Benoît à Mainvilliers, de la dîme que Renaud de Mainvilliers percevait sur la terre de Saint-Benoît, et sur celle de Saint-Maurice à Grandvilliers, ainsi que l'investiture de la terre de feu Gautier de Chartres à Mainvilliers et d'une place dans la masure de Raoul du Puits, dîmes et terre que la dite église de Saint-Benoît a rachetées desdits Guillaume et Renaud.

C, p. 107, n° 176. — E. fol. 212 v°. — K, p. 806, « ex autographo ». — L, p. 440, « ex cartulario », fol. 48 ».

Petrus, Dei gratia Senonensis archiepiscopus, omnibus presentes litteras inspecturis salutem in Domino. Noverint

---

CCCXII. — q. quam in EL. — h. in presenti omis par L. — i. sepefatus E. — j. sanctis L. — k. et prefati W. E. — l. mense decembri omis par L.

universi quod ecclesia Beati[a] Benedicti Floriacensis a Willelmo[b] de Montoire decimam totius terre sue et hospitum suorum de Mainvillari[c] et terram illam que fuit defunct Gualteri[d] Carnotensis, cum una platea in masura Radulphi de Puteo, et a Renaudo[e] de Mainvillari[f], milite, totam decimam quam habebat in terra Sancti Benedicti et in terra Sancti[g] Mauritii apud Grandivillare[h] sita, de assensu et voluntate nostra redemit ; prefati vero Willelmus[i] et Renaudus[j], miles, decimas illas[k] in manu nostra resignaverunt, et nos, ad petitionem utriusque, prefatam ecclesiam[l] Sancti Benedicti de decimis illis investivimus. Et ne concessionis nostre memoria in posterum aliqua possit oblivione depravari[m], presentem paginam scribi fecimus et sigilli nostri impressione signari. Actum[n] anno gratie M° CC.° nono[o].

CCCXIV

1210, 18 mars.

Silvestre, évêque de Sées, met l'abbaye de Saint-Benoît de Fleury en possession d'une terre, sise en la paroisse de Sérigny, que Guillaume d'Éperrais, prieur de la Chaise au pays de Bellême, après l'avoir achetée de Guillaume Le Breit qui la tenait du chef de sa femme, avait donnée en aumône à Saint-Benoît, la dite terre chargée d'un cens annuel de quatre livres de monnaie courante à partager entre l'aumônier, le cellerier et le bibliothécaire de Saint-Benoît.

C, p. 186, n° 311. — E, fol. 359 v°, n° 295.

Universis Christi fidelibus ad quos praesens scriptum pervenerit, Silvester, Dei gratia Sagiensis episcopus, eternam in Domino salutem. Noverit universitas vestra quod Wil-

---

CCCXIII. — a. sancti *K*. — b. Willielmo *K*. — c. Menvillari *K*. — d. Gutteri *K* ; Galteri *EL*. — e. Rainaudo *K*. — f. Meinvillari *C* ; Menvillari *K*. — g. beati *L*. — h. Grandivillari *C*. — i. Willielmus *K*. — j. Rainaudus *K*. — k. illis *K*. — l. prefatam illam ecclesiam *E*. — m. damnari *CK*. — n. actum omis par *K*. — o. la date en toutes lettres *EL*.

lelmus de Spereia[a], presbyter, qui eo tempore prioratum de Casa, in pago Belismensi[b], de assensu et voluntate abbatis et conventus Sancti Benedicti Floriacensis regebat, a Willelmo[c] le Bret emit terram illam quam tres fratres in parochia de Seringneio tenent jure hereditario reddendo ex ea annuatim quatuor libras monete in terra cursilis, ita quidem quod illi qui dictam terram tenebunt preter dictas quatuor libres servitia dominorum[d] acquitabunt. Ipse etiam Willelmus le Bret uxori sue escambium fecit ad voluntatem suam, quia dicta terra ei data erat in maritagio, et ita concesserunt uxor et filii sepedicti Willelmi ipsam emptionem, et juramento firmaverunt se nihil in ipsa terra reclamaturos et eam resignaverunt in manu nostra et nos dictum[e] presbyterum dicta[f] terra saisivimus, qui eam statim eleemosinavit Deo et abbatie Sancti Benedicti Floriacensis et nos ipsam abbatiam investivimus per manus cujusdam monachi ejusdem abbatie qui apud prioratum de Casa morabatur. Terra autem illa, immo census annuus[g] qui de terra percipitur[h] IIII libre in hos usus deputabitur, videlicet eleemosinario Sancti Benedicti II libre X solidi turonensium, cellerario viginti sol. paris. et custodi armarioli duo solidi turonensium. Ut autem in posterum[i] hoc ratum habeatur, rei[j] coram nobis facte seriem scriptis annotari et sigilli nostri munimine fecimus roborari[l]. Actum anno gratie millesimo ducentesimo nono[m], decimo quinto kalendas aprilis.

CCCXV
1210.

Manassès, évêque d'Orléans, notifie l'accord conclu, par la médiation royale, entre lui et l'abbé et couvent de Saint-Benoit-sur-Loire, dans un procès débattu devant les juges délégués

---

CCCIX. — *a*. Epereia *C* ; Esperia *E*. *Corrige:* Spereia. — *b*. Belesmensi *E*. — *c*. Villelmo *C* ; Guillelmo *E*. — *d*. omnia servicia domino *E*. — *e*. eumdem *E*. — *f*. eadem *E*. — *g*. annus *E*. — *h*. percipietur *E*. — *i*. in posterum omis par *E*. — *j*. rei omis par *C*. — *l*. roborari omis par *E*. — *m*. la date en chiffres *C*.

par le Saint-Siège au sujet des droits de gîte que ledit évêque réclamait dans les prieurés d'Yèvre, de Châteauneuf-sur-Loire, de Vitry-aux-Loges, de Saint-Aignan-le-Jaillart, l'évêque renonçant aux dits droits moyennant paiement par l'abbé et couvent de deux cents livres parisis qui lui permettront d'acheter des rentes pour lui et ses successeurs [1].

C, p. 123, n° 213. — E, fol. 241 v°. — K, p. 806, « ex autographo ». — L, p. 94, « ex cartulario », p. 154.—M, Bibl. nat., ms. latin 12739, p. 369.

INDIQ. : b, fol. 323b.

Manasses, Dei gratia Aurelianensis episcopus[a], omnibus ad quos presentes littere[b] pervenerint, salutem in Domino. Notum facimus omnibus tam presentibus quam futuris quod, cum inter nos, ex una parte, et abbatem[c] et conventum Sancti Benedicti Floriacensis, Aurelianensis diocesis, ex altera, coram[d] judicibus Senonensibus auctoritate apostolica[e] controversia verteretur super[f] procurationibus quas petebamus in prioratibus de Evera, de Castronovo, de Vitriaco, de Sancto Aniano le Jallart[g], tandem, mediante domino rege, in hanc formam pacis convenimus quod prenominati abbas et conventus ducentas libras parisienses nobis dederunt ad redditus emendos[h] et nos expensas quas in locis predictis[i] faceremus[j] in perpetuum remisimus, loco expensarum redditus emptos de predicta pecunia retinente[k] nobis et[l] successoribus nostris episcopis[m] profuturos. Qnod ut ratum permaneat, presentes litteras annotari fecimus[n] et sigilli nostri munimine roborari. Actum anno Domini millesimo ducentesimo decimo.

CCCXV. — a. episcopus Aurelianensis C. — b. littere presentes EL. — c. et abbatem omis par C. — d. ex altera parte coram. — e. apostolica omis par CE. — f. supra L. — g. Le Gallard C ; Le Jaillart L. — h. nobis dederunt ad omis par E. — i. dictis locis E ; locis predictis C. — j. faciemus E. — k. de predicta pecunia retinente omis par E. — l. tenentes nobis C. — m. episcopis omis par E. — n. facimus annotari C. — o. Domini omis par L.

---

1. Voir une charte de mai 1213 (ci-après n° CCCXVIII), par laquelle Adam Brun, archidiacre d'Orléans, donne son adhésion à cet accord.

CCCXVI
1210.

Manassès, évêque d'Orléans, notifie l'accord conclu, par la médiation de l'évêque d'Auxerre et de l'abbé de la Cour-Dieu, entre lui et l'abbé et couvent de Saint-Benoit-sur-Loire, dans un procès débattu devant les juges délégués par le Saint-Siège, au sujet des droits de gîte que ledit évêque réclamait dans les prieurés de Germigny, Villabé, Saint-Gervais, Yèvre-la-Ville et aussi à Baudrevilliers, si ultérieurement des moines y doivent être installés, l'évêque renonçant aux dits droits moyennant paiement par l'abbé et couvent de cent livres parisis qui lui permettront d'acheter des rentes pour lui et ses successeurs.

C, n° 218, p. 123. — E, fol. 244, n° 207. — K, p. 806, « ex autographo » — L. p. 94, « ex cartulario », fol. 53 v°. — M. Bibl. nat., ms. latin 12739, p. 369,

INDIQ. : B. fol. 53 v°. d'après B. fol. 324 v° et K.

Manasses, Dei gratia Aurelianensis episcopus, omnibus ad quos presentes littere pervenerint, salutem in Domino. Noverint universi presentes pariter et futuri quod cum inter nos, ex una parte, et abbatem et conventum Sancti Benedicti Floriacensis, Aurelianensis diocesis, ex altera, coram judicibus Carnotensibus controversia verteretur super procurationibus quas petebamus in domibus de Germiniaco, de Villa Abbatis, de Sancto Gervasio, de Evera[a] villa, et super eo quod in loco qui dicitur Baudrici Villare[b], nulli essent monachi ubi monachos olim fuisse dicebatur, tandem compromisimus in venerabilem patrem et fratrem nostrum Willelmum, Autissiodorensem episcopum, et dilectum filium Henricum, abbatem Curie Dei, pena triginta marcharum ab utraque parte statuta, quibus mediantibus, in hanc pacis formam convenimus quod prenominati abbas et conventus centum libras parisiensium nobis dederunt ad redditus emen-

---

CCCXVI. — a. et de Evera E. — b. Baudrivillare E.

---

1. Le doyen et le chapitre de l'église d'Orléans ont également adhéré à cet accord par la charte de mai 1213.

dos, et nos expensas quas in locis predictis faceremus, si ibi hospitaremur, in perpetuum remisimus loco expensarum redditus emptos de pecunia predicta tenentes, nobis et successoribus nostris[c] episcopis profuturos. Volumus etiam istam expensarum remissionem extendi ad locum qui Baudrici villare vocatur[d], si aliquo tempore per abbatem et conventum ibidem monachi fuerint instituti. Quod ut ratum permaneat, presentes litteras fecimus annotari et sigilli nostri munimine roborari. Actum anno dominice incarnationis M°CC°X°[e].

CCCXVII
1210.

Pierre, comte d'Auxerre et de Tonnerre, reconnaît n'avoir droit, ni pour lui, ni pour ses prévôts ni ses chiens, à aucune procuration ni gîte dans la villa de Dyé, et renonce, en faveur de l'église de Saint-Benoit, à toute coutume dans la dite villa, à la réserve que celle-ci soit reconnue relever de la châtellenie de Tonnerre.

C, p. 278, n° 516. — M. Bibl. nat., ms. latin 12775, p. 145.
INDIQ.: K, fol. 450, d'après B, fol. 128.

Ego Petrus, comes Autissiodorensis et Tornodorensis, notum facio universis presentibus pariter et futuris quod cum, ad suggestionem hominum meorum, putarem me in villa de Dye procurationem[a] et gistum habere et etiam prepositos et canes meos similiter in eadem villa procurationem habere putarem, tandem, inquisita rei veritate a bonis viris et fide dignis, cognovi me in dicta villa nihil juris vel consuetudines habere nec etiam prepositos vel canes meos vel aliquos ad me pertinentes. Quittavi itaque et adhuc quitto ecclesie Beati Benedicti quidquid juris vel consuetudinis me vel meos in dicta villa habere proclamabam,

---

CCCXVI.— c. nostris omis par E. — d. dicitur EK. — e. La date en toutes lettres E; M°CC° X° III° K (mais cette date semble bien n'être qu'une erreur matérielle de transcription, car Dom Chazal qui a suivi l'ordre chronologique place bien cet acte à l'année 1210.

CCCXVII. — a. procuratorem C. *Corrigez:* procurationem.

hoc excepto quod villa illa est de castellaria Tornodori. Et, ne super hoc vel heredes mei dictam ecclesiam vel villam in aliquo possimus molestare, presentem paginam sigilli mei munimine roboravi. Actum anno Domini MCCX[b].

CCCXVIII
Vers 1210.

Guillaume Le Breit concède à Pierre Le Dagre et à son héritier, moyennant le prix de cinquante livres tournois, sa terre de Coutart, à charge par ledit Pierre de payer au dit Guillaume une rente annuelle de quatre livres, monnaie du Perche, et, le cas échéant, le service d'aide aux seigneurs de fief, savoir seize deniers manceaux, le dit Pierre concédant à ses frères la moitié de la dite terre.

C. p. 191. — E. fol. 356.

Sciant omnes tam presentes quam futuri quod Guillelmus le Breit tradidit et concessit Petro le Dagre terram suam de Coutart et sibi et heredi suo, et prefatus G.[a] cepit in hominem Petrum memoratum, et Petrus debet reddere Guillelmo et heredi suo annuatim iv libras perticensis[b] monete ad festum sancti Remigii persolvendos[c], et tradidit immunem terram ab omni servitio, exceptis servitiis dominorum feodi quando auxilia dominorum venient, scilicet sexdecim cenomanenses. Hanc pactionem pepigit tenendam Guillelmus Brito[d] et sua uxor et heredes sui, Gervasius de Menchenai[e], plegius, Guillelmus Fortin, plegius, Herbertus le Breit, plegius, Richardus Chenu, plegius, ne qua calumnia possit oriri in hac pactione, ego Guillelmus feci hoc confirmari, ne heredes mei irent ad malum testimonio litterarum. Pro hac pactione facienda habuit G. Brito[f] quinquaginta libras turonensium et Petrus concessit medietatem terre suis fratribus ita liberaliter cum tenet de suo domino per medietatem servitii faciendi.

CCCXVIII. — a. Guillelmus E. — b. Pratiensis C. — c. persolvendos omis par E. — d. Brico C. — e. Meauchenai E. — f. Brico C.

CCCXIX

1210.

Guillaume Le Breit donne aux moines [du-Pont-] de Magny la terre de Coutart avec les manants et revenus, tenue en fief par Pierre Le Dagre et ses frères, en retour de quoi il a reçu des moines quatre vingts livres tournois dont il a acquis de son frère une terre sise à Laquele qu'il a donnée à sa femme, du chef de qui il tenait la terre de Coutart.

C, p. 187, n° 312. — E, fol. 360, n° 296. — L., p. 561, d'après B, fol. 482.

Notum sit omnibus tam posteris quam presentibus quod ego, Willelmus Brito[a], cum assensu uxoris mee et filiorum meorum, Deo et Beato Benedicto Floriacensi et monachis in domo de Mengniaco[b] Deo servientibus et servituris, absque ulla[c] reclamatione mei[d] vel meorum, terram de Costart[e] cum pertinentiis suis et hominibus super eadem terra manentibus et redditibus eorum, pro salute anime mee et antecessorum meorum, in puram, quittam[f], liberam[g] et perpetuam eleemosinam dedi et concessi et hac presenti carta mea confirmavi, de qua terra et hominibus et redditibus illius terre in manu domini Silvestri[h], Sagiensis episcopi, in domo scilicet de Chesne Galon, multis videntibus et audientibus, ne dissaisiavi, qui dictus episcopus, ad meam petitionem et mee uxoris et filiorum meorum, prefatos monachos de Mengniaco de eadem eleemosina investivit, quam quidem terram Petrus le Dagre et fratres ejus in feodo et hereditate de me tenuerunt[i] et de predictis monachis de Mengniaco amodo tenebunt, reddendo eisdem monachis ad festum[j] sancti Remigii annuatim quatuor libras dunesensium et domi is capitalibus servitia. Ego autem et mei heredes prefatam eleemosinam memoratis monachis deferdere et garentizare[k] tenemur ; sepedicti vero monachi, oculo beni-

---

CCCXIX. — a. Villelmus Brico C. — b. — Meingnaco C ; Mangniaco E. — c. omni E. — d. mea L. — e. Lostart C. — f. quietam C. — g. et liberam CL. — h. S. C. — i. tenuerant E. — j. in festo E. — k. deffendere et garantizare E.

giori meam necessitatem intuentes, quatuor viginti libras turonensium mihi caritative contulerunt, et quia terram predictam de Costart cum uxore mea*l* in matrimonio acceperam, de dictis quatuor viginti libris Turonensium quamdam terram a*m* meo fratre emi apud Laquele*n*, quam, pro escambio terre de Costart, eidem mee uxori dedi, ne*o* ipsa, aliqua malignitate seducta, dictos monachos super predicta eleemosina vexare presumat. Facta uit hec charta anno dominice incarnationis Domini nostri Jesu Christi millesimo ducentesimo decimo.

CCCXX
1210.

Pierre, comte d'Auxerre et de Tonnerre, reconnaît avoir exercé à tort le droit de gîte dans la villa de Dyé, dépendant de Saint-Benoit-sur-Loire, et confirme l'exemption de toute exaction en faveur de la dite villa jadis concédée à l'abbaye par Guillaume, comte de Nevers.

C, p. 279, n° 525. — *M*, Bibl. nat., ms. latin 12775, p. 145, « ex cartulario Floriacensi » (copie de Dom Estiennot).
INDIQ. : *b*, fol. 327, d'après *B*, fol. 127.

Ego Petrus, comes Autissiodorensis et Tornodorensis, notum facio tam presentibus quam futuris me injuriosum extitisse abbati et monachis Sancti Benedicti super Ligerim. Quecumque ceperam in villa de Dyeto, que ipsorum subjacet juri, violenter et injuste capiendo, propter quoddam gistum quod in eadem villa me de jure habere suspicabar, multis namque probis viris attestantibus, cognovi quod secundum justitiam non poteram consequi*a* quod petebam. Carta etiam Willelmi*b*, comitis Nivernensis, de eadem villa conscripta, testificabatur libertatem quam idem comes G*c*. eisdem monachis contulerat in ipsa villa de Dyeto*d* ab

---

CCXIX. — *l. un blanc après mea*. — *m. un blanc après a CE.* — *n.* Laquete *L.* — *o.* re *C.*

CCCXX. — *a.* assequi *C.* — *b.* Guillermi *C.* — *c.* idem G. comes *C.* — *d.* Dieto *C.*

omni exactione. Ad confirmationem ergo^e eorum que in ipsa carta G. continebantur^f, ut salva et illibata de caetero monachis permaneant^g, hanc cartam conscribi feci et sigilli mei impressione muniri. Actum est hoc anno gratie MCCX.

CCCXXI
1211, avril.

Guillaume, évêque de Langres, confirme la charte précédente du comte d'Auxerre.

C, p. 279, n° 524.

INDIQ. : b, fol. 327, d'après B, fol. 128. — M, Bibl. nat., ms. latin 12775, p. 139.

Ego Willelmus, miseratione divina Lingonensis episcopus, universis tam presentibus quam futuris, notum facio me litteras P. comitis Autissiodorensis et Tornodorensis inspexisse sub hac forma : Ego Petrus, comes Autissiodorensis et Tornodorensis, *etc. ut supra* [n° CCCXV]. Inspectis igitur his litteris, ad petitionem ejusdem comitis monachis de Diaco omnia que in predicti comitis carta continentur confirmo ut eis de cetero salva et illibata permaneant. Actum anno gratie 1211, mense aprili.

CCCXXII
1211, mai.

Maurice, abbé de Saint-Benoit de Fleury, donne au couvent de la dite abbaye la dîme de la métairie de Bray, que le dit couvent a achetée d'Étienne Le Maréchal, un certain Nicolas d'Yèvre abandonnant au couvent la moitié qu'il possédait dans la dite métairie, à charge de célébration de son anniversaire.

C, p. 177, n° 294 — E, fol. 237, n° 277.

INDIQ. : K, p. 449. — b, fol. 326, d'après B, fol. 76

Mauritius^a, Dei permissione^b Sancti Benedicti Floriacensi humilis minister, universis ad quos presens scriptum pervenerit salutem in Domino. Noverit universitas vestra quod^c

---

CCCXX. — e. igitur C. — f. continebantur omis par C. — g. illibata permanaent de cætero monachis C.

CCCXXII. — a. Petrus E. — b. permissione divina E. — c. quos CE. Corrigez quod

nos, diligentes nostre promotionem ecclesie, conventui nostro dedimus et concessimus totam decimam medietarie sue de Brayo quam emerunt a Stephano Marescaullo, tam in bladis quam in vinis et rebus aliis in perpetuum possidendam. Dilectus vero filius in Domino Nicolaus de Evra, voluntate nostra et assensu, jamdicto conventui dedit et concessit mediam partem quam habebat in predicta medietaria quam de proprietate sua emerat cum conventu, ut inde mereretur peccatorum suorum assequi veniam et in nostra ecclesia annuatim suum anniversarium solempniter celebretur. Hanc vero donationem omnibus fratribus astantibus in capitulo voluimus et concessimus et sigilli nostri caractere fecimus roborari. Preterea, ad petitionem dilectorum fratrum, illos vinculis excommunicationis astrinximus[d] qui hoc vellent infringere vel temptarent[e] ausu temerario violare. Actum anno gratie millesimo ducentesimo undecimo, mense maio.

CCCXXIII
1213, mai.

Adam Brun, archidiacre d'Orléans, adhère à l'accord conclu entre Manassès, évêque d'Orléans, d'une part, l'abbé et le couvent de Saint-Benoît de Fleury, d'autre part, au sujet des procurations que le dit évêque exigeait des prieurés de Vitry, d'Yèvre-le-Châtel et des maisons d'Yèvre-la-Ville et de Baudrevilliers, sis en son archidiaconé, et renonce à la part qu'il avait dans les dites procurations.

C, p. 101, n° 160. — E, fol. 198 v°, n° 148.

Adam Breuns[a], archidiaconus Aurelianensis, omnibus presentes litteras inspecturis salutem in Domino. Noverint universi presentes pariter et futuri quod nos formam[b] compositionis et pacis inter venerabilem patrem[c] et dominum nostrum Manassem, Aurelianensem episcopum, ex una parte,

---

CCCXXII. — d. astrinsimus E — e. tentarent C.
CCCXXIII. — a. Bruns E. — b. forma C. — c. priorem C.

et bonos[d] in Christo viros venerabilem[e] abbatem et conventum Sancti[f] Benedicti Floriacensis, ex altera[g], initam[h] super procurationibus quas idem episcopus ab eis exigebat in prioratibus de Vitriaco, de Evra Castro necnon in domibus de Evra villa et[i] de Baudrevillari, in archidiaconatu nostro existentibus, formam[j], inquam, compositionis et pacis sicut in patentibus ipsius episcopi[k] litteris super hoc editis et confectis plenius contineri prospeximus[l], ratam habemus pariter[m] et acceptam et quidquid juris ratione procurationum, tam in predictis prioratibus quam in domibus premissis, habebamus, plenarie et perfecte quittavimus[n] et remisimus in perpetuum. Quod ut[o] ratum et notum haberetur, presentes litteras de assensu et voluntate ipsius domini episcopi fieri fecimus et sigilli nostri munimine roborari. Actum anno Domini millesimo ducentesimo tertio decimo, mense maio.

CCCXXIV
1213, mai.

Manassès, évêque d'Orléans, notifie la confirmation par Guillaume de Bouzonville, chevalier, de la donation de treize sous et quatre deniers de cens à Vrigny, faite par son père Hugues de Bouzonville à Saint-Benoît de Fleury.

C, p. 115. n° 197. — E. fol. 229, n° 186. — L, p. 562. d'apres B. fol. 51.

INDIQ. : b, fol. 324. d'apres B, fol. 51.

Manasses, Dei gratia Aurelianensis episcopus, omnibus presentes litteras inspecturis salutem in Domino. Noverit universitas vestra quod dilectus et fidelis noster, Willelmus de Bolunvilla[a], miles, in nostra presentia constitutus recognovit quod bone memorie Hugo de Bolunvilla[a], pater suus,

---

CCCXXIII. — d. bonus omis par E qui remplace par des points — e. venerabilem omis par E — f. beati E. — g. ex altera omis par C. — h. motam E. — i. et omis par E. — j forma C. — k ipsius domini episcopi E. — l perspeximus E. — m. pariter omis par E. — n quitamus E. — o. ut omis par E

CCCXXIV. — a Bolumvilla C : Bolonvilla E

ecclesie Sancti Benedicti Floriacensis tresdecim[b] solidos et quatuor denarios censuales in parochia de Vereniaco constitutos contulit in perpetuum possidendos; memoratus autem Willelmus[c], patris sui donationem laudans et concedens, eidem ecclesie, pro remedio anime sue, octo denarios censuales in dicta parochia de Vereniaco constitutos in perpetuam contulit eleemosynam quiete et libere possidendos. In cujus rei memoriam et testimonium, presentes litteras sigilli nostri minimine fecimus, ad petitionem prefati militis, communiri. Actum anno gratie millesimo ducentesimo tertio decimo, mense maio.

CCCXXV

1213, mai.

Foulque, doyen, et le Chapitre de l'église d'Orléans adhèrent à l'accord conclu entre Manassès, évêque d'Orléans, d'une part, l'abbé et le couvent de Saint-Benoit de Fleury, d'autre part, au sujet des procurations que le dit évêque exigeait tant de l'abbaye même que des prieurés de Châteauneuf-sur-Loire, de Vitry, d'Yèvre-le-Châtel, de Saint-Aignan-le-Jaillart, et des maisons d'Yèvre-la-Ville, de Villabé, de Germigny, de Saint-Gervais et de Baudrevilliers.

C, p. 122. — E, fol. 212. — K, p. 807 « ex cartulario, fol. 53 ». — L, p. 155, « ex cartulario, fol. 53 ».

Fulco, decanus, et universum Aurelianense capitulum, universis presentibus pariter et futuris[a] salutem in Domino. Noverint universi presentes pariter[b] et futuri quod nos[c] formam pacis inter venerabilem patrem nostrum, Manassem[d], Aurelianensem episcopum, ex una parte, et carissimos[e] in Christo viros venerabilem[f] abbatem et conventum Beati[g] Benedicti Floriacensis, ex altera, initam super procurationibus quas

---

CCCXXIV. — b. tredecim L. — c. W. E.

CCCXXV. — a. pariter omis par L; universis presentes litteras inspecturis E. — b. pariter omis par EL. — c. quod nos omis par CEK. — d. Manassen C. — e. religiosos C; reverendos L. — f. venerabiles CKL. — g. Sancti CK.

idem episcopus ab eis exigebat[h] tum in corpore ipsius abbatie[i] et[j] in prioratibus de Castronovo super Ligerim, de Vitriaco, de Evera Castro et de Sancto Aniano le Gaillart[k], tum etiam in domibus de Evera[l] Villa et de[m] Villa abbatis, de Germiniaco, de Sancto Gervasio et de loco qui Baudrevillare dicitur, formam inquam pacis, sicut in patentibus[n] ipsius episcopi litteris super hoc editis[o] continetur ratam habemus et approbamus, et in hujus rei fidem et testimonium presentem paginam litteris annotatam sigilli nostri munimine roboramus[p]. Actum anno Domini millesimo ducentesimo tercio decimo[q], mense maio.

CCCXXVI

1213, novembre.

Philippe, official de Sens, adjuge aux moines de Saint-Benoît de Fleury la possession de la menue dîme de la paroisse de Montereau, que Robert, curé de Montereau, prétendait lui appartenir, réservée la question de propriété.

C. p. 224. — D, fol. 134 v°, d'après B, fol. 103 v°.
INDIQ. : L, fol. 442, d'après B, fol. 103 v°.

Magister Philipus[a], curie Senonensis officialis, omnibus presentes litteras inspecturis in Domino salutem. Litigantibus in curia Senonensi monachis Sancti Benedicti Floriacensis, ex una parte, et Roberto presbytero de Monsteriolo[b], ex alia, ex parte monachorum fuit in jure propositum quod idem presbyter spoliaverat[c] eos duabus partibus minute decime parochie de quibus longo tempore fuerant in possessione ; dictus autem presbyter, possessionem eorum inficians, ex adverso respondit se dictas duas partes decime

---

CCCXXV. *h.* exigebat ab eis *K.* — *i.* abbatie omis par *L.* — *j.* et omis par *C* ; quam *E* ; tum *L.* — *k.* Gallart *C* ; Gualiart *E* ; Jaillart *L.* — *l.* Evera omis par *CE.* — *m.* et omis par *CK.* — *n.* patentibus omis par *E* qui le remplace par des points et par *K* ; predictis *C.* — *o.* super hoc editis omis par *E.* — *p.* roboravimus *E.*

CCCXXVI. — *a.* Ph. *C.* — *b.* Mustereolo *D.* — *c.* spoliaverit *D.*

supradicte cepisse in hoc anno, asserens et affirmans decimam illam ad se de jure pertinere, tandem, testibus hinc inde receptis, attestationibus publicatis, et^d rationibus allegationibusque^e utriusque partis auditis et plenius intellectis, de prudentum virorum consilio adjudicavimus^f eisdem monachis possessionem decime supradicte, salva tamen eidem presbytero questione proprietatis. Actum anno gratie millesimo ducentesimo tercio decimo^g, mense novembri.

CCCXXVII

Lorris. 1214, avril.

Maurice, abbé, et le couvent de Saint-Benoît de Fleury reconnaissent que le seigneur Louis, fils aîné du roi, leur a concédé la maison de Chappes à charge d'y établir deux moines prêtres ; ils devront, au cas où les dits moines ne s'acquitteraient pas convenablement de leur office, et à la demande du roi ou du seigneur Louis, en mettre deux autres à leur place.

ORIGINAL, scellé de deux sceaux sur double queue, Arch. nat., J 461, Fondations II, n° 3.

Z, Copie du XIIe siècle, Arch. nat., JJ 31, fol. 47.

INDIQ. : L. Delisle, *Catalogue des act s de Philippe Auguste*, p. 339, n° 1486. — Teulet, *Layettes du Trésor des chartes*, t. I p. 400, n° 1071.

Ego Mauricius, abbas Sancti Benedicti Floriacensis totusque conventus ejusdem loci, universis presentes litteras inspecturis salutem. Noveritis quod karissimus dominus noster dominus Ludovicus nobis de voluntate sua concessit tenendam et habendam domum de Chapes, et nos ibi debemus ponere duos monachos sacerdotes, tali modo quod si predicti monachi non continerent se ibi sicut deberent, nos, ad petitionem karissimi domini nostri illustris regis Francorum vel domini nostri domini Ludovici, monachos qui ibi morarentur removeremus et duos alios loco eorum poneremus. Quod ut firmum sit et stabile, presens scriptum sigillorum nostrorum munimine confirmamus. Actum apud Lorriacum, anno Domini M° CC° quarto decimo, mense aprili.

CCCXXVI. — *d. et* omis par *D. — e. et* allegationibus *D. — f.* adjudicamus *C — g. La date en chiffres arabes C.*

CCCXXVIII
Bellême, 1214.

Foucher Quarreau, bailli en Bellêmois et en Corbonnais pour le roi, tenant en bail la terre de Thomas du Perche, notifie l'accord intervenu dans un procès débattu devant lui, en la cour du roi à Bellême, entre Bernard, fils d'Étienne du Moulin, d'une part, et Guillaume Laurent, prêtre, procureur du prieuré de la Chaise, d'autre part, au sujet de la censive du dit Étienne. Bernard renonçant à toute prétention sur la dite censive donnée en aumône à la maison de la Chaise par Emeline, mère du dit Bernard, par Jean, son fils, et Bernard lui-même, en retour de quoi le dit Bernard reçut de Guillaume deux livres dix sous.

C, p. 187. — E, fol. 361.

Ego Folcherus Quarrelli[a], miles, baillivus[b] domini regis in Belimeto[c] et in Corboneto, terram Thomae de Pertico[d] tunc temporis per ballum tenentis. Notum facio omnibus presentem paginam inspecturis quod, cum Bernardus, filius Stephani de Molendino, conveniret coram me apud Belismum in curia domini regis W. Laurentii, presbyterum, procuratorem domus de Chesa, super censiva dicti Stephani quam Emmelina[e], mater dicti Bernardi et Joannes, filius ejusdem Emmelinae[f], et idem Bernardus dederant in perpetuam eleemosinam dicte domui de Chesa[g], sicut dictus W. asserebat, tandem post multas altercationes inter dictum W. et dictum Bernardum, coram me fuit facta hec compositio sub hoc modo quod dictus Bernardus dicto W. recognovit quod dicta censiva de voluntate et assensu[h] ipsius Bernardi et dicte Emmeline[i], matris ejus, dicte domui in perpetuam eleemosinam data fuit; et pro hac recognitione dictus Willelmus[j] dicto Bernardo II libras X s[k]. donavit eodem Bernardo, juramento corporaliter prestito nihilominus promittens[l] quod in dicta censiva nihil de cetero reclamabit. In

---

CCCXXIII. — a. Folcherus Guarcelli *E*. — b. ballivus *E*. — c. Belineto *C*. — d. Pratico *C*. — e. Eumelina *E*. — f. Eumeline *E*. — g. Cheysa *E*. — h. de assensu et voluntate *E*. — i. Eumeline *E*. — j. Villelmus *C* ; W *E* ; lise: *Willelmus*. — k. quinquaginta solidos *E*. — l. promittentes *C*.

cujus rei testimonium presentem paginam sigilli mei testimonio confirmavi. Actum apud Belismum in curia domini regis, anno ab incarnatione Domini millesimo ducentesimo quarto decimo.

CCCXXIX
1215, février (n. st.)

Pierre de Nemours, évêque de Paris, Barthélemy, doyen de l'église de Chartres [1], *et B., archidiacre de l'église de Paris, adhèrent à l'accord conclu entre l'abbaye de Saint-Benoît-sur-Loire et Guillaume, curé d'Oussoy, au sujet de la dîme des terres défrichées dans la paroisse d'Oussoy et de divers autres droits* [2].

C. p. 219. — D. fol. 410 v° — E, fol. 97.
INDIQ. : L. p. 142, d'après B. fol. 96 v°. — K, p. 149.

P., Dei gratia Parisiensis episcopus, et B., Carnotensis decanus, et B., archidiaconus Parisiensis, omnibus presentes litteras inspecturis, salutem in Domino. Notum facimus quod, cum contentio verteretur coram nobis, autoritate apostolica judicibus delegatis, inter abbatem et conventum Sancti Benedicti Floriacensis, ex una parte, et magistrum Villelmum, presbyterum de Usseto, ex altera, super decimis novalium que erant in parochia de Usseto et super quadam decima que dicitur decima Sancti Petri, et super usagio quod petebat in nemore monachorum ad claudendum et ardendum, et super altera medietate candelarum que offeruntur in festo mortuorum, quam petebat, cum alteram habeat, in pace et sine contradictione tandem nobis mediantibus inter eos amicabilis intercessit compositio in hunc modum, quod dictus presbyter abbati et conventui omnes querelas remisit penitus et quittavit, et abbas et conventus

---

1. Signalé comme doyen de l'église de Chartres, de 1212 à 1224, par Lucien et René Merlet, *Dignitaires de l'église Notre-Dame de Chartres* (1900), p. 13.

2. Cet acte a été confirmé par Pierre, archevêque de Sens, en avril 1216 (voir ci-dessous n° CCCXXXIV).

Sancti Benedicti solvent annis singulis presbytero de Usseto duos modios frumenti et duos modios sigali, quos accipiet presbyter in eadem grangia in qua accipit mestivam suam et eodem tempore et eadem mensura ; de celebratione quam denegabat presbyter monachis in capella de Curia de Marriniaco sic fiat sicut fieri consuevit. Ut igitur hujusmodi compositio perpetuis temporibus perseveret, has litteras conscribi fecimus et sigillorum nostrorum munimine roborari. Actum anno Domini millesimo ducentesimo quarto decimo, mense februario.

CCCXXX
1215, avril.

Foulque, doyen de Sainte-Croix d'Orléans, et Guillaume de La Chapelle, bailli du roi, prononcent une sentence arbitrale déclarant que la masure de Jocier et la terre de la Ronce sont de la censive de Saint-Benoît de Fleury et que le lieu dit Bailly fait partie du fief d'Itier de Toucy.

C, p. 390. — D, fol. 384, d'après B, fol 177 v°.
INDIQ. : K, p. 459.

Fulco, decanus Sancte Crucis Aurelianensis, et Guillelmus de Capella, domini regis baillivus*a*, omnibus presentes litteras inspecturis, salutem in Domino. Noverit universitas vestra quod, cum causa verteretur inter Mauricium, abbatem, et conventum Beati*b* Benedicti Floriacensis, ex una parte, et nobilem virum Iterium*c* de Tociaco, ex altera, super masura Jocerii et terra pertinente ad dictam masuram et terra que Roncia dicitur, et loco qui appellatur Baalli*d*, in nos fuit ab utraque parte compromissum, et nos, facta super premissis inquisitione diligenti per dictum nostrum diximus quod dicta masura Jocerii cum terra pertinente ad eadem masuram, et terra que dicitur Roncia sunt de censiva Beati Benedicti, et quod locus qui dicitur Baalli*e* est de feodo predicti Yterii*f*.

CCCXXX. — *a*. ballivus C. — *b*. Sancti C. — *c*. Ytierum D. — *d*. Baally D. — *e* locus quidem Baaly D. — *f*. Itieri D.

Istud autem dictum nostrum pars utraque in nostra presentia approbavit. Actum anno gratie millesimo ducentesimo quinto^g, mense aprili.

CCCXXXI
1215.

Le prieur et le couvent de La Réole notifient que Pierre Delaus, moine de ce couvent, a constitué, sur la dîme qu'il a achetée de Guillaume de « Villa lata », et qui sera perçue par l'aumônier de La Réole et dépensée en faveur des pauvres, une rente annuelle d'un marc d'argent en faveur du chapitre de Saint-Benoît de Fleury, à charge de célébrer son anniversaire.

C. p. 91. — E, fol. 176.
INDIQ. : K, p. 449, d'après B. fol. 41.

Omnibus Christi fidelibus ad quos presens scriptum pervenerit, salutem. Prior humilis omnisque conventus de Regula salutem in salutis autore. Ut verum[a] veterana tradit autoritas quod, si quid memoriale agitur, scripti memorie commendetur. Hinc est quod universitati vestre notum facimus quod frater Petrus[b] Dalans[c], monachus noster, de consensu et voluntate totius nostri capituli, super decimam, quam emerat a Guillelmo[d] de Villa lata, instituit capitulo venerabili Sancti Benedicti Floriacensis marcham argenti unam annuatim persolvendam que debet ad refectionem fratrum dispensari, dum in ejus memoriam annuum[e] anniversarium celebrabunt, quod illi[f] communi et caritativo affectu, pro remedio anime sue atque parentum suorum, in perpetuum agere concesserunt. Sciendum etiam quod tota decima eleemosynarii de Regula erit in usus pauperum dispensanda, et ipse ibidem instituet singulis annis quoscumque voluerit collectores et predictam marcham persolvet tempore quo prior ejusdem domus debitum censum memorato capitulo reddere consuerit[g]. Et ut hoc firmum

---

CCCXXX. — g. quinto *omis par* D. *qui laisse un blanc.*
CCCXXXI. — a. votorum C. — b. P. E. — c. Dalaris C. — d. G. E. — e. annuatim E. — f. ille E. — g. consuevit E.

et inviolabile permaneat, presentem chartam sigilli nostri caractere decrevimus roborari. Actum anno ab incarnatione Domini millesimo ducentesimo quinto decimo.

CCCXXXII
1215.

Maurice, abbé, et le couvent de Saint-Benoît de Fleury concèdent à Pierre Le Dagre et à ses héritiers la terre de Coutard, moyennant le paiement au prieur de la Chaise d'une rente annuelle de quatre livres, monnaie du Perche, payable à la saint Remi et, le cas échéant, aux seigneurs de fief, de seize manceaux à titre de service d'aide, le dit Pierre ayant cédé la moitié de cette terre à ses frères.

C, p. 81 — E, fol. 155.
INDIQ. : K, p. 449.

M., Dei[a] gratia humilis abbas monasterii Sancti Benedicti Floriacensis[b], totusque ejusdem loci conventus Floriacensis. omnibus ad quos presens scriptum[c] pervenerit, salutem in Domino. Noverit universitas vestra nos, de totius capituli nostri assensu et voluntate, concessisse Petro le Dagre et heredibus suis terram de Coustard[d] jure hereditario possidendam et eumdem in[e] hominem recepisse in hunc modum. videlicet quod dictus Petrus solvet annuatim quatuor libras Perticensium[f] priori nostro de Chesa ad festum sancti Remigii, et ipse Petrus tenebit de nobis dictam terram liberam et quietam ab omni servitio, exceptis servitiis dominorum[g] feudi et auxiliis eorumdem, videlicet sexdecim Cenomanenses, quando[h] fieri debebit auxilium et predictus Petrus concessit medietatem terre fratribus suis[i] ita libere et quiete tenendam, sicut est ei[j] a nobis concessum. Hujus autem pactionis fideliter tenende et servande fidejussores sunt Willelmus Fortin[k], Hebertus[l] le Brest, Richardus

---

CCCXXXII. — a. divina E. — b. Floriacensis omis par C. — c. resscriptum E — . Constart E — e. in omis par E — f. praticensium C. — d. dominorum omis par C. — h. quod C. — i. suis omis par E. — j. ei omis par E. — k. Fortim E. — l. Hubertus E.

Chenu. Quod ut ratum inconcussumque permaneat, sigillorum nostrorum munimine duximus roborandum. Datum anno MCCXV^m.

CCCXXXIII

1216, janvier (n. st.).

Le chapelain de Venesmes reconnaît que l'église de Châteauneuf-sur-Cher est en possession des droits payés pour le cierge pascal et la moitié des confessions pascales, et aussi que, en cas de célébration d'un office propre, le prieur doit avoir le tiers des offrandes. Une sentence est prononcée dans un débat élevé entre le chapelain et le prieur au sujet de la possession de vingt sous [1].

C, n° 601, p. 326.

Noverint universi quod constitutus in presentia nostra capellanus de Venesma recognovit per sacramentum suum quod ecclesia de Castro Novo fuit in saisina de residuo cerei paschalis et de medietate paschalium confessionum ; recognovit etiam quod [cum] officium proprium Deo cantatur, prior debet habere tres partes oblationum. Preterea sciendum est quod nos adjucavimus ei possessionem viginti solidorum de quibus erat questio inter eos, salvo tamen jure proprietatis, quia recognovit dictus... reddiderat eos priori ejusdem ecclesie. Actum anno Domini MCCXV, mense januario.

CCCXXXIV

1216, avril.

Pierre, archevêque de Sens, confirme l'accord précédemment conclu en février 1215, entre le couvent de Saint-Benoît de Fleury et Guillaume, curé d'Oussoy.

A. fol. 127 v°, d'après B, fol. 1 1 v°. — C, p. 122.

CCCXXXII. — *m.* Datum anno MCCXV omis par E.

1. En raison de l'absence de l'intitulé de l'acte, que l'auteur du cartulaire C n'a pas jugé utile de transcrire, nous ignorons qui a prononcé la sentence à laquelle il est fait allusion.

Omnibus presentes litteras inspecturis, Petrus, Dei gratia Senonensis archiepiscopus, in Domino salutem. Noverint universi nos litteras venerabilis fratris P., eadem divina gratia Parisiensis episcopi, B., decani Carnotensis, et B., archidiaconi Parisiensis, sub hac forma : Petrus, etc. (*ut supra* n° CCCXXIX). Hanc autem compositionem sicut in predictis litteris vidimus contineri ratam et gratam habentes, eamdem sigilli nostri munimine duximus roborandam. Datum anno gratie 1216, mense aprili.

CCCXXXV
Bourges, 1216, juin.

L'official de Bourges déclare qu'André Le Chevalier et sa femme ont accepté par devant lui la sentence arbitrale prononcée par l'abbé de Sainte-Colombe de Sens et Jean de Courcelles, chevalier, dans le procès pendant entre lesdits André et sa femme, d'une part, l'abbé et le couvent de Saint-Benoit de Fleury, d'autre part, au sujet d'une voirie sise près de Châtillon-sur-Loire, et conformément à laquelle lesdits André et sa femme ont reçu desdits abbé et couvent la somme de sept livres parisis, moyennant quoi ils ont renoncé à toute prétention sur ladite voirie.

D, fol. 349 v°, d'après B, fol. 166.

Universis presentes litteras inspecturis magister officialis curie Bituricensis salutem in Domino. Noveritis quod constituti coram nobis Andreas dictus Miles et... dicta Grossa, uxor sua, recognoverunt quod, cum inter ipsos, ex una parte, et abbatem et conventum Sancti Benedicti Floriacensis, ex altera, contentio verteretur super viaria sita, ut dicitur, apud Castellionem supra Ligerim, juxta domum monachorum, ex una parte, et juxta domum Renaudi Camus, ex alia, et tandem in religiosum virum abbatem Sancte Columbe Senonensis et in Joannem de Corcellis, militem, super hoc a partibus compromissum fuisset, fide hinc inde prestita, quod ipsorum arbitrium servarent, dicti arbitri suum super premissis protulerunt arbitrium in hunc modum, videlicet quod dicti abbas et conventus darent dicto Andree et ejus uxori septem libras parisiensium et ita nihil juris in dicta platea de cetero per se vel per alios reclamarent sed dictis abbati et conventui remanerent in perpetuum quiete et pacifice possidenda, quod arbitrium dictus Andreas et uxor sua gratantes et liberaliter acceperunt, coram nobis per fidem prestitam promittentes quod contra de cetero non venirent et de dictis septem libris parisiensium gratum suum confessi sunt habuisse. Datum et sigillo Bituricensis curie sigillatum, anno Domini millesimo ducentesimo decimo sexto, mense junio.

CCCXXXVI

1216.

Renaud, évêque de Chartres, concède à l'église de Saint-Benoit-sur-Loire les dîmes de cent soixante-deux arpents du bois de la dite église, sis à Sonchamp, et que Barthélemy, abbé, et le couvent de Saint-Benoit, Simon de Montfort, comte de Toulouse. Robert de Braine. fils aîné de Robert. comte de Dreux. ont donné, à charge de défrichement, à Hugues, écuyer du roi de France[1].

C, p. 161. — D, fol. 56. — E, fol. 307 v°. — N, Bibl. nat., coll. Moreau, vol. 8¹, fol. 34ʳ, copie de Dom Gérou (15 janvier 765). d'après C.

INDIQ. : K. p. 450. — L. p. '1 -14 ', d'après B. fol. 69 v°.

Reginaldus. Dei gratia Carnotensis episcopus, omnibus ad quos presentes littere pervenerint[a] salutem in Domino. Noverit universitas vestra quod nos volumus et concedimus quod ecclesia Sancti Benedicti Floriacensis habeat et in perpetuum libere et pacifice pleno jure possideat decimas centum et sexaginta duorum arpennorum nemoris siti in balliva ejusdem ecclesie de Sonchamp, quod Bartholomeus, abbas, et conventus dicte ecclesie et nobilis vir Simon[b] de Monteforti, comes Tolosanus[c], dux Narbonii, et nobilis vir Robertus de Brena, primogenitus R. comitis Drocensis, dederunt

---

CCCXXXI. — a. pervenerint N. — b. Symon E. — c. Tholosanus E.

---

1. L'écuyer Hugues est mentionné dans le *Catalogue des actes de Philippe Auguste*, n° 1667.

Hugoni, scutifero domini Regis Francorum, ad essartandum. In cujus rei memoriam presentes litteras sigillo nostro fecimus sigillari. Actum anno gratie MCCXVI[d].

CCCXXXVII

1217, janvier (n. st.).

Bernard Le Chevalier et sa femme vendent au prévôt et au couvent de Saint-Benoît-du-Sault un setier de seigle, mesure de Saint-Benoît, à percevoir annuellement en la maison de sa femme, moyennant cinquante trois sous.

Copie du XVIII[e] siècle, d'après l'original scellé, Archives nationales, S 6905, fol. 39.

Omnibus presentes litteras inspecturis, Humbertus, archipresbiter de Argentino, salutem in Domino. Noveritis quod coram nobis constitutus Bernardus dictus Miles et Emeta ejus uxor, non vi sed spontanea voluntate, recognoverunt se vendidisse in perpetuum preposito et conventu ecclesiae Sancti Benedicti Sallensis unum sextarium siliginis ad mensuram de Sancto Benedicto, annui redditus habendum et percipiendum in domo dictæ Emetae de Maycleres, pro quinquaginta tribus solidis, et dictus Bernardus, maritus, de quibus recognoverunt se gratum suum habuisse in pecunia numerata promiserunt. Datum anno Domini 1216, mense januario. Sigillatum.

CCCXXXVIII

1217, mars.

Le trésorier de Saint-Benoît de Fleury et Jean, curé de Tracy-sur-Loire, concluent un accord par devant Foulques, doyen, et Yves, chantre de l'église d'Orléans, juges délégués par le Saint-Siège, au sujet des offrandes de l'église de Tracy: le curé prendra les offrandes des chevaliers, de leurs familiers et serviteurs jurés, des jeunes filles, des serviteurs non résidants,

---

CCCXXXI. — d. *La date en toutes lettres* E.

des forains, et même des maisonniers et paroissiens d'Arthel ; il prélèvera aussi quatre pains, quatre deniers et quatre chandelles ; le reste des offrandes sera divisé en deux parts dont le curé prendra l'une, la seconde étant divisée en quatre parts dont le curé aura l'une et le trésorier les trois autres ; cette répartition n'ayant lieu qu'à la fête de la Toussaint, le jour et le lendemain de Noël et à l'Assomption.

C, p. 250.

Fulco decanus et Yvo cantor Aurelianenses, omnibus presentes litteras inspecturis salutem in Domino. Noverit universitas vestra quod contentio erat coram nobis autoritate apostolica inter thesaurarium Sancti Benedicti Floriacensis, ex una parte, et Joannem, presbyterum de Traciaco, ex altera, super portione oblationum ecclesie de Traciaco quas predictus thesaurarius ad se et ad ecclesiam Sancti Benedicti pertinere constanter asserebat, eodem Joanne presbytero predicte ecclesie in contrarium asserente, tandem vero utraque pars, in nostra presentia constituta, in hanc formam pacis sine contradictione convenerunt quod presbyter predicte ecclesie capiet primo sibi oblationes militum et eorumdem familiarium et servientium juratorum, et puellarum, et servientum qui non tenent locum vel ignem, et transeuntium, et etiam mansionariorum[a] et parochianorum de Arte ; capiet etiam presbyter primo quatuor panes et quatuor denarios et quatuor candelas ; residuum vero oblationum dividetur in duas partes, et unam capiet sacerdos, reliqua vero dividetur in quatuor partes, et tunc sacerdos capiet quartam partem, thesaurarius vero vel aliquis ex parte sua reliquas tres partes, et hoc modo fiet in festo Omnium Sanctorum et in Nativitate Domini et in crastino ejusdem Nativitatis et in Assumptione Beate Marie tantum. Hanc autem compositionem coram nobis solemniter factam, ad petitionem utriusque partis litteris fecimus commendari et sigillorum nostrorum munimine roborari, ne posset in posterum super hoc contentio oriri. Actum Aurelianis, anno gratie MCCXVI, mense martio.

CCCXXXVIII. — a. munariorum C. Corrige: sans doute mansionariorum.

CCCXXXIX
1217, 29 avril.

Honorius III permet à l'abbé et au couvent de Saint-Benoit-sur-Loire de percevoir les dîmes des novales dans les mêmes conditions que précédemment, antérieurement au concile général[1].

C, p. 52, n° 83, d'apres l'original. — E, fol. 95 v°, n° 74.

Honorius, episcopus, servus servorum Dei, dilectis filiis abbati et conventui Sancti Benedicti Floriacensis salutem et apostolicam benedictionem. Cum a nobis petitur quod justum est et honestum, tam vigor equitatis quam ordo exigit rationis ut id per sollicitudinem officii nostri ad debitum perducatur effectum. Eapropter, dilecti in Domino filii, vestris justis postulationibus inclinati[a], gratum impertientes[b] assensum, autoritate vobis presentium indulgemus ut in terminis infra quos decimas ante generale concilium percepistis decimas novalium percipere valeatis. Nulli ergo omnino hominum, etc. Si quis autem, etc. Datum Laterani, iii° kalendas maii, pontificatus nostri anno primo[c].

CCCXL
1217, août.

Étienne de Sancerre, seigneur de Châtillon-sur-Loing, conclut avec l'abbé Barthélemy et le couvent de Saint-Benoît-sur-Loire un accord par lequel ils conviennent que les terres, hôtes, champarts, tailles, justices et tous autres droits à Mimérand seront communs entre eux et également partagés, la seigneurie restant indivise ; le prévôt d'Étienne et celui de l'abbé échangent un serment de foi réciproque.

C. n° 671, p. 357. — D, fol. 319 v°, d'apres B, fol. 161, v°. — K, p. 808, d'après l'original.

Ego Stephanus de Sancerro, dominus Castellionis super

CCCXXXIX. — a. inclinationi E. — b. exhibentes E. — c. anno quinto E.

---

1. Il s'agit du 4° concile de Latran réuni en 1215.

Lupam, universis ad quos presentes litterae[a] pervenerint, in Domino salutem[b]. Noverit universitas vestra quod, cum inter me et venerabiles viros Bartholomaeum abbatem et conventum Sancti Benedicti Floriacensis, super terris, hospitibus, terragiis, talliis, justitiis et omnibus aliis rebus de Mesmerant[c] contentio diutius verteretur, tandem, bonorum virorum ducti consilio, pacem composuimus in hunc modum, ita quod praedictae terrae, hospites, terragia, tallie, justitie et omnes alie res de Mesmerant[d] inter me et heredes meos et prefatos abbatem et conventum erant communes in omnibus et equales. Ego vero et heredes mei in omnibus rebus prenominatis percipiemus medietatem, abbas et conventus aliam sine contradictione aliqua percipiet medietatem. Ego vero et heredes mei[e] in prefatis rebus nullum dominium sine ipsis nec ipsi sine nobis poterimus reclamare, terre autem partiri sine assensu utriusque partis non poterunt[f]. Prepositus autem quem ibi constituemus preposito abbatis et conventus faciet fidelitatem, similiter et prepositus abbatis nostro preposito fidelitatem exhibebit. Preterea nullus terram illam colere poterit nisi in eadem terra habuerit mansionem. Ab hac autem conventione nec ego nec heredes mei nec abbas nec conventus poterimus[g] de cetero resilire. Quod ut ratum permaneat, presentes litteras sigilli mei[h] munimine roboravi. Actum anno Domini M° CC° X° VII°, mense augusto.

CCCXLI

Bourges, 1217, octobre.

Étienne de Fourchaud et Jean Alenard, chapelains, Milon, chanoine de Dun-le-Roi, exécuteurs testamentaires d'Hymberge, veuve de Simon Lefèvre, et Simon, fils de la dite dame, chanoine de Dun, reconnaissent par devant maître Jean d'Osannes, lieutenant de l'official de Bourges, que celle-ci a, pour l'établis-

---

CCCXL. — a. littere presentes *D*. — b. salutem in Domino *D*. — c. Mexmerant *C*. — e. Eg nec heredes mei *D*. — f. poterunt *CDK*; *corrige* poterimus. — g. poterunt *K*. — h. nostri *K*.

sement d'une vicairie dans l'église Saint-Pierre de Châteauneuf-sur-Cher, concédé tout ce qu'elle possédait sur la dîme de Villeneuve, acquise par elle et son mari de Guillaume de Sauzai, chevalier et sur la dîme de Châteauneuf, avec le cens de son blé sur le territoire de Château-Clos, sous réserve qu'Évrard, neveu de la dite Hymberge, tiendra la dite vicairie, sa vie durant, et que Simon, fils de la dite dame, aura le dit cens et percevra les revenus de la vicairie jusqu'à sa majorité, la dite vicairie devant rester intégralement à l'église Saint-Pierre après la mort d'Évrard, à charge pour le prieur de désigner un moine qui célèbrera l'office divin à l'autel de saint Nicolas pour le repos de l'âme d'Hymberge, celle-ci ayant constitué au profit du prieur et des moines de Saint-Pierre, et sur son cens de Boissereau, une rente de cinq sous, affectée à la pitance et payable au jour de son anniversaire.

C, p. 25

Universis presentes litteras inspecturis, magister Joannes de Osannes, vices gerens officialis curie Bituricensis, salutem in Domino. Noveritis quod constituti in presentia nostra Stephanus de Fiscali et Joannes Alenardi, capellani, et Milo, canonicus de Duno, qui |sunt|[a] eleemosynarii Hymberge, relicte Simonis Fabri, ut Simon clericus filius ejusdem Hymberge, canonicus de Duno, recognovit coram nobis, et dictus Simon recognoverunt quod dicta Hymberga[b] dedit et concessit per manus ipsorum, ad quandam vicariam constituendam, pro remedio anime sue, in ecclesia Sancti Petri de Castronovo quidquid habebat in decima de Villa Nova, quam Simon maritus suus et dicta Hymberga emerunt a Villelmo de Sauzai, milite, ut dicitur, et quidquid habebat in decima Castrinovi, tam in blado quam in vino et minutis decimis, et censum bladi quod habebat in territorio Castri Claudi, ita quod Everardus, nepos dicte Hymberge[c], vicariam jam dictam habebit quandiu vixerit, ita quod dictus Symon, clericus, filius dicte Hymberge, habebit dictum

---

CCCXLI. — a. Au blanc de la copie *supplez* sunt ou existunt. — b. Hymberie C; *corrigez* Hymberga. — c. Herberge C; *corrigez* Hymberge.

[censum]^d quoad usque ad legitimam etatem pervenerit et fructus dicte vicarie percipiet. Post mortem vero dicti Evrardi, dicta vicaria remanebit ad ecclesiam Beati Petri, ita quod prior dicte ecclesie quemdam monachum constituet ad celebrandum pro anima domine Hymberge^e ad altare beati Nicolai. Dedit etiam in die anniversarii sui quinque solidos currentis monete, ad pitanciam, priori et monachis dicte ecclesie in perpetuum in censu suo de Buserello. Dictus vero Simon eleemosynam istam concessit et laudavit et dicte ecclesie promisit exequi, fide data, prout superius est dictum, anno Domini MCCXVII, mense octobri, pontificatus domini Raymundi^e, Bituricensis archiepiscopi, anno IX°.

CCCXLII
1217.

Béatrice, comtesse de Chalon, avec le consentement de son fils Jean, atteste l'abandon fait par Nicolas dit Le Prévôt, de Perrecy, à l'abbé de Saint-Benoît de Fleury et au prieur de Perrecy, pour la somme de soixante-deux livres de dijonnais, et en réparation des dommages qu'il a causés à l'église de Perrecy, de la prévôté qu'il tenait de ladite église.

C, p. 195. — E, fol. 373.

Ego, Beatrix, comitissa Cabilonensis, omnibus presentes litteras inspecturis, notum facimus quod Nicolaus^a dictus Prepositus, de Parriciaco, in presentia nostra constitutus, pro forefactis et injuriis ecclesie de Parriciaco ab eodem illatis guerpivit et quittavit abbati Sancti Benedicti Floriacensis et priori ecclesie de Parriciaco prepositaram quam de eadem ecclesia tenebat et omnia ad ipsam pertinentia et quidquid juris habebat vel habere poterat^b in eadem prepositura, uxore et filia ejusdem hoc ipsum laudantibus, ita quod ipse vel sui in dicta prepositura nihil in posterum^c

---

CCCXLI. — d. Au blanc de la copie suppléez sans doute censum. — e. Corrigez Giraudi.

CCCXLII. — a. Nicholaus E. — b. debebat E. — c. imposterum E.

reclamabunt, prior vero et conventus dicte ecclesie Nicolaum[d] prenominatum quittaverunt de omnibus injuriis et gravaminibus eis ab eodem illatis et pro quittatione quam eis fecit de prepositura prenominata, sexaginta libras et duas divionensium dederunt eidem, et quidquid jure patrimoniali tenebat eidem[e] concesserunt pacifice possidendum. Actum, Johanne[f] filio nostro volente, et ad preces[g] dicti Nicolai[h] monachi et prenominati Johannis filii nostri confirmatum sigillis et testimonio roboratum, anno gratie millesimo ducentesimo decimo septimo.

CCCXLIII
S. d. [1217.]

Association entre les abbayes de Saint-Benoit-sur-Loire et de Saint-Michel de Tonnerre[1].

M, Bibl. nat., ms. latin 12776. p. 480 (copie de Dom Estiennot, en 1682).

INDIQ. : *K*, fol. 458, d'après *B*, fol. 08.

Conventio inter monasterium Sancti Benedicti super Ligerim et monasterium Sancti Michaelis de Monte haec est. Monachus Sancti Benedicti quoquo modo ad monasterium Sancti Michaelis, sive missione abbatis et conventus Sancti Benedicti sive alio modo, venerit, tantummodo non admiserit cura domo Sancti Benedicti expelli debeat, sicut unus monachorum Sancti Michaelis ubique in monasterio recipietur et quamdiu voluerit ibidem morabitur. Quod si peccatis commissis exegentibus domum amiserit Sancti Benedicti et ad monasterium Sancti Michaelis confugerit, rescito hoc ex testimoniis abbatis et conventus non habebit de cetero in monasterio illo refugium. Si autem offensa fuerit pro qua non sit cognitum, per abbatem Sancti Benedicti

---

CCCXLII. — d. Nicholaum *E*. — e. ei *C*. — f. Joanne *C*. — g. partes *E*. — h. Nicholai *E*.

1. La copie est précédée d'une analyse ainsi conçue : « Societas inita inter monachos Floriacensis et sancti Michaelis de Monte Tornodorensi ». il s'agit donc, non pas de l'abbaye du Mont-Saint-Michel, comme le porte l'analyse de Dom Chazal : *sancti Michaelis in periculo maris*, mais bien de celle de Saint-Michel de Tonnerre.

et conventum monachum a monasterio Sancti Benedicti debere excludi in ecclesia Sancti Michaelis moram faciet quousque per abbatem Montis Sancti Michaelis et conventum facta competenti satisfactione in eccelsiae suae gratiam redeat. Abbas autem Sancti Benedicti, cum in ecclesia Montis fuerit, omnia in conventu disponet ut abbas. Audito etiam obitu monachi Sancti Benedicti, statim pulsatis signis, vigilia celebrabitur, et festiva incrementa missa a singulis autem sacerdotibus privata dicetur et triginta panes pro eo in eleemosina dabuntur. Id ipsum de abbate Montis et de monacho et pro monacho Sancti Michaelis, Sancti Benedicti fiet in monasterio.

CCCXLIV

1217.

Association entre le monastère de Saint-Benoit de Fleury et le monastère de Tiron.

L, p. 582, d'après *B*, fol. 209.

INDIQ. : *K*, p. 457, d'après l'original.

Reverendis in Christo patribus et amicis B., abbati, et sacro conventui Sancti Benedicti Floriacensis, frater G[aufridus] Tironensis[a] monasterii humilis abbas, et conventus, salutem et sacre federa caritatis. Cum omnis divine pagine vigilet oculus et laboret intentio ut pre ceteris virtutibus caritas commendetur et omni auctoritatum instantia specialiter nobis insinuetur eminentia caritatis, nos, intuitu ejusdem caritatis, que omnes virtutes precellit, fratres in Christo et amicos nostros vos esse, et ut inter nos et vos perpetue et indissolubilis dilectionis fraternitas statuatur, volumus et affectuose requirimus, volumus etiam ut fratres vestri, cum ad nos venerint, sint nobiscum sicut nos in omnibus locis ut nostri similiter apud vos, et vestri apud nos et nostri apud vos tamdiu maneant quamdiu eis necesse fuerit, nisi ab abbate suo fuerint excommunicati. Audito autem abbatis vestri vel fratrum vestrorum obitu, pulsatis signis, officium et missam in conventu nostro celebrabimus et unusquisque sacerdotum nostrorum unam missam decantabit, clerici psalterium, illiterati centies dominicam orationem persolvent, et intrante quadragesima septenarium et tricenarium tam pro vestris quam pro aliis amicis et familiaribus nostris defunctis faciemus, et vos ut eadem pro nostris faciatis attentius deprecamur, quatenus per hec et alia beneficia que, Domino donante, in utraque ecclesia 'amodo et usque in sempiternum fient*b*, mutuis orationibus adjuti Domini misericordiam consequamur. In hujus igitur societatis testimonium presentem chartam sigillis nostris signatam vobis*c* proposuimus transmittendam. Actum anno gratie millesimo ducentesimo septimo decimo.

CCCXLV
1218.

Association entre le monastère de Josaphat et celui de Saint-Benoit de Fleury.

M, Bibl. nat., ms. latin 12750, p. 500, d'après *B*.
INDIQ. : *L*, p. 583, d'après *B*, fol. 209 v°.

Reverendis in Christo patribus et amicis B., abbati sacroque conventui Sancti Benedicti Floriacensis, frater Garinus abbas totusque conventus ecclesie Beate Marie de Josaphat Carnotensis salutem et sacre federa charitatis. Cum omnis divine pagine, etc., *ut supra in charta* n° *CCCXLIV, usque ad* signatam vobis proposuimus transmittendem[1]. Actum anno gratie MCCXVIII.

CCCXLVI
1218, août.

Accord conclu entre l'abbé Barthélemy et le couvent de Saint-Benoit-sur-Loire, et le comte de Rethel Hugues II, au sujet du bois des Ligneux, sis au finage de Saulce-au-Bois, dans le ressort de l'archevêché de Reims.

---

1. Le texte de *M* est en quelques points préférable à celui de *L* (pour Tiron) et nous a permis d'apporter à celui-ci, dans la charte précédente, quelques corrections indiscutables.

Orig., parchemin, scellé de deux sceaux de cire blanche sur double queue. Archives du Palais de Monaco, T 36.

Publ. : G. Saige et H. Lacaille, *Le trésor des chartes du comté de Rethel*, t. I (1902). p. 6s.

Bartholomeus, Dei gratia humilis abbas, et conventus Sancti Benedicti Floriacensis, omnibus qui presentes litteras viderint salutem in Domino. Noverit universitas vestra quod, cum inter nos ex una parte et nobilem virum comitem Registestensem ex alia super quodam nemore quod situm est juxta Salceiam in archiepiscopatu Remensi, quod etiam Ligneus appellatur, diu contentio verteretur, tandem composuimus in hunc modum, quod nos pro bono pacis dedimus et concessimus dicto comiti totum nemus quod erat in fundo terre ipsius nemoris, quando presentes littere facte sunt, ita quod extunc in quatuor annos ab eodem comite excidetur, et vendetur extunc in antea. Dictus comes et uxor ejus Felicitas et Hugo filius ejus totum nemus predictum com (sic) fondo ipsius nemoris, quemadmodum se comportat, nobis in perpetuum quittaverunt libere et asque (sic) ulla calumpnia, sine fine possidendum, ita quod nec ipsi nec eorum successores in eodem nemore vel ejus undo poterunt aliquid reclamare. In cujus rei testimonium presentem paginam sigillorum nostrorum munimine duximus roborandum. Actum anno gratie M° CC° XVIII°, mense augusto.

CCCXLVII

1218, août.

Autre texte du même accord, émané du comte de Rethel.

Copie du xviii° siècle. Arch. nationales. L 1002.

Publ. : Abbé J.-B.-E. Carré, *Notes sur le prieuré d'Arnicourt* (Sceaux, 1887, in-8°), t. 42.

Hugo Registentensis comes, et uxor mea Felicitas, et Hugo primogenitus noster, notum facimus omnibus tam futuris quam presentibus quod cum discordia verteretur inter nos, ex una parte, et ecclesiam Sancti Benedicti super Ligerim super quodam nemore quod situm est juxta Salciam, quod etiam Linneium vocatur, et quod erat proprium dictae ecclesiae, quamvis pravo ducti consilio adversus dictam ecclesiam diu litigaremur ; tandem, pro bono pacis, ob remedium antecessorum nostrorum et successorum et nostrarum animarum, totum nemus predictum cum fundo ipsius nemoris, quemadmodum se comportat, dictae ecclesiae prorsus quittum clamavimus in perpetuum possidendum et ob voluntatem suam faciendum, ita quod nos nec successores nostri in eodem nemore neque in fundo ipsius nemoris nil reclamabimus. Caeterum sciant universi quod monachi predictae ecclesiae, termino illo quo presens carta facta fuit, nobis dederunt et concesserunt nemus illud quod tunc situm erat supra fundum, ita quod totum debuit vendi et excidi extunc in quatuor annos. In cujus rei testimonium presentem paginam sigillorum nostrorum appensionibus munivimus. Actum anno gratiae M° CC° XVIII°, mense augusto.

CCCXLVIII
1218.

Sentence arbitrale rendue dans un différend entre l'abbé et le couvent de Saint-Benoit-sur-Loire, d'une part, et la mairesse de Sonchamp et ses héritiers, d'autre part, par les abbés Garin, de Josaphat, Garnier, de Saint-Jean-en-Vallée, Gilduin, de Clairefontaine, et Eudes d'Hadancourt, bailli du comte de Montfort [l'Amaury]; dans les bois de Sonchamp qui appartiennent à l'abbaye de Saint-Benoit, à chaque vente, la mairesse et ses héritiers ne pourront réclamer que le sixième denier pour le mort-bois, excepté dans les bois clos de Maupertuis où ils n'auront aucune coutume, ni le bois vif ni le mort-bois ; dans les coupes de bois, ils n'auront aucune coutume, sauf que dans les bois de Saint-Benoit la mairesse pourra prendre le bois vif pour les constructions de son fief ; en ce qui touche la grange de Sonchamp, la mairesse et ses héritiers abandonneront à l'abbaye les gerbes déliées, sous réserve de partager également avec l'abbé et le couvent les déchets tombés à terre ; la mairesse et ses héritiers devront fournir les chariots nécessaires au transport des dîmes, et, aussi longtemps que les blés de l'abbaye resteront dans la grange, ils ne pourront y déposer ni leurs blés ni ceux d'autrui ; enfin ils fourniront les vans et autres instruments nécessaires au nettoyage des grains de l'abbaye.

C, p. 145. — D, fol. 47, d'après B, fol. 6¹. — E, fol. 276, n° 221. — Z, Copie du xv° siècle sur papier. Archives du Loiret, H 46.

Universis presentes litteras inspecturis, frater Garinus[a], Beate Marie de Josaphat, Garnerius[b], Sancti Johannis de Valle, et Gilduinus, de Clarofonte abbates [1], et Odo de Azencurte[c], miles et baillivus comitis Montisfortis, salutem in Domino. Noverit universitas vestra quod, cum inter venerabiles viros abbatem et conventum Sancti Benedicti Floriacensis, ex una parte, et majorissam de Suncampo[d] et heredes ejus, ex altera, super nemoribus de Suncampo[d] contentio verteretur, tandem pacificatum fuit inter eos coram nobis in hunc modum, quod majorissa de Suncampo[d] et heredes ejus in nemoribus de Suncampo[d], que constat[e] esse Beati Benedicti, quoties a dictis abbate et conventu fuerint vendita, non nisi sextum denarium pro mortuo nemore poterunt vindicare[f], exceptis haiis de Malo Pertuso, in quibus nichil juris[g], nullam omnino consuetudinem nec vivum nemus aut mortuum dicta majorissa aut sui heredes[h] habebunt. Preterea, ubicunque nemora fuerint incisa, nullam prorsus consuetudinem dicta majorissa nec heredes sui habebunt nec ad pastum animalium nec ad aliud aliquid nisi eam quam alii habebunt[i], excepto quod in dictis nemoribus Sancti Benedicti, ad herbergandum feodum suum, quotiens[j] opus fuerit[k], vivum nemus accipiet, ita tamen quod illud nemus nec dare nec vendere nec de ipso, excepto herbergagio[l] nominato, poterit aliud facere, exceptis etiam

CCXLVIII. — a. Garnerius CE; Garmanus D. — b. Garmanus D, Garinus Z — c. Azenente C; Meneurte E. Dezancurte Z. — d. Soncampo C. Sumcampo Z. — e. constant DZ. — f. vendicare DE. — g. nichil juris omis ar CDZ — h. heredes sui E, heredes ejus Z. — i. habebunt jusqu'à ad herbergandum exclus, omis par Z. — j quoties C. — k. erit E.

1. Garin fut abbé de Josaphat de 1210 à 1227; Garnier abbé de Saint-Jean-en-Vallée de 1215 à 1231. L'abbé de Clairefontaine Gilduin manque à la *Gallia Christiana*.

et salvis dictis^m haiis de Malo Pertuso, in quibusⁿ, sicut^o supradictum est, nichil juris aut consuetudinis dicta majorissa nec sui heredes habebunt nec ad pastum animalium nec ad aliud aliquid. De contentione vero que inter dictos abbatem et conventum et memoratam majorissam ac heredes ejus super grangia de Suncampo^p vertebatur, ita fuit compositum coram nobis, quod dicta majorissa et heredes sui quittaverunt in perpetuum dictis abbati et conventui garbas^q deligatas in quibus jus sibi antea vindicabant, eo tamen^r tenore quod spillons, gaspaut^s et terre^t insimul omnes ponentur et ad minam easdem invicem^u equaliter^v partientur^x; quadrigas vero quotquot necessarie fuerint ad tractum decimarum, quandiu opus fuerit, dicta majorissa et ejus heredes ministrabunt, aut si exinde pro defectu eorum dampnum aliquod memoratis abbati et conventui provenerit, illud restituent prout fuerit estimatum. In dicta vero grangia quandiu bladi abbatis et conventus ibi fuerint, non poterunt suos aut alienos blados ibi ponere; insuper ad annonam dictorum abbatis et conventus mundandam omnia necessaria, scilicet vannos et baleiz^y, dicta majorissa et heredes ejus^z ministrabunt. Hoc autem memorata abbatissa et Mortherius^a filius ejus, fide prestita corporali^b, laudaverunt et concesserunt se fideliter servaturos. Nos vero, ne res solemniter acta^c in recidivam decidat contentionem, in testimonium hujus compositionis que, nobis presentibus, firmata fuit et utrinque recepta, ad petitionem utriusque partis presentes litteras sigillorum nostrorum munimine duximus roborandas^d. Actum anno gratie M^o CC^o XVIII°.^e

CCCXLIX
1218.

Renaud, seigneur de Warty (auj. Fitz-James), notifie et confirme, avec son fils Raoul, le don fait par les deux frères

---

CCCXLVIII. — *l.* nerbergario *DZ.* — *m.* facere, salvis etiam dictis *CDZ.* — *n.* quibus etiam *E.* — *o.* ut *E.* — *p.* Sumcampo *Z.* — *q.* gerbas *Z.* — *r.* tali *Z.* — *s.* gespient *Z.* — *t.* terree *Z.* — *u.* invicem omis par *Z.* — *v.* equaliter invicem *E.* — *x.* percipientur *D.* — *y.* balets *C.* — *z.* ipsius *CDZ.* — *a.* Morcherius *CDE*; Motherius *Z.* — *b.* corporaliter *D.* — *c.* solemniter omis par *D.* — *d.* roborari *Z.* — *e. La date en toutes lettres DE.*

Ansoud et Eudes de Giencourt au monastère de Saint-Benoit de Fleury et au prieuré de Warty d'un muid de froment et d'un muid d'avoine à prendre en leur grange d'Épineuse, à l'occasion de l'entrée en religion de leur frère Aimard.

C, n° 697, p. 373, d'après l'original.

ANAL. : K, fol. 463, d'après B, fol. 171 (avec la date 1228 [1]).

Ego Rainaldus, dominus de Varty, notum facio omnibus presentibus et futuris presentes litteras inspecturis, quod Ansoldus et Odo, frater ejus, de Giencort, quando monachaverunt Aimardum, fratrem suum, dederunt Deo et Sancto Benedicto et domui de Varty unum modium frumenti et unum modium avene in grangia de Spinosis, in perpetuum pacifice et quiete annuatim percipiendos, et, quia grangia illa ad feodum et dominium meum pertinet, ego, cum Radulfo filio meo, donum istud benigne laudavi et concessi. Et in hujus rei testimonium presentem cartam sigillo meo signavi. Actum incarnationis dominice anno 1218.

CCCL
Saint-Benoit-du-Sault, 1218.

Géraud, vicomte de Brosse, affranchit les frères Sarnes, de Beaumont, que son parent Guy de Brosse a donnés au prieuré de Saint-Benoit-du-Sault pour se conformer au désir de sa mère.

Copie du XVIII° siècle. Archives nationales. S 6905, fol. 5 v°, d'après l'original scellé.

Ego G[eraldus], vicecomes Bruciae, notum facio tam praesentibus quam futuris quod Guido de Brucia, cognatus meus, in praesentia mea constitutus, de assensu et voluntate dominae matris suae, quitavit Deo et ecclesiae Sancti Benedicti in manu Guillelmi, tunc praepositi ejusdem ecclesiae, quicquid juris habebat in G. et P. Sarnes, fratribus, de Bellomonte, et eorumdem haeredibus. Ut autem haec quitatio rata et stabilis permaneat, ad petitionem praefati Guidonis istud manucepi, et presentem chartam sigilli mei munimine roboravi. Actum apud Sanctum Benedictum, anno Domini millesimo ducentesimo decimo octavo.

---

1. Nous préférons la date de 1218, donnée par un texte pris sur l'original, à celle de 1228, fournie par une simple analyse.

CCCLI
1218.

Un nommé Pérochon, croisé, et sa femme s'étant fait donation mutuelle de tous leurs biens, il lègue néanmoins au prévôt et au prieuré de Saint-Benoit-du-Sault une rente annuelle de dix sous, dont cinq à prendre sur ses vignes de Roussines, pour la célébration de son anniversaire et celui de sa femme dans leur église.

Copie du xviii° siècle. Archives nationales, S 6905, fol. 37 v°, d'après l'original.

Universis presentes litteras inspecturis, etc. Noverit's quod in presentia nostra constitutus dictus Perochonus crucesignatus legavit in puram eleemosynam Amorosae uxoris suae ad vitam ipsius Amorosae, si dicto Perochon ante ipsam mors continget, omnia bona sua mobilia et immobilia et etiam acquisita, ita tamen quod ipse legat in perpetuum proposito et conventui Sancti Benedicti Salensis quinque solidos, pro anniversario suo annuatim celebrando in ecclesia Sancti Benedicti, annuatim redditus percipiendos in domum suam, quecumque possident dictam domum, et alios quinque solidos in vineis suis sitis apud Rosines annuatim redditus percipiendos, quicumque possiderit dictas vineas, pro anniversario dictae Amorosae uxoris suae annuatim in dicta ecclesia celebrando ; et dicta Amorosa dicto Perochon marito suo legavit in puram eleemosinam omnia bona sua, si tamen mors continget ante ipsum ad vitam tantummodo dicti Perochon. Datum anno Domini 1218. Sigillatum.

CCCLII
Latran, 1218, 5 mars.

Honorius III accorde des remises de peines aux fidèles qui, dans l'octave de la dédicace de l'église de Saint-Benoit-sur-Loire récemment achevée, viendront y prier.

C, n° 62, p. 45. — E, n° 58, fol. 85 v°. — K. p 452. — M. Bibl. nat., ms. latin 12739, p. 364 (copie de Dom Estiennot)
INDIQ. : J. a Bosco, t I, p 247.

Honorius, episcopus servus servorum Dei, dilectis filiis abbati et conventui Sancti Benedicti Floriacensis salutem et apostolicam benedictionem. Virtus Dei et sapientia Jhesus Christus[a] domum sibi edificando mirabilem et decoram ut perpetua firmitate domus eadem fulciretur in fundamento[b] seipsum primarium lapidem collocavit, ac de suo spiritu septiformi septem varias[c] quas excidit adaptando columnas ad parietes erigendos cum sermone prophetico sæpe[d] adduxit. Quibus caritas evangelica cum[e] doctrina consummationis tectum apposuit. Constitutis in quatuor ejus angulis virtutibus quatuor cardinalibus eleganter ipsamque domum nihilominus vario virtutum[f] depinxit ornatu ut ab intus omnis gloria filiae[g] regis esset. Licet igitur unaqueque ecclesia in qua mundi salus et vera Christus hostia pro salute omnium immolatur, structuram hujusmodi edificii representet ac sicut omnes in Christo unum corpus sumus, apostolo protestante, sic diversae ecclesiae una tantum ecclesia possint[h] dici quae praedictae domus Domini typum gerit[i]. Decet tamen ut illas propensius honoremus quae cum ad nos nullo pertineant mediante, religionis favore, jugo cujus Domino militantes in eis submittunt humiliter colla sua propensiorem[j] a nobis gratiam promerentur. Eapropter, dilecti in Domino filii, super eo quod nobile ac decorum ecclesiae vestrae opus ad laudem Dei et gloriosissimae Virginis Mariae et sancti[k] Benedicti eximii confessoris honorem dicimini consummasse vobiscum in Domino congaudentes, ut celebrius fiat ejus edificatio prout eam fieri affectatis, universis seculi fidelibus qui ad ipsam ecclesiam infra suae dedicationis octabas[l] causa devotionis et orationis accesserint, pia eis subsidia impensuri, annum unum, et in posterum anniversario ejus die, quadraginta dies de Dei misericordia et

---

CCCLII. — a. Joannes episcopus C — b. eadem firmaretur in fundamento E. — c. alias E. — d. ipse C: spem E. — e. et C. — f. encomiis virtutum vario C. — g. filio C. — h. possit C: possunt E. — i. gerunt E — j sua propensiorem omis par E — k. beati E. — l. octavas C.

beatorum*ᵐ* Petri et Pauli apostolorum ejus*ⁿ* potestate confisi, de injuncta sibi poenitentia relaxamus. Cum enim terribilis et venerabilis locus vester existat ob reverentiam confessoris praedicti qui monastico ordinis institutor existit forma gregis et religionis exemplum*ᵒ*, tanto diem dedicationis ipsius majori gratia praevenire tenemur, quanto eum terribiliorem fore credimus cum ad suae sanctificationis augmentum invocabitur die illa nomen Domini super ipsum sancti quoque Jacob devotio quam in prima dedicatione habuit representabitur verbis istis : terribilis est locus iste, non est hic aliud nisi domus Dei et porta celi et vocabitur aula Dei. Deinde igitur qui devote ad vestram dedicationem accesserint, Deum verum in templo suo sanctissimo rogaturi de quacumque tribulatione ad Deum*ᵖ* clamaverint, quod fideliter postulaverint consequi mereantur et tanquam palmites verae vitis, vita vivant in saecula saeculorum. Amen. Datum Laterani, tercio nonas martii, pontificatus nostri anno secundo.

CCCLIII
Latran, 1218, 14 mars.

Honorius III accorde à l'abbé de Saint-Benoît de Fleury le pouvoir de bénir les vêtements sacerdotaux destinés à l'autel du couvent.

C, n° 5, p. 2. — E, n° 5, fol 3 v°. — L, p. 95.
INDIQ. : K, fol 450, d'après B.

Honorius, episcopus servus servorum Dei, dilecto filio abbati Sancti Benedicti Floriacensis salutem et apostolicam benedictionem. Si monasterium Floriacense congruis floret titulis dignitatum, eo principalius nos dilectat*ᵃ* quoad*ᵇ* Sedem apostolicam specialiter noscitur pertinere quia licet

---

CCCLII. — m. bonorum C. — n. ejus omis par E. — o. exemplar E. — p. ad ipsum E.

CCCLIII. — a. dignitatum et principaliter nos dilectat L — b quod ad L.

decorem universalis^c domus Domini diligamus, illas tamen ecclesias libentius gratie prerogativa prosequimur que nos^d nullo respiciunt mediante. Cum igitur sicut ex parte monasterii tui fuit propositum, coram nobis abbates qui eidem monasterio pro tempore prefuerunt^e, ad opus altaris ipsius monasterii benedicere consueverint^f indumenta quod utique tu et conventus tibi commissus illos creditis apostolice sedis autoritate fecisse quanquam super hoc littere non appareant, que si fuissent, forsitan potuerunt^g amitti. Nos ergo, monasterium tibi commissum per effectum operis gratie^h specialis ex hibere volentes affectum, indumenta altaris benedicendi ad opus monasterii tui autoritate tibi presentium liberam concedimus potestatem. Datum Laterani, secundo idus martiiⁱ, pontificatus nostri^j anno secundo.

CCCLIV

La Cour-Dieu, mai 1218.

Accord entre Guillaume, abbé, et le couvent de la Cour-Dieu, d'une part, l'abbé et le couvent de Saint-Benoit-sur-Loire, d'autre part, au sujet des maisons, des eaux et des moulins que le monastère de la Cour-Dieu possède à Fontenille et pour lesquels il payait au maire de Saint-Benoit à Tracy-sur-Loire un cens annuel de trois deniers : les abbé et couvent de la Cour-Dieu paieront annuellement à ceux de Saint-Benoit un cens de cinq sous en la fête de saint Benoit d'hiver (21 mars), les moines de Saint Benoit conservant leur justice sur les dits biens, et la pêcherie tous les vendredis dans les nasses des barrages de la Cour-Dieu.

C, n° 741, p. 396.
INDIQ. : L, p. 444, d'après B, fol. 181.

Universis presentes litteras inspecturis frater W., abbas, et conventus Curie Dei, salutem in Domino. Noveritis universi quod, cum querela verteretur inter nos, ex una parte,

---

CCCLIII. — c. universalis omis par E — d. cum nos L. — e. profuerint E.   f. consueverunt L. — g. potuissent E. — h. ipsius gratie. E. — i. maii E. — j. nostri omis par C.

et abbatem et conventum Sancti Benedicti Floriacensis, ex altera, super domibus, aquis, molendinis que apud Fontanellas in suo territorio possidemus, sicut metis et fossato supradicta distinguntur et tribus nummis censualibus quos majori suo de Traveciaco reddere solebamus annuatim, tandem pacifice composuimus in hunc modum quod nos supradicta, sine contradictione, exactione et consuetudine aliqua, possidentes, dabimus eis singulis annis in festo sancti Benedicti hyemalis v solidos censuales parisiensis monete. salva eisdem in prenominatis rebus omni integre justitia sua et salvo suo angulo et salva eisdem piscatura in nassis de combris nostris omni in singulis septimanis feria sexta sicut antea hebere solebant. Predicti autem abbas et conventus Sancti Benedicti nihil poterunc facere unde impedimentum vel detrimentum aliquod nobis infra predictam censivam valeat pervenire, sicut in litteris eorumdem quas exinde habemus dinoscitur contineri. Nos vero in hujus rei testimonium et perpetuam memoriam litteras istas scribi et sigillo nostro fecimus communiri. Actum in capitulo nostro, anno gratie Mº CCº XVIIIº, mense maio.

CCCLV
1218, juillet.

Hervé, comte de Nevers, cède à perpétuité à l'abbé de Saint-Benoit-sur-Loire tous ses droits sur le tènement d'Hasnon, à charge pour l'abbé et le couvent de célébrer chaque jour une messe pour le repos de son âme et de celle de ses ancêtres.

C, nº 465, p. 252. — D, fol. 525 vº, d'après B, fol. 113. — L, p. 604, d'apres B, fol. 113.

PUBL. : J.-B. Carré, *Notes sur le prieuré d'Arnicourt* (Sceaux, 1887, in-8º), p. 42.

Ego H[erveus], comes Nivernensis, notum facio presentibus et futuris quod, cum controversia verteretur inter me, ex una parte, et abbatem et conventum Beati Benedicti, ex altera, super tenemento de Hasnon, ego volens anime mee providere, dictis abbati et conventui quidquid juris habebam in dicto tenemento pro remedio anime mee et antecessorum meorum dedi et concessi pacifice in perpetuum possidendum, dicti vero abbas et conventus mihi pro amore Dei amicabiliter promiserunt unam missam pro Christi fidelibus ob remissionem peccatorum meorum et antecessorum meorum singulis diebus in perpetuum celebrandam. Et ut donum magis ratum et stabile permaneat presentem paginam feci, sigilli mei munimine roborari. Actum anno Domini millesimo ducentesimo decimo octavo, mense julio.

CCCLVI
1218, juillet.

Gautier [II], seigneur de Nemours, et Marguerite, sa femme, approuvent l'échange conclu par Guy de Méréville et Élisabeth, sa femme, avec l'abbé et le couvent de Saint-Benoit-sur-Loire, de la voirie de Teillay-Saint-Benoit, que ledit Guy tenait en fief du dit Gautier, contre deux masures de Bougy, dont l'une sise au-dessous du ruisseau du Nan, à condition que les hommes des dits abbé et couvent demeurant à Bougy aient, pour leur usage et celui de leurs troupeaux, libre accès au ruisseau susnommé[1].

C. p. 246. — D, fol. 147.

INDIQ. (avec traduction) : *Annales de la Société historique et archéologique du Gâtinais*, t. VI (1888). p. 7.

Omnibus presentes litteras inspecturis Galterus, dominus Nemosii, et Margarita ejus uxor, salutem in Domino. Noverint universi quod nos concedimus[a] et laudamus commutationem quam Guido de Merevilla[b], miles, et Elizabeth, uxor ejus, fecerunt cum abbate et conventu Sancti Benedicti Floriacensis super viaria de Telleio[c], quam dictus Guido

---

CCCLVI. — a. cedimus *C*. — b Merinvilla *D*. — c. Teilleio *D*.

---

1. Cf. ci-dessous, la charte de Guy de Méréville, d'octobre 1218, n° CCCLXIII.

a nobis*d* tenet in feodo, cum duabus masuris*e* de Bogiaco et eam*f* que sita est sub aqua quae dicitur Nandus*g*, tali conditione quod homines dictorum abbatis et conventus apud Bogiacum manentes ad usum sui et pecudum suarum liberum accessum*h* habeant ad aquam que dicitur Nandus*i*. In cujus rei testimonium presentem paginam sigillo nostro fecimus roborari. Actum anno Domini millesimo ducentesimo decimo octavo*k*, mense julio.

CCCLVII
1218, 14 juillet.

Lebert, doyen, Payen, sous-doyen de l'église d'Orléans, et maître Richard, chanoine de Jargeau, rendent une sentence arbitrale dans un différend entre Manassès, évêque d'Orléans, et Barthélemy, abbé de Saint-Benoit-sur-Loire, au sujet des dîmes des terres nouvellement défrichées dans les paroisses de Tigy, de Guilly, de Neuvy-en-Sullias et de toutes les autres paroisses de l'archidiaconé de Sully, dont le dit abbé a le patronat, en vertu de quoi le dit abbé percevra dans les paroisses de Tigy, de Guilly et de Neuvy toutes les dîmes de toutes les novales présentes et futures, et dans toutes les autres paroisses du dit archidiaconé dont le patronat lui appartient, seulement les dîmes qu'il a perçues jusqu'ici, et les dîmes des prés rendus à la culture, à moins qu'un autre eût perçu auparavant la dîme de ces prés ; l'abbaye rendra à l'évêque d'Orléans, chaque année, le lendemain de la Nativité de la Vierge (9 septembre), dix muids de seigle, mesure de Jargeau, perçus en la grange de Tigy, sous peine, en cas de non paiement, de cinq sous parisis. En compensation des dîmes des novales de Tigy, le curé de cette paroisse touchera la moitié des offrandes dont l'abbaye avait la totalité.

CCCLVI. — *d.* nobis *omis par* D. — *e.* mazuris D. — *f.* eam *omis par* D *qui laisse un blanc. Corrigez probablement* ea — *g.* Naudus C. — *h* ad *omis par* C. — *i.* liberum accessum *omis par* C. — *j.* Naudus C. — *k. La date en chiffres arabes* C.

Orig., Archives départementales du Loiret, H 48 ; parchemin autrefois scellé de trois sceaux sur double queue.
C, p. 114. — E, fol. 225 v°.
Indiq. : L, p. 444, d'après B, fol. 50 v°.

Lebertus, decanus, Paganus, subdecanus Aurelianensis et magister Richardus, canocinus Jargogil[ensis], omnibus presentes litteras inspecturis salutem in Domino. Noverint universi quod, cum inter reverendum patrem ac dominum nostrum M., Aurelianensem episcopum, ex parte una, et venerabilem virum Bartholomeum, abbatem Sancti Benedicti Floriacensis, ex altera, controversia verteretur super novalium decimis in parrochiis de Tygiaco, de Gilliaco et de Novo Vico, et omnibus aliis parrochiis in archidiaconatu Soliacensi constitutis in quibus idem abbas jus patronatus habet, in nos compromiserunt, promittentes unusquisque videlicet pro se, sub pena viginti marcharum, quod quicquid super hoc vel propter hoc *haut et bas* ordinaremus ratum haberent et firmum, promittentes etiam sub eadem pena quod per litteras testimoniales tam capituli Aurelianensis quam conventus monasterii Sancti Benedicti ordinationem nostram infra octabas beate Marie Magdalene facerent approbari. Nos igitur super hujusmodi controversia habito tractatu diligenti, de bonorum virorum consilio ita ordinavimus et diximus quod abbatia Sancti Benedicti Floriacensis de cetero pacifice, quiete et integre percipiet in parrochiis de Tygiaco, de Novo Vico et de Gilliaco decimas omnes omnium novalium tam presentium quam futurorum, in ceteris vero parrochiis in archidiaconatu Soliacensi constitutis, in quibus tamen eadem abbatia habet jus patronatus, decimas omnium novalium quas ante percepit vel modo percipit de cetero percipiet pacifice, integre et quiete, decimas etiam pratorum que sunt infra fines decimationis sue constituta, ubicumque sint in prenominato archidiaconatu, si redigantur ad culturam, habebit pacifice eadem abbatia, si tamen antea de pratis illis decimam alius non habebat. Diximus autem quod abbatia Sancti Benedicti reddet in perpetuum annis singulis in crastino nativitatis Beate Virginis, episcopo Aurelianensi vel ejus mandato vel cui ipse voluerit, decem modios nove et competentis siliginis, ad mensuram Jargogil[ii], in grangia de Tygiaco percipiendos, ita quod, si die pretaxata eadem annona soluta non fuerit, quinque solidos parisiensium solvet pro damnis et expensis chareii et similiter in qualibet die in qua charreium pro blado mitteretur, si vacuum rediret, ad eandem penam abbatia teneretur. Ut autem aliqua fiat recompensatio presbytero de Tygiaco pro decimis novalium quas in parrochia sua percipiet abbatia, ut dictum est, diximus et ordinavimus quod in oblationibus altaris in quibus solebat abbatia percipere duas partes, medietatem abbatia percipiat, altera medietate penes presbyterum in perpetuum remanente. Quod ut ratum et notum permaneat, presentem paginam litteris annotatam, ad utriusque partis petitionem sigillorum nostrorum munimine fecimus roborari ; ego vero magister Richardus Jargogil[ensis], canonicus, quia sigillum proprium non habebam, sigillo viri venerabilis Hamerici, magistri scolarum Aurelianensium, feci pro me presentes litteras sigillari. Actum sabbato ante festum sancti Arnulphi martiris anno Domini millesimo ducentesimo octavo decimo, mense julio.

CCCLVIII
1218, 14 juillet.

Lebert, doyen, et le chapitre de l'Église d'Orléans s'engagent à observer la sentence arbitrale consignée dans la charte précédente.

C, n° 194, p. 115. — E, n° 183. fol. 226 v°.

Lebertus, decanus, totumque Aurelianensis ecclesie capitulum, omnibus presentes litteras inspecturis salutem in Domino. Noverint universi presentes pariter et futuri quod nos compromissionem in viros venerabiles Lebertum decanum, Paganum subdecanum, et magistrum Richardum, canonicum Jargogilensem, factam a reverendo patre nostro Manasse, Aurelianensi episcopo, et viro venerabili Bartholomeo, abbate Sancti Benedicti Floriacensis, de controversia que vertebatur inter ipsos super novalium decimis in parrochiis de Tigiaco, de Gilliaco et de Noviaco et aliis parrochiis in archidiaconatu Soliacensi constitutis, in quibus idem abbas jus patronatus habet, ratam habemus et acceptam, dictum et ordinationem premissorum decani, subdecani et magistri Richardi sub testimonio presentium approbantes sicut in eorumdem litteris prospeximus contineri, quarum tenor talis est. Lebertus decanus *etc., ut in precederti charta n° CCCLVII de verbo ad verbum.*

CCCLIX
1218, 14 juillet.

Manassès, évêque d'Orléans, promet d'observer la sentence arbitrale qui précède.

C, n° 195, p. 115. — E, n° 184, fol. 228.
INDIQ. : L, p. 144, d'après B, fol. 51.

Manasses, Dei gratia Aurelianensis episcopus, omnibus presentes litteras inspecturis salutem in Domino. Noverint universi quod super controversia que vertebatur inter nos et venerabiles viros Bartholomeum abbatem et conventum Sancti Benedicti Floriacensis super decimis novalium in parrochiis de Tigiaco, de Gilliaco et de Noviaco et in omnibus aliis parrochiis in archidiaconatu Soliacensi constitutis in quibus jus habent patronatus, in dilectos filios Lebertum decanum, Paganum subdecanum Aurelianenses, et magistrum Richardum, canonicum Jargogilensem, compromisimus sub pena viginti marcharum quod quidquid super hoc vel propter hoc *haut et bas* ordinabunt, ratum habebimus et firmum ; promittentes etiam sub eadem pena per litteras testimoniales dilectorum filiorum capituli Aurelianensis ordinationem eorum infra octavas beate Marie Magdalene faciemus approbari. Datum sabbato ante festum sancti Arnulphi anno Domini millesimo ducentesimo octavo decimo[a], mense julio.

CCCLIX. — a. *La date en chiffres arabes C.*

CCCLX

1218, août.

Hugues, comte de Rethel, Félicité, sa femme, et Hugues, leur fils aîné, renoncent en faveur de l'église de Saint-Benoit-sur-Loire à leurs prétentions sur le bois des Ligneux, sis près de Saulce-aux-Bois, et lui en abandonnent la propriété, les moines de Saint-Benoit leur concédant la coupe et la vente du bois pendant quatre ans.

C, n° 498, p. 268.
PUBL. : J.-B. Carré, *Notes sur le prieuré d'Arnicourt*, p. 42.

Ego Hugo, Regitestensis[a] comes, et uxor mea Felicitas et Hugo, primogenitus noster, notum facimus omnibus tam futuris quam presentibus quod, cum discordia verteretur inter nos, ex una parte, et ecclesiam Sancti Benedicti super Ligerim, super quodam nemore quod situm est juxta Salciam, quod etiam Linneium vocatur, et quod erat proprium predicte ecclesie, quamvis pravo ducti consilio adversus dictam ecclesiam diu litigaremur, tandem pro bono pacis, ob remedium antecessorum nostrorum et successorum et nostrarum animarum, totum nemus predictum cum fundo ipsius nemoris, quemadmodum se comportat, dicte ecclesie prorsus quittum clamavimus in perpetuum possidendum et ob voluntatem suam faciendum, ita quod nos nec successores nostri in eodem nemore neque in fundo ipsius nemoris nil reclamabimus, ceterum sciant universi quod monachi prefate ecclesie, termino illo quo carta presens facta fuit, nobis dederunt et concesserunt nemus illud quod tunc situm erat supra fundum ita quod totum debuit vendi et excidi ex tunc in quatuor annos. In cujus rei testimonium presentem paginam sigillorum nostrorum appensionibus communivimus. Actum anno gratie M° CC° XVIII°, mense augusto.

CCCLX. — a. *Corrigez* Registestentis.

CCCLXI
1218, août.

Barthélemy, abbé, et le couvent de Saint-Benoît-sur-Loire concluent un accord avec le comte de Rethel au sujet du bois des Ligneux près de Saulce-aux-Bois; contre partie de la charte précédente.

ORIG. : Archives du Palais de Monaco, Trésor des chartes du comté de Rethel, parchemin scellé du sceau de l'abbé et de celui du couvent, sur double queue [1].

Z. Bibl. nat., nouv. acq. françaises 6366.

INDIQ. : L. Delisle. *Notice sur le cartulaire du comté de Rethel,* dans l'*Annuaire-Bulletin de la Société de l'histoire de France,* 1867, 2ᵉ partie, p. 16.

PUBL. : G. Saige et H Lacaille, *Trésor des chartes du comté de Rethel,* t. I, p 68, d'après l'original.

Bartholomeus, Dei gratia humilis abbas, et conventus Sancti Benedicti Floriacensis, omnibus qui presentes litteras viderint salutem in Domino. Noverit universitas vestra quod, cum inter nos, ex una parte, et nobilem virum comitem Registestensem, ex alia, super quodam nemore quod situm est justa Salciam, in archiepiscopatu Remensi, quod etiam Ligneus appellatur, diu contentio verteretur, tandem composuimus in hoc modum quod nos, pro bono pacis, dedimus et concessimus dicto comiti totum nemus quod erat in fundo terre ipsius nemoris quando presentes littere facte sunt, ita quod ex tunc in quatuor annos ab eodem comite excidetur et vendetur ex tunc in antea. Dictus comes et uxor ejus Felicitas et Hugo filius ejus totum nemus predictum com[a] fondo ipsius nemoris quemadmodum se comportat, nobis in perpetuum quittaverunt libere et asque[b] ulla calumpnia sine fine possidendum, ita quod nec ipsi nec eorum successores in eodem nemore vel ejus fundo poterunt aliquid reclamare. In cujus rei testimonium presentem paginam sigillorum nostrorum munimine duximus roborandam. Actum anno gratie Mº CCº XVIIIº, mense augusto.

CCCLXI. — a. *Corrigez* cum. — b. *Corrigez* absque.

---

1. Voyez la description de ces sceaux, dans Douët d'Arcq, *Collection des sceaux des Archives nationales,* t. III, nº 8369, ainsi que dans l'ouvrage précité de Saige et Lacaille. *Sceaux,* p. 20.

CCCLXII
1218, septembre.

Guillaume, évêque d'Auxerre, notifie la donation en perpétuelle aumône faite par Thibaud, prêtre de Gien, au prieuré de Gien-le-Vieil, d'une vigne appelée Giraudette au dessus du marchais de la comtesse, avec réserve de l'usufruit par ledit Thibaud.

C. n° 757, p. 404. — Z. Bibl. nat., coll. Moreau, t. 124. p. 58 (copie de Dom Gérou, de 1764).

Villelmus, Dei gratia Autissiodorensis episcopus, omnibus presentes litteras inspecturis in Domino salutem. Noverint universi quod Theobaudus, presbyter de Giemo, coram nobis constitutus, donavit in perpetuam eleemosynam prioratui de Giemo Veteri quamdam vineam, que vocatur Giraudeta, super marchesium comitisse sitam, ita tamen quod ubicunque sive in seculo sive in religione extiterit, quamdiu vixerit tenebit eamdem, ipso vero sublato de medio dicta vinea ad ipsum prioratum sine contradictione aliqua libere revertetur. In cujus rei memoriam et testimonium presentem cartam, ad petitionem ipsius presbyteri, sigilli nostri munimine fecimus roborari. Actum anno gracie M° CC° XVIII°, mense septembri.

CCCLXIII
1218, octobre.

Guy de Méréville et Élisabeth, sa femme, donnent à l'abbé et au couvent de Saint-Benoit-sur-Loire leur voirie de Teillay-Saint-Benoit, qu'ils tenaient de Gautier de Nemours, en échange de deux masures à Bougy, l'une sise entre les fossés de la motte seigneuriale et le chemin menant au bois, l'autre attenant à celle-ci, de l'autre côté du chemin, avec la noue sous le ruisseau du Nan, à condition que les hommes de Saint-Benoit demeurant à Bougy aient pour leur usage et celui de leurs troupeaux libre accès au dit ruisseau, pour quoi les dits Guy et Élisabeth mettront à leur disposition un chemin assez large pour le passage simultané de deux charrettes [1].

C, n° 445, p. 246. — D, fol. 149, d'après B, fol. 114 bis v°, n° 481.

Omnibus presentis litteras inspecturis Guido de Merevilla[a] et Elizabeth, uxor ejus, salutem in Domino. Noverit universitas vestra quod nos dedimus in excambio abbati et conventui Sancti Benedicti Floriacensis viariam nostram de Telleio cum pertinentiis suis in perpetuum possidendam, quam tenebamus de domino Galterio[b] de Nemosio, pro duabus masuris apud Bogiacum sitis, quarum una protenditur a fossatis mote nostre usque ad viam versus nemus et altera que illi conjungitur, tantum via interposita, cum noa[c] que sita est sub aqua que dicitur Nandus, que dicti abbas et conventus dederunt nobis similiter in perpetuum possidenda in escambio supradicte viarie, tali conditione quod homines dictorum abbatis et conventus apud Bogiacum manentes ad usum sui et pecudum suarum liberum accessum habebunt ad aquam que dicitur Nandus[d], et ad hoc prestabimus eis viam latam ad duas quadrigas sibi invicem obvientes inter vineam et terram Stephani...[e], salvis dictis abbatis et conventui decimis dictarum masurarum. In cujus rei testimonium presentem paginam sigillo meo feci roborari. Actum anno Domini millesimo ducentesimo decimo octavo, mense octobri.

CCCLXIV
1219.

Béatrice, dame de Montaigu et de Saint-Fargeau, reconnaît tenir les coutumes de Villiers-Saint-Benoit telles qu'elles sont déterminées dans les lettres de feu son mari Itier de Toucy [2].

C. n° 459, p. 250. — D, fol. 526, d'après B, fol. 163 r°, n° 471.

Ego B., Montis acuti et Sancti Ferreoli domina, notum

CCCLXIII. — a. Merinvilla D — b. Galtero D. — c. nostra D. — d. Nandus C. - e. Nom propre incomplet tive, que D a lu tunc. — f. La date en chiffres arabes C.

---

1. Cf. plus haut, p. 242, n° CCCLVI, la charte de Gautier de Nemours, de juillet 1218, dont il est difficile de s'expliquer l'antériorité.

2. Son second mari Itier de Toucy était mort à Damiette en 1218.

facio presentibus et futuris me tenere bona fide usus et consuetudines ville que dicitur Villers*a* Sancti Benedicti, prout continetur in litteris domini Iterii de Tociaco, quondam viri mei, sicut melius potest intelligi ad utilitatem dicte ville. Hoc autem, sacramento interposito, milites mei dominus Humbaldus de la Quodre et dominus Nargotus Rafars, in animam meam juraverunt, et ut firmius habeatur sigillum meum presentibus apposui in testimonium veritatis. Actum anno gratie millesimo ducentesimo decimo nono*b*.

CCCLXV
1219, janvier (n. st.).

Manassès, évêque d'Orléans, notifie l'abandon que Jean de Tracy-sur-Loire, chevalier, a fait aux abbé et couvent de Saint-Benoît-sur-Loire du fief que, du chef de feue sa femme Élisabeth, il tenait du dit abbé, savoir la garde du cellier de Saint-Benoît, pour laquelle il recevait cinq muids de seigle, et chaque jour une prébende et chaque dimanche deux deniers; en retour de quoi le dit abbé a concédé au dit Jean et à ses hoirs deux arpents de vigne dans le clos de Saint-André à Darvoy, et, après la mort de Renaud Marescot, chanoine de Jargeau, les vignes que celui-ci tenait de Saint-Benoît dans un clos à Jargeau.

C, n° 422, p. 238.

Manasses, Dei gratia Aurelianensis episcopus, omnibus presentes litteras inspecturis salutem in Domino. Noverint universi quod, constitutis in presentia nostra venerabili viro abbate Sancti Benedicti Floriacensis et Joanne de Traveciaco, milite, feodum quod idem Joannes habebat in abbatia Sancti Benedicti et a predicto abbate tenebat, videlicet balliam et custodiam cellarii Sancti Benedicti, pro que dictus Joannes quinque modios siliginis in ipsa abbatia, necnon et diebus singulis prebendam unius monachi et insuper singulis dominicis duos denarios solebat percipere, ipsi abbati et conventui Sancti Benedicti, per interpositionem

---

CCCLXIV. — *a.* Villiers D. — *b.* La date en chiffres arabes C.

fidei corporalis in manu nostra prestite quittavit in perpetuum, defuncta Elizabeth quondam uxore dicti Joannis, de cujus maritagio movebat feodum supradictum, et Reginaldo filio eorumdem huic quittationi fide media favorem adhibentibus et consensum, memoratus abbas in recompensationem hujus quittationis duo arpenta vinearum in clauso Sancti Andree apud Darveyum sitarum necnon et vineas illas quas dilectus filius Reginaldus Marescos, Jargolii canonicus ab ipso abbate Sancti Benedicti et conventu ad vitam tenebat apud Jargolium in clauso de Chapetes constitutas post ipsius Reginaldi decessum supradicto Joanni assignavit et concessit sibi et heredibus suis quiete et libere perpetuo possidendas. Quod ut ratum et notum permaneret presentes litteras ad supradictorum petitionem fieri fecimus et sigilli nostri munimine roborari. Actum anno gratie M° CC° XVIII°, mense januario.

CCCLXVI
1219, mars (n. st.).

Arnaud Le Bouteiller, chevalier, approuve avec son fils l'aumône faite à l'abbaye de Saint-Benoit-sur-Loire et à Notre-Dame de Châteauneuf par Évrard « de Rucia ».

C, n° 617, p. 332. — M, Bibl. nat., ms. latin 12739, p. 519 (copie de Dom Estiennot).

Ego Hernaudus Buticularius, miles, notum facio omnibus presentes litteras inspecturis quod eleemosinam quam Aurardus de Rucia dedit Beato Benedicto et Beatae Mariae de Castronovo, quae de feodo meo erat, quitto, laudo et concedo, et Hernaudus filius meus similiter quittavit, laudavit et concessit in perpetuum possidendum eisdem et habendum. Quod ut ratum sit, praesentem paginam sigilli mei munimine roboravi. Actum anno M° CC° XVIII°, mense martio[a].

CCCLXVII
1219, mai.

Conformément au canon du Concile général décidant l'attribution aux prêtres des églises paroissiales d'une portion

---
CCCLXVI. — a. mense martio omis par C.

congrue sur les oblations et les dîmes appartenant à leur église, Manassès, évêque d'Orléans, arrête, avec l'assentiment de Barthélemy, abbé de Saint-Benoit-sur-Loire, que le curé de l'église de Bouzonville-en-Beauce, dont l'abbé de Saint-Benoit a le patronat, et ses successeurs percevront deux parts des oblations faites à l'autel aux jours de la Toussaint, de Noël et de la Purification de la Vierge, de Pâques et de la Pentecôte ; deux parts des menues dîmes de sa paroisse que lesdits abbé et moine percevaient jusqu'ici ; la moitié de la dîme du vin de sa paroisse jusqu'ici perçue toute entière par lesdits abbé et moine ; que le curé de Bouzonville et ses successeurs ne paieront pas la dîme sur leur vigne sise dans la censive de Saint-Benoit ; et, enfin, qu'ils prendront annuellement deux muids et demi de froment et autant d'orge dans la grange des moines à Bouzonville.

C, n° 799, p. 436. — D, fol. 403, d'après B, fol. 197 v°, n° 818. — L, p. 445, d'après B, fol. 197 v°. — N, Bibl. nat., collection Moreau, vol. 125, p. 194 ; copie par Dom Gérou d'après C.

INDIQ. : K, p. 459, d'après B, fol. 197 v°.

Manasses, Dei gratia Aurelianensis episcopus, omnibus presentes litteras inspecturis salutem in Domino. Attendentes quod in generali concilio deliberatione provida sit statutum ut presbiteris parochialium ecclesiarum deputatis de proventibus oblationum et decimarum ad ecclesias ipsas pertinentibus portio sufficiens assignetur, de voluntate et assensu venerabilis viri Bartholomei, abbatis Sancti Benedicti Floriacensis, qui in ecclesia de Bolunvilla jus patronatus habere dinoscitur auctoritate ejusdem concilii presbitero ipsius ecclesie, in augmentationem sui redditus, diximus assignandum quod duas partes oblationem ad altare suum provenientium in quibusdam diebus solemnibus, videlicet in solemnitate Omnium Sanctorum et in Natale Domini" et in Purificatione beate Marie et in diebus[b] Pasche et Pentecostes ; duas partes minutarum decimarum[c] sue parochie,

---

CCCLXVII. — a. et in Natale Domini omis par C. — b. panibus CD — c. minutarum decimarum omis par D qui laisse un blanc.

quas abbas et monachi supradicti Sancti Benedicti solebant percipere, necnon et medietatem decime vini totius sue parochie quam[d] antea totaliter consueverunt percipere[e] abbas et monachi supradicti, tam idem presbiter de Bolunvilla quam ejus successores presbiteri percipiant in perpetuum et possideant, nec de vinea ad presbiterum ipsius ecclesie pertinenti, que sita est in censiva Sancti Benedicti, decimam solvet presbiter supradictus vel ipsius successores. Insuper memoratus sacerdos et ejus successores presbiteri duos modios frumenti et dimidium et totidem ordei in grangia de Bolunvilla abbatis et monachorum Sancti Benedicti percipient annuatim. Hec autem que superius sunt expressa, salvis proventibus et redditibus aliis quas prius[f] presbiter de Bolunvilla nomine ecclesie sue possidebat, presbiter ejusdem ecclesie, auctoritate concilii, ordinavimus ac statuimus in perpetuum adherere. Quod ut ratum et notum permaneat presentes litteras fieri fecimus et sigilli nostri munimine roborari. Actum anno Domini millesimo ducentesimo nono decimo[g], mense maio.

CCCLXVIII

1219, septembre.

Les prieurs de Saint-Martin-des-Champs et de Saint-Victor, le doyen de Saint-Marcel de Paris, établis par le pape conservateurs des dîmes de certaines novales par lui concédées à l'eglise de Saint-Benoit-sur-Loire, approuvent l'accord suivant, conclu en leur présence entre l'abbé de Saint-Benoit et le curé de Cralette : le dit curé a donné à ferme à la dite église de Saint-Benoit, pour deux setiers de blé de mars, la dîme qu'il percevait sur le champ de Malvoisine près de la maison de Geoffroy Randon et sur le champ de Martin d'Aigrefin, dit Le Clos, sis près de Montargis, rendables annuellement au dit curé à la Saint-Remi en la grange des moines ; toutes les autres grosses dîmes seront portées en la même grange et par-

---

CCCLXVII. — d quos C. — e. antea totaliter consueverunt percipere omis par C. — f. predictus C. — g. La date en chiffres arabes C.

tagées entre le curé et ses successeurs ; le transport des dîmes restera aux dits moines, celui qui a charge de les transporter s'engageant vis-à-vis du curé à ne pas lui faire de tort ; les batteurs de blé seront choisis par le curé d'accord avec les moines. En outre, le dit curé aura la moitié du fourrage, de l'étrain et des pailles.

C, n° 293, p. 177. — E, n° 276, fol. 336.

Sancti Martini de Campis et Sancti Victoris priores, et decanus Sancti Marcelli Parisiensis, omnibus presentes litteras inspecturis in Domino salutem. Noverit universitas vestra quod, cum a domino papa dati essemus exccutores et conservatores super decimis quorumdam novalium eccclesie Beati Benedicti Floriacensis ab eodem concessis, tandem, abbate et conventu Sancti Benedicti ex una parte et presbytero de Cataletta*a*, qui se dicte concessioni opponere videbatur, ex altera, in nostra presentia constitutis, de utriusque partis assensu ita fuit compositum coram nobis : dictus presbyter de Cataletta*b* qui se dicte concessione opponere videbatur*c*, in perpetuum ad firmam pro duobus sextariis tramesii*d*, dicte ecclesie Sancti Benedicti quandam decimam quam percipere solebat in campo Male Vicine qui est juxta domum Gaufredi Randuni*e* et in campo Martini de Acri fame*f* qui dicitur Clausus juxta Montem Argi situs. Reddentur autem duo predicta sextaria dicto presbytero et ejus successoribus singulis annis infra festum sancti Remigii in grangia monachorum ; alie*g* vero*h* decime magne omnes*i*, tam veteres quam nove, ubicunque fuerint, venient ad dictam grangiam monachorum et inter monachos et presbyterum suosque successores equaliter dividentur ; tractus vero dictarum decimarum, cum his*j* que ad ipsum tractum pertinent sicut solet antiquitus, dictis monachis libere remanebit, ita quod tractor decimarum faciet fidelitatem presbytero singulis annis de indempnitate*k*

CCCLXVIII. — a. Cataleta *E*. — b. Chataleta *E*. — c. qui se dicte concessioni opponere videbatur *omis par C*. — d. tremesi *E*. — e. Raudum *C*. — f. Actifame *E*. — g. et alie *C*. — h. vero *omis par C*. — i. omnes *omis par E*. — j. iis *E*. — k. indempnitate *C*.

et ex equo ponent ibi trituratores tam presbyter quam monachi memorati. Adjunctum est etiam quod dictus presbyter in farragine straminis videlicet et palearum medietatem habebit, et his que supra diximus contentus, nihil contra dictos monachos amplius super premissis poterit reclamare. Huic autem compositioni coram nobis facte et in scriptum redacte assensum nostrum prebuimus et eamdem sigillorum nostrorum impressione probavimus et roboravimus[l], retinentes nobis jurisdictionem de utriusque partis assensu in illos qui a dicta compositione vellent aliquo modo[m] resilire. Actum anno Domini millesimo ducentesimo decimo nono, mense septembri[n].

CCCLXIX

1219, septembre.

Les prieurs de Saint-Martin-des-Champs et de Saint-Victor, et le doyen de Saint-Marcel de Paris, établis par le pape conservateurs de l'indult accordé à l'église de Saint-Benoit-sur-Loire au sujet des dîmes des novales, défendent au curé de Sunchamp de se prévaloir contre l'abbé et le couvent de Saint-Benoit de lettres apostoliques obtenues par lui et adressées au doyen de Chartres et les juges délégués dans le procès entre lui et les dits abbé et couvent au sujet des dîmes des novales dans sa paroisse.

C, n° 579, p. 315. — D, fol. 254, d'après B, fol. 145, n° 605.

Sancti Martinii de Campis et Sancti Victoris priores, et decanus Sancti Marcelli Parisiensis, a domino papa conservatores et executores deputati super indulgentiam novalium concessa[m] ecclesie Sancti Benedicti Floriacensis, omnibus presentes litteras inspecturis in Domino salutem. Noveritis quod Fulco, presbyter de Suncampo[a], constitutus in jure coram nobis pro causa que vertebatur inter abbatem et

---

CCCLXVIII.— *l.* impressionibus roboravimus *C.*— *m.* aliquo tempore *C.* — *n.* decembri *E.*

CCCLXIX. — a. Sumcampo *D.*

conventum Sancti Benedicti Floriacensis, ex una parte, et ipsum, ex altera, protestatus est se nolle uti litteris impetratis ad judices Carnotenses, scilicet decanum et cumjudices suos super causa novalium in sua parochia constitutorum contra eumdem abbatem et conventum, quia dicte littere non valebant eo quod, cum essent posteriores, de indulgentia concessa abbati et conventui nullam facerent mentionem. Cum autem contra predictam indulgentiam nihil[b] ab ipso, coram nobis bis in hac causa convento, fuisset propositum inhibuimus[c] ei auctoritate conservationis et executionis nobis mandate ne dictum abbatem et conventum super decimis novalium contra tenorem indulgentie a domino papa Honorio sibi collate de cetero molestaret. Quod ut ratum habeatur, sigillorum nostrorum munimine roboravimus. Actum anno gratie millesimo ducentesimo decimo nono[d], mense septembri.

CCCLXX
1219, avant novembre.

Payen de Saint-Benoit et Simon de La Ruelle, chevaliers, après compromis entre leurs mains par l'abbé et le couvent de Saint-Benoit-sur-Loire, d'une part, et Denis Lechevalier, maire de Montereau, d'autre part, avec l'assentiment d'Alice, femme de Denis, et d'Osanne, mère de la dite Alice, du chef desquelles venait la bailie de Montereau, dans un procès débattu devant Guillaume Menier et Hugues Le Breton, baillis royaux, entre les dits abbé et couvent et Denis, au sujet des droits du dit Denis dans la dite bailie, prononcent après enquête et sur le témoignage de Benoit et Renier, maires, leur sentence arbitrale.

C, n° 747, p. 399. — D, fol. 384 v°, d'après B, fol. 182, n° 781. — K, p. 808, « ex autographo ».

Omnibus presentes litteras inspecturis, Paganus de Sancto Benedicto et Simon de Ruella, milites, in Domino salutem. Noverit universitas vestra quod, cum inter venerabiles

---

CCCLXIX. — b. mil C. — c. inhibemus C. — d. — *La date en chiffres arabes C.*

viros abbatem et conventum Sancti Benedicti Floriacensis, ex una parte, et Dionysium*a* Militem, majorem de Mosterello*b*, ex altera, coram discretis viris Willelmo*c* Menerii et Hugone Breton, domini regis ballivis*d*, auctoritate domini regis super his que ad ballivam*e* dicti majoris de Mosterello*f* pertinent et super jure quod dictus major in eadem balliva debet habere controversia verteretur, tandem, de bonorum virorum consilio, ambe*g* partes super hac tota controversia inter se mota in nos, ut placuit, compromiserunt, concedentes*h* et sacramento prestito*i* promittentes quod quicquid nos super premissis *haut et bas*^j ordinaremus, secundum inquisitionem a nobis fideliter factam, ratum se habituros, Aalez*k* uxore et Osanna*l* matre uxoris dicti Dionysii Militis ex quarum parte dicta balliva movebat, favorem huic compromissioni prebentibus et assensum; nos vero, pro bono pacis supradictarum partium, compromissionem in nos factam recipientes*m*, super hac prenominata controversia veritatem diligenter in quantum potuimus per testimonium bonorum virorum juratorum inquisivimus*n* sub hac forma:

Benedictus et Renerius majores, jurati, dixerunt quod clamores de balliva de Mosterello*o* sunt domini abbatis; dixerunt etiam quod major de Mosterello debet ponere tres mestivarios in granchia et illi tenentur facere fidelitatem domino abbati vel mandato ipsius; idem major debet percipere in granchia illa octo minas sigali ad mensuram Lorriaci et quicquid rastrum vel *li balés*^p possunt trahere per fidelitatem mestivorum, et medietatem de exclusis*q*, et minuta stramina, et nichil amplius potest capere in dicta granchia. Predictus major debet reddere annuatim sex solidos ad cooperiendam granchiam. Quando dominus abbas

---

CCCLXX. — a. Dionisium *D*; Dyonisium *K*. — b. Monsterello *C*. — c. Guillielmo *K*. — d. baillivis *D*. — e. baillivam *D*. — f. Monsterello *C*. — g. antedicte *K*. — h. contendentes *C*. — i. prefato *C*. — j. hanc et has *C*. — k. Aales *K*. — l. Hosanna *C*; Osana *D*. — m. recepimus *C*. — n. inquisimus *C*. — o. Monsterello *C*. — p. balez *C*. — q. medietatem dexcluis *C*; medietatem de (*blanc*) *D*; medietatem des gluis *dans la charte de Guillaume Menier ci-dessous* n° CCCLXXI.

vult" rumpere stagna' in balliva, debet submonere majorem, et major debet illa' rumpere, et post piscationem" domini abbatis dictus major in habendis piscibus nullam habet consuetudinem. Calceia autem debet rumpi et reparari de expensis abbatis. In omnibus nemoribus de balliva sua habet major custodiam suam, et", si forisfactum ibi invenerit, ferramentum est suum*, emenda est domni abbatis; in dictis nemoribus nichil amplius habet, exceptis nemoribus de Ocrea et de Cathena" in quibus capit nemus mortuum ad calefaciendum se et nemus vivum ad facienda herbergagia; si autem examen apum inventum fuerit in nemoribus mortuis, medietas erit majoris, altera illius qui apes illas* invenerit; si vero in nemoribus vivis fuerit repertum, major medietatem reservabit domino abbati, aliam habebit inventor. Decima lini et cannabi est majoris et presbyteri; pro parte sua debet major solvere annuatim domino abbati XVIII denarios censuales dominica ante Ramos palmarum. In nuptiis nichil habet de consuetudine. In rebus inventis in balliva sua nichil habet, exceptis his que percipit in apibus, ut supra diximus. In porcis occisis.....^b Pro forisfacto vinearum habet medietatem dominus abbas, aliam custos vinearum; in medietate domini abbatis major nichil capit preter armum; in parte vinearii^c nichil habet. Medietatem habet^d in festuagio. Serviens majoris debet ire ad numerandas gerbas cum serviente abbatis si ab ipso fuerit vocatus nec potest ire per se, et si serviens majoris ire voluerit cum serviente abbatis, non debet eum prohibere serviens abbatis quin ille non eat cum suis expensis. Major nulla placita potest tenere ante se, ad mandatum domini abbatis debet reddere et recredere^e quicquid tenebit et submonere homines coram

---

CCCLXX. — *r.* voluerit *C.* — *s.* stagnam *C.* — *t.* illam *C.* — *u.* post piscationem *remplacé par des points K.* — *v.* et *omis par K.* — *x.* est suum *remplacé par des points K.* — *y.* Catena *C.* — *z.* apesillos *omis par CDK, restitué dans la charte de Guillaume Menier.* — *a.* de *CK.* — *b. Phrase inachevée CDK, sans blanc; même lacune dans la charte de Guillaume Menier.* — *c.* vinearum *C.* — *d.* habet *omis par C.* — *e.* regredere *CDK. Corrigez* recredere *par la charte de Guillaume Menier.*

domino abbate quotiens*f* dominus abbas jusserit ; omnes submonitiones ad majorem pertinent, excepto quod dominus abbas vel prepositus de Curte Matriniaci*g* possunt quemlibet de balliva si eum presentem invenerint*h* submonere. Omnes corvee sunt domini abbatis preter unam que est majoris. Nullam masuram potest major habere sine voluntate abbatis. Medietatem rasturarum de oblitis habet major in balliva sua. In omnibus mercetis, in quibus dominus abbas ventas habet vel laudationem*i*, major percipit sextarium vini non de viliori nec de cariori. In festo Omnium Sanctorum, Natalis*j* Domini, in Purificatione beate Marie Virginis debet recipere oblationes in ecclesia de Mosterello*k*, et in singulis festivitatibus debet capere in parte oblationum domini abbatis tres denarios pro carnibus cum duobus panibus et duabus candelis et dimidium*l* sextarium vini non de viliori nec de cariori. In receptione agnorum in Pascha habet unum agnum ; in receptione lanarum in festo sancti Joannis Baptiste habet major tres denarios pro carnibus, duos denarios pro panibus, duos denarios pro candelis, dimidium vini sexterium non de viliori nec de cariori. Major debet instituere custodes vinearum et accipere fidelitatem ab eis, astantibus viri de balliva quorum sunt vinee, quod ipsi bona fide conservabunt domini abbatis jus et hominum*m* de balliva.

Nos vero, sicut ex testimonio Benedicti et Renerii majorum veritatem cognovimus, dictum nostrum pronuntiamus et in perpetuum firmum et stabile tenendum a partibus precipimus. Quod ut ratum et in posterum et inconcussum habeatur, presentes litteras scribi et sigillis presentibus fecimus communiri. Et quia dictus Simon de Ruella, miles, sigillum non habebat, ego Stephanus de Altovillari, domini regis ballivus*n*, ad instantiam dicti Simonis et petitionem utriusque partis, sigillum meum presentibus litteris apposui. Actum anno gratie millesimo ducentesimo decimo nono*o*.

CCCLXX. — *f*. quoties *C*. — *g*. Matrnaci *C*. — *h*. invenerit *E*. — *i*. laucationem *D*. — *j*. Natali *C*. — *k*. Monsterello *CD*. — *l*. dictum *K*.— *m*. hominium *CK*. — *n*. ballivus *D*. — *o. La date en chiffres arabes C* ; M°C°° nono *K*.

CCCLXXI

1219, novembre.

Guillaume Menier, bailli du roi, confirme la précédente sentence arbitrale rendue par Payen de Saint-Benoit et Simon de La Ruelle dans le procès débattu devant lui entre l'abbaye de Saint-Benoit-sur-Loire et Denis Lechevalier, maire de Montereau, sur la bailie dudit Montereau.

C, n° 748, p. 400. — D, fol. 438 v°, d'après B, fol. 201 v°, n° 859.

Willelmus Menerii, domini regis ballivus[a], omnibus presentes litteras inspecturis salutem in Domino. Noverit universitas vestra quod, cum inter venerabiles abbatem et conventum Sancti Benedicti Floriacensis, ex una parte, et Dionysium Militem, majorem de Mosterello[b], ex altera, coram nobis auctoritate domini regis super his que ad ballivam dicti majoris de Mosterello[b] pertinent et super jure quod dictus major in eadem balliva debet habere controversia verteretur, tandem de bonorum virorum consilio ambe partes super hac tota controversia inter se mota compromiserunt in discretos viros, scilicet Paganum de Sancto Benedicto et Simonem de Ruella, milites, concedentes et sacramento prestito promittentes quod quicquid dictus Paganus et Simon milites super premissis *haut et bas*[c] ordinarent secundum inquisitionem ab eis fideliter factam, ratum se habituros, Aalez uxore et Osanna matre uxoris dicti Dionysii militis, ex quarum parte dicta balliva movebat, favorem huic compromissioni prebentibus et assensum, dicti vero Paganus et Simon milites veritate super prenominata controversia diligenter inquisita et cognita, bonorum virorum juratorum super premissis testimonium nobis obtulerunt sub hac forma :

Benedictus et Renerius, majores *etc.*, *ut supra in charta n° CCCLXX usque ad verba* Nos vero, inquisitionem supradictorum Pagani et Simonis militum et dictum ipsorum, sicut ex testimonio Benedicti et Renerii majorum apponere

---

CCCLXXI. — *a.* baillivus *D.* — *b.* Monsterello *C.* — *c.* hanc et hos *D.*

dignoscitur ad petitionem et voluntatem utriusque partis, confirmamus et sigilli nostri munimine roboramus. Actum anno gratie millesimo ducentesimo nono decimo, mense novembri.

CCCLXXII
1219, novembre.

Hugues Le Breton, chevalier, bailli du roi, confirme la même sentence arbitrale.

C, n° 378, p. 219. — E, n° 339, fol. 410.

Hugo Brito, miles, domini regis baillivus, omnibus presentes litteras inspecturis salutem. Noverit universitas vestra quod, cum inter venerabiles abbatem et conventum Sancti Benedicti Floriacensis, ex una parte, et Dionysium Militem, majorem de Mosterello*a*, ex altera, coram domino Willelmus Menerii*b* et nobis auctoritate *etc., ut supra in charta* n° CCC LXX, *usque ad verba* super prenominata controversia diligenter inquisita et cognita, Benedicti et Renerii, majorum, juratorum, super premissis testimonium domino Willelmo et nobis obtulerunt sicut in litteris domini Willelmi verbo ad verbum continetur. Nos vero inquisitionem supradictorum Pagani et Simonis militum et dictum ipsorum, sicut ex testimonio Benedicti et Renerii*c*, majorum, apparere dignoscitur, ad petitionem et voluntatem utriusque partis confirmamus et sigilli nostri munimine roboramus. Actum anno gratie millesimo ducentesimo nono decimo*d*, mense novembri.

CCCLXXIII
1220.

Giraud, vicomte de Brosse, interdit à quiconque, dans la terre du prieuré de Saint-Benoit-du-Sault et dans celle des pauvres de l'Hôtel-Dieu de Montmorillon, de réclamer désormais aux hommes des dites terres une redevance sur les ré-

---

CCCLXXII. — a. Mosteriolo *C* : Monsterello *E*.— b. Menerii *omis par CD* : Merenrai *E*. — c. Remigii *C*. — d. La date en chiffres arabes *C*.

coltes, et concède qu'en cas d'infraction à cette défense le prévôt de Saint-Benoît ou les frères de l'Hôtel-Dieu de Montmorillon porteraient plainte à Giraud qui, dans la quinzaine, ferait amender intégralement le dommage ; pareille procédure étant suivie à l'égard de ceux qui feraient violence aux dits hommes, et lui-même se soumettant à la juridiction de l'archevêque de Bourges au cas où il contreviendrait à cette décision.

C, n° 266, p. 162. — D, fol. 57 v°, d'après B. fol. 69. — E, n° 253, fol. 309. — T, Copie du xviii° siècle, Archives nationales, S 6905, fol. 5 v°.

Noverint universi praesentes pariter et futuri quod ego Giraudus, vicecomes Bruciae, Dei amore et pietatis intuitu, fide interposita, fideliter concessi quod in terra Sancti Benedicti vel in terra pauperum Domus Dei de Monte Morilii[a] nullus de caetero mestivabit, nec in[b] aliqua occasione mestivam ab hominibus praedictarum terrarum petet, et si forte aliquis petierit, a quocumque modo acceperit vel questam fecerit, si super hoc praepositus Sancti Benedicti vel fratres Domus Dei Monte Morilii vel aliquis ex parte ipsorum ad me quaerelam detulerit, infra quindenam per fidem plangentis sine aliqua[c] probatione faciam in integrum emendari[d]. Si vero ille qui avenas meas submoverit[e], vim in aliquo inferre praesumpserit hominibus praedictarum terrarum, ego similiter sicut de aliis infra quindenam in integrum faciam emendari. Ut autem hujusmodi concessio firmiter habeatur et inviolabiliter perpetuo[f] conservetur, id, fide corporali praestita, firmiter concessi et haeredes meos ad idem in perpetuum obligavi et presentem chartam sigilli mei munimine robiravi, et[g] ad majorem securitatem volui et concessi. Quod si istud non observarem, dominus archiepiscopus Bituricensis me et totam terram meam supponat interdicto, donec praedictis praeposito Sancti Benedicti et fratribus Domus Dei de Monte Morilii satisfaciat[h] et plenius emendetur. Actum anno gratiae millesimo ducentesimo vigesimo[i].

CCCLXXIII. — a. Monte Maurillii CE ; Monte Maurelii D. — b. in omis par CDE. — c. alia CDE. — d. emendare DE. — e. submonuit CET. — f. in perpetuo C. — g. etiam D. — h. satisfiat CDE. — i. La date en chiffres arabes C.

CCCLXXIV
Viterbe, 1220, 7 mars.

Honorius III mande à l'abbé de Saint-Benoît et à Alard, chanoine de Saint-Aignan d'Orléans, que si l'évêque d'Orléans a négligé d'assigner dans son église une prébende à Henri, chanoine de la basilique du Prince des apôtres, fils de Jean de Saint-Eustache, ils le fassent recevoir chanoine par autorité du Saint-Siège.

Publ. : Horoy, *Medii ævi Biblioteca patristica seu Patrologia*, series prima, t. III (1879), col. 400 (d'après les manuscrits de La Porte du Theil).
Indiq. : Pressutti, *Regesta Honorii Papæ III*, t. I (1888), n° 2353.

Honorius, episcopus, servus servorum Dei, venerabili fratri dilectis filiis B., abbati Sancti Benedicti Floriacensis, Aurelianensis diocesis, et Alardo, canonino Sancti Aniani Aurelianensis, salutem et apostolicam benedictionem. Venerabili fratri nostro... episcopo Aurelianensi olim dedisse recolimus in preceptis ut dilecto filio Henrico, Basilicae principis apostolorum canonico, nato nobilis viri Johannis de Sancto Eustachio, qui sibi et ecclesie sue potest existere fructuosus in multis, prebendam, si qua in Aurelianensi ecclesia tunc vacaret, ob reverentiam apostolice Sedis et nostram conferret, et collatam liberaliter assignaret, alioquin donationem prebende tunc proximo in eadem ecclesia vacature persone idonee conferendam, nostre donationi servantes, denuntiavimus irritum et inane, si quid contra foret qumodolibet attentatum. Cum igitur medio tempore prebenda, si qua vacasse in memorata ecclesia dignoscatur, sicut nostris auribus est relatum, predicto episcopo nostro dedimus litteris in preceptis ut, si est ita, nuntium ejusdem canonici de ipsa investiens vice sua, stallum in choro et locum in capitulo eidem studeat assignare. Cum igitur quod de provisione ipsius Henrici incepimus relinqui nolimus aliquatenus imperfectum discretioni vestre per apostolica scripta mandamus quatenus, si dictus episcopus quod mandavimus neglexerit adimplere, vos id auctoritate nostra, sublato appellationis obstaculo, exsequi procuretis, revocato in irritum, et quid contra tenorem mandati nostri fuerit attentatum. Datum Viterbii, nonis martii, anno quarto.

CCCLXXV
1220, mars (n. st.).

Hugues de Bouville et Thomas son frère, chevaliers, approuvent la vente faite à Mathieu Du Plessis par Mahieu de Bailleau, chevalier, d'une rente de cinq setiers de blé, moitié blé de mars, moitié blé d'hiver, que le dit Mahieu et Henri de La Boussoire prenaient annuellement dans les granges des dits Hugues et Thomas à Farcheville.

C, n° 190, p. 111. — E, n° 179, fol. 221.

Hugo de Bovilla et frater ejus, milites, omnibus presentes litteras inspecturis salutem in vero salutari. Noverint universi quod de decem sextariis bladii, medietate marciagii et medietate hybernagii, quos decem sextarios Henricus de Bossoria[a], Maheius de Bailloul, milites, in grangiis nostris apud Ferchevillam[b] percipiebant annuatim, predictus Maheius de Baillou[c], miles[d], partem suam, scilicet quinque sextarios Matheo de Plesseio vendidit, quos quinque sextarios sepedictos predictus Matheus de Plesseio[e] vel ejus heredes in predictis grangiis, in grangia videlicet[f] Hugonis de Bovilla duas partes et in grangia Thome de Bovilla tertiam partem, in crastino Omnium Sanctorum percipient annuatim, nos vero, de quibus redditus predictus movebat, venditionem istam concessimus et laudavimus, et de voluntate et ad petitionem prenominati Maheii de Bailloul, militis, prefatum Mattheum de Plesseio investivimus et affidavimus dicto Mattheo de Plesseio et ejus heredibus, quotiescumque opus fuerit, garentire. Quod ut ratum esset et stabile, sigillorum nostrorum munimine fecimus roborari[g]. Actum anno gratie millesimo ducentesimo decimo nono[h], mense martio.

CCCLXXVI
1220, juin.

Manassès, évêque d'Orléans, conformément à une prescription du Concile général, assigne au curé de Bougy et à ses suc-

---

CCCLXXV. — a. Bessoria E — b. Ferchervillam E. — c. Bailloul E. — d. miles omis par E. — e. miles de Plesseio E. — f. scilicet E. — g. fecimus perfecte paginam roborari E. — h. nono omis par E.

cesseurs, en accroissement de leurs revenus, et avec le consentement de Barthélemy, abbé de Saint-Benoit-sur-Loire, patron de la dite église de Bougy, deux parts des offrandes faites à l'autel aux jours de fêtes solennelles, et deux parts des menues dîmes de la paroisse avec la moitié de la dîme du vin ; le curé et ses successeurs ne paieront pas la dîme de la vigne de l'église sise dans la censive de Saint-Benoit, et l'abbé acquittera le droit annuel de synode dû par l'église de Bougy.

C, n° 112, p. 74. — E, n° 102, fol. 141. — K, p. 459.

Manasses, Dei gratia Aurelianensis episcopus, omnibus presentes litteras inspecturis salutem in Domino. Attendentes quod in generali concilio deliberatione provida sit statutum ut presbyteris parochialium ecclesiarum servitio deputatis, de provendibus oblationum et decimarum[a] ad ecclesias ipsas pertinentibus portio sufficiens assignetur, de voluntate et assensu[b] venerabili viri Bartholomei, abbatis Sancti Benedicti Floriacensis, qui in ecclesia de Bogiaco[c] jus patronatus habere dinoscitur, autoritate ejusdem concilii presbytero ipsius ecclesie in augmentationem sui redditus duximus assignandum quod duas partes oblationum ad altare suum pertinentium in quibusque[d] diebus solemnibus, duas partes minutarum decimarum sue parochie, quas abbas et monachi Sancti Benedicti solebant percipere, necnon et medietatem decime vini totius parochie sue quam antea totaliter consueverant percipere abbas et monachi supradicti, tam idem presbiter de Bogiaco quam ejus successores presbiteri recipiant in perpetuum et possideant ; de vinea autem ad presbiterium ipsius ecclesie pertinente, que sita est in censiva Sancti Benedicti, non solvet decimam presbiter supradictus vel ipsius successores et prefatus abbas ea que debentur pro synodali consuetudine pro ecclesia de Bogiaco solvere tenebitur annuatim. Hec autem que superius sunt expressa, salvis proventibus et redditibus aliis quos predictus presbyter de Bogiaco[e] nomine ecclesie sue possidebat, presbytero ejusdem ecclesie autoritate concilii ordinavimus[f] et statui-

---

CCCLV. — a. et dicte decime C. — b. consensu E. — c. Boziacum K. — d. quibusdam E. — e. de Bogiaco omis par C. — f. ordinamus E.

mus in perpetuum adherere. Quod ut ratum et notum permaneat presentes litteras fieri fecimus, et sigilli nostri munimine roborari. Actum anno Domini millesimo ducentesimo vicesimo, mense junio.

CCCLXXVI
Latran, 1220, 18 décembre.

Honorius III confirme à nouveau les biens et privilèges de l'abbaye de Saint-Benoit-sur-Loire.[1]

Archives du Vatican, Reg d'Honorius III anno V, vol. III, fol. 23.
INDIQ. : Pressutti, *Regesta Honorii Papæ III*, n° 2883.
PUBL. : J.-B. Pitra, *Analecta novissima*, t. I (1 85), p. 594-597 (avec quelques lacunes et de fréquentes transcriptions fautives dans les noms de lieux).

CCCLXXVII
Latran, 1220, 22 décembre.

Honorius III commet l'archevêque de Bourges, un archidiacre et un chanoine de la même église, pour s'informer des droits que possède l'église paroissiale sur les chapelles du bourg de Saint-Benoit-sur-Loire [2].

L, p. 157.

Honorius, episcopus servus servorum Dei, venerabili fratri archiepiscopo et dilectis filiis magistris Joanni Legaleis, archidiacono, et Bono Amico, canonico Bituricensi, salutem et apostolicam benedictionem. Dilectus filius abbas Floriacensis exposuit coram nobis quod, cum venerabilis frater noster episcopus Aurelianensis quasdam a nobis ad venerabilem fratrem nostrum Carnotensem episcopum et ejus collegas litteras impetravit ut de capellis burgi Sancti Benedicti ad monasterium Floriacense spectantibus taliter

---

CCCLXXV. — *g.* jussimus *E.*

---

1. Nous croyons pouvoir nous dispenser de réimprimer cette bulle, qui reproduit presque mot pour mot celle du pape Luce III, du 5 novembre 1184 (ci-dessus n° CCL).

2. Voir la conclusion de l'affaire dans la charte de l'évêque d'Orléans, ci-dessous n° CCCLXXXI.

ordinarent quod matrix ecclesia parochialis juris nullum dispendium sustineret, presbiteri capellarum ipsarum licet citati comparuerunt coram eis, nolentes tamen sicut nec sua intererat super hoc respondere liti cesserunt, quae principaliter ad monasterium pertinebat, cumque idem abbas comparens prout sua intererat coram eis exciperet quod capellas ipsas sub eo statu quo nunc tenet easdem fere per trecentos annos monasterium ipsum pacifice tenuerat et quiete, exhibens nihilominus indulgentiam felicis memoriae Alexandri papae, praedecessoris nostri, quae capellae ipsae praedicto monasterio sicut a quadraginta annis eas possederat, confirmantur. Quia iidem judices exceptiones hujusmodi frivolas reputantes, vires indulgentiae nitebantur penitus enervare ad sedem apostolicam appellavit, unde praedictus abbas nobis supplicavit instanter ut cum indignum sit monasterium super occasione hujusmodi, litterarum quae non sine quadam captione impetratae videntur iis super quibus longissima temporis praescriptione creditur fore tutum taliter mutilari vel vexari etiam super eis dignaremur, et super hoc paterna diligentia providere. Licet igitur in iis et in aliis quantum cum Deo possumus, velimus eidem monasterio exhibere favorem ne tamen gratiam in alterius injuriam facere videamur, discretioni vestrae de ipsius episcopi et ejusdem abbatis procuratorum assensu per apostolica scripta mandamus quatenus, revocato in irritum quidquid post appellationem hujusmodi inveneritis tenere attemptatam, ac memoratis judicibus authoritate noatsra ut negocio super sedeant indicentes hujusmodi negotii circunstantias plenius inquiratis, et quae inveneritis per vestras nobis litteras intimetis, ut ex relatione vestra sufficienter instructi procedamus, deinde prout secundum Deum viderimus procedendum. Testes autem qui fuerint nominati, si se gratia, odio vel timore substraxerint, per censuram ecclesiasticam appellatione cessante, cogatis veritati testimonium perhibere. Quod si non omnes iis exequendis potueritis interesse, tu ea, frater archiepiscope, cum eorum altero nihilominus exequaris. Datum Laterani, nono kalendas januarii, pontificatus nostri anno quinto.

CCCLXXVIII

1220, 23 décembre.

Honorius III accorde à l'abbé et au couvent de Saint-Benoît de Fleury la faculté de racheter aux laïcs les dîmes des terres dépendant du dit monastère.

C, n° 65, p. 47. — E, n° 61, fol. 88 v°.— K, fol. 451, « ex autographo ». — L, p. 96, d'après B, fol. 19 v°.

Honorius, episcopus, servus servorum Dei, dilectis filiis abbati et conventui monasterii Floriacensis salutem et apostolicam benedictionem. Cum a nobis petitur quod justum est et honestum, tam vigor aequitatis quam ordo exigit rationis ut id per sollicitudinem officii nostri ad debitum perducatur effectum, eapropter, dilecti in Domino filii, vestris justis precibus inclinati, redimendi decimas terrarum ad vestrum monasterium pertinentium de manibus laicorum nobis autoritate praesentium liberam^a concedimus facultatem. Nulli ergo, etc. Si quis autem, etc. Datum Laterani, decimo kalendas januarii, pontificatus nostri anno quinto.

CCCLXXIX

Latran, 1220, 23 décembre

Honorius III accepte la sujétion à l'abbaye de Saint-Benoît de Fleury, à perpétuité, des hôpitaux naguère créés dans le monastère.

C, n° 68, p. 48. — E, n° 63, fol. 89 v°. — L, p 156, « ex cartulario », fol. 20. — Z, copie informe, Archives dép. du Loiret, H 62.

INDIQ. : K, fol. 451, d'après B, fol. 20.

Honorius, episcopus, servus servorum Dei, dilectis filiis abbati et conventui Floriacensi salutem et apostolicam benedictionem. Cum sicut ex parte vestra fuit expositum coram nobis quaedam domus hospitales in fundo monasterii vestri noviter^a sint constructae^b, quae tanto per vos poterunt melius conservari^c, quanto^d erga eas potestis propensiorem

---

CCCLXXVIII. — a. liberam *omis par* L.

CCCLXXIX. — a. noviter *omis par* C. — b. constitute C. — c. per melius poterunt conservari C ; per vos possunt melius conservari EZ. — d. quam EZ.

diligentiam exhibere, nos praecavere volentes, ne forte aliquibus in eos^e manus avidas injicere gestientibus, exinde litis contra vos materia oriatur, in earumdem domorum dispendium et jacturam authoritate vobis praesentium indulgemus ut domus ipsae dictioni et ordinationi monasterii vestri perpetuo sint subjectae. Nulli ergo omnino, etc. Si quis autem, etc. Datum Laterani, decimo kalendas^f januarii, pontificatus nostri anno quinto.

CCCLXXX

Latran, 1220, 23 décembre.

Honorius III autorise l'abbé et le couvent de Saint-Benoît de Fleury, si des prêtres qui ne donnent pas toute satisfaction dans les paroisses dépendant de l'abbaye à titre d'avouerie sont récusés par les autorités diocésaines, à en présenter d'autres plus capables, dans le temps fixé par le concile général.

Archives du Vatican, Reg. 5, epist. 285, fol. 6.
C, n° 8, p. 4. — E, n° 8, fol. 7.
INDIQ. : Pressutti, *Regesta Honorii Papæ III*, t. I, n° 2903

Honorius, episcopus, servus servorum Dei, dilectis filiis abbati et conventui Sancti Benedicti Floriacensis salutem et apostolicam benedictionem. Quanto monasterium Floriacense flores et fructus honestatis et gratie suaviores emittit tanquam ager cui Dominus benedixit, tanto ipsum carius amplexantes in visceribus Jesu Christi profectibus ejus intendere ac defectibus cupimus efficacius obviare. Significastis siquidem nobis quod cum ad ecclesias que ad vos jure advocationis pertinere noscuntur, diocesanis earum non ex malitia sed ex ignorantia interdum personas minus idoneas presentetis, ipsi contra vos occasionem incontinenti captantes, non expectato quod alias possitis personas idoneas presentare, ipsas conferunt quibus volunt tanquam sit ad eos ipsarum donatio devoluta; propter quod monasterium

---

CCCLXXIX. — *e.* eas *ELZ.* — *f.* Datum Anagni, decimo quinto calendas *E.*

vestrum nonnunquam gravem sui juris sustinet lesionem. Quia igitur indignum est ut ita captiose vobis juste penitudinis humanitas auferatur quominus vestrum revocatis[a] errorem, authoritate vobis presentium indulgemus ut, cum[b] presentatas a vobis personas ad ecclesias que ad vos jure advocationis pertinent a diocesanis contigerit tanquam minus idoneas recusari, liceat vobis infra tempus in Laterani concilio diffinitum[c] ad easdem ecclesias diocesanis episcopis alias idoneas presentare personas. Nulli ergo omnino, etc. Si quis autem, etc. Datum Laterani, sexto[d] calendas januarii[e], pontificatus nostri anno quinto.

CCCLXXXI
1221, mai.

Manassès, évêque d'Orléans, rapporte un accord conclu entre lui, d'une part, et l'abbé et le couvent de Saint-Benoit-sur-Loire, d'autre part, avec le consentement du chapitre et de l'archidiacre de l'église d'Orléans, et celui des chapelains et du curé du bourg de Saint-Benoit-sur-Loire, dans le procès par lui intenté aux chapelains de Saint-Clément, de Saint-Lazare, de Saint-André, de Saint-Denis et de Sainte-Scolastique du dit bourg, qui empiètaient sur les droits du curé paroissial, et débattu devant l'évêque de Chartres, puis porté par les abbé et couvent de Saint-Benoit devant le Saint-Siège qui avait délégué l'archevêque de Bourges, en vertu de quoi les dits chapelains admettront les femmes à la purification, feront les aspersions et les processions accoutumées, annonceront les fêtes et les jeûnes, appelleront pour les dommages sans excommunier sinon sur l'ordre du curé paroissial, tous les autres droits paroissiaux et particulièrement la bénédiction du pain demeurant au dit curé, et les paroissiens étant tenus de se rendre à l'église paroissiale à Pâques, à la Pentecôte, à la Toussaint, à Noël et en la fête de saint Sébastien pour y faire les offrandes.

C, n° 162. p. 102. — E. n° 150, fo'. 199 v°. — L, p. 159, d'après B, fol. 46.

CCCLXXX. — a. revocatis E. — b. cum omis par E. — c. definitum E. — d. sexto omis par C qui laisse un blanc. — e. maii E.

Manasses, divina gratia*a* Aurelianensis episcopus, omnibus presentes litteras inspecturis salutem in Domino. Noverint universi quod, cum nos personas capellarum burgi Sancti Benedicti Floriacensis, videlicet Sancti Clementis, Sancti Lazari, Sancti Andree, Sancti Dionisii*b* et etiam Sancte Scolastice autoritate apostolica traxissemus in causam coram venerabili in Christo patre episcopo Carnotensi et cum judicibus suis proposuimus contra eos quod*c* in prejudicium nostrum et in prejudicium parrochialis ecclesie, videlicet ecclesie Sancti Sebastiani Floriacensis, ad jura parrochialia parrochianos admittebant, verum ne predicti judices aliquid in prejudicium venerabilium virorum abbatis et conventus Sancti Benedicti Floriacensis attemptarent, ex parte ipsorum fuit ad Sedem Apostolicam appellatum, judices tamen appellatione predictorum abbatis et conventus contempta, ad diffinitivam sententiam processerunt, dicti itaque abbas et conventus appellationem suam prosequentes, venerabili in Christo patri Bituricensi archiepiscopo et collegis suis causam impetrarunt delegari, tandem, mediantibus bonis viris, inter nos et prenominatos abbatem et conventum, interveniente etiam dilectorum filiorum Aurelianensis capituli et archidiaconi ejusdem loci consensu, consentientibus tam personis capellarum quam etiam parrochiali sacerdote, amicabilis compositio intercessit in hunc modum : Capellani siquidem praedictarum capellarum, sine calumpnia et contradictione cujuslibet, mulieres ad purificationem admittere, aquam benedictam et processiones more solito facere, festa et jejunia annuntiare, pro deperditis vocare poterunt sed non excommunicare nisi*d* de mandato presbyteri ecclesie parrochialis, panem vero benedictum facere et cetera omnia jura parrochialia ad presbyterum parrochie pertinebunt ; parrochiani vero in quinque festis inferius exprimendis ad parrochialem ecclesiam accedere tenebun-

---

CCCLXXXI. — a. Dei gratia *L*. — b. Dyonisii *C*. — c Scolasticæ *L*. — d. qui *C*.

tur, oblationes debitas reddituri, nisi forte legitimo impedimento fuerint impediti, videlicet in Pascha, in Pentecoste, in festo Omnium Sanctorum, in Natali Domini ad unam missam et in festo sancti Sebastiani. Condictum fuit autem*e* et concessum quod per hujusmodi compositionem nullum predictis abbati et conventui fiat prejudicium, quoad jura vel emolumenta que tam in capellis quam in ecclesia parrochiali alias percipere solebant. Quod ut ratum et notum haberetur, presentes litteras fieri fecimus et sigilli nostri munimine roborari. Actum anno gratie millesimo ducentesimo vigesimo primo*f*, mense maio.

CCCLXXXII
1221, mai.

Leberi, doyen, et le Chapitre de l'église d'Orléans donnent leur approbation à l'accord précédent.

C, n° 219, p. 124.

Lebertus, decanus, et universum Aurelianense capitulum, omnibus presentes litteras inspecturis salutem in Domino. Noverint universi quod cum esset contentio inter venerabilem patrem et dominum nostrum Manassem, Aurelianensem episcopum, ex una parte, et viros venerabiles abbatem et conventum Beati Benedicti Floriacensis, ex altera, super eo videlicet quod in capellis burgi Beati Benedicti, videlicet in capella Sancti Clementis, in capella Sancti Lazari, in capella Sancti Andreae, in capella Sancti Dionysii, et in capella etiam Sancte Scholastice, ad jura ecclesiastica admittebantur parochiani; tandem, mediantibus bonis viris, in hanc formam pacis amicabiliter convenerunt. Capellani siquidem predictarum capellarum sine calumnia et contradictione cujuslibet mulieris ad purificationem admittere, aquam benedictam et processiones more solito facere, festa et jejunia annuntiare, de deperditis vocare poterunt sed non excommunicare nisi de mandato presbyteri ecclesie

---

CCCLXXXI. — *e.* nec *C.* — *f.* ne *C.* — *g.* autem *omis par CL.* — *h.* La date en chiffres arabes *C.*

parochialis Sancti videlicet Sebastiani, panem vero benedictum facere et cetera jura parochialia ad presbyterum parochie pertinebunt, parochiam autem in quinque festis inferius exprimendis ad parochialem ecclesiam accedere tenebuntur, oblationes debitas reddituri nisi forte impedimento, etc. *ut supra in charta n° CCCLXXXI, usque ad* percipere solebant. Nos autem compositionem suprascriptam ratam habemus, volumus et approbamus, et in hujus rei fidem robur et testimonium, presentem paginam litteris annotatam sigilli nostri munimine roboramus. Actum anno Domini 1221, mense maio.

CCCLXXXIII
1221.

Convention entre Barthélemy, abbé, et le couvent de Saint-Benoit-sur-Loire, d'une part, et Anseau de Boutervilliers, chevalier, maire de Mérouville, I[sabelle][1], sa femme, et ses enfants, d'autre part, au sujet de la mairie de Mérouville, que le dit Anseau abandonne, avec ses revenus, aux dits abbé et couvent, et règlement de leurs droits respectifs à Mérouville.

Orig. : Archives départementales du Cher, G 59 ; autrefois scellé sur double queue.
Extraits : C, n° 490, p. 264. — D, fol. 182 v°, d'après B, fol. 119 v°. n° 502.
Indiq. : K, fol. 459, « ex autographo ».

Noverint universi quod inter nos B.ª, abbatem Beati Benedicti Floriacensis, et conventum ejusdem ecclesie, ac dominum Anselmum de Botainviler[b], militem, quondam majorem nostrum de Merovilla, super quitatione dicte majorie talis ordinatio intervenit, videlicet quod dictus Anselmus et I[c], uxor, ac filii et filie eorumdem dictam majoriam nobis

---

CCCLXXXII. — a. Bartholomeum *CD*. — b. Botaiviller *C* ; Boutenvillier *D*. — c. Helizabeth *C* ; Yzabetna *D*.

---

1. Le nom de la femme d'Anseau de Bontervilliers est rendu par I ; mais dans les autres chartes concernant la même affaire, dont nous n'avons que des copies, on lit *Elisabeth*. On peut supposer que le rédacteur de celle-ci, ou le scribe, a donné à ce nom la forme familière d'*Isabelle* réduit à *I*. Anseau de Boutervilliers figure parmi les seigneurs féodaux relevant du roi de France (*Historiens de France*, t. XXIII, p. 686 et 693). Cf. notre t. I, p. 102.

et ecclesie nostre quittaverunt in perpetuum a nobis pacifice possidendam, ac dicte majorie proventus et redditus, scilicet redecimam, spilones et graspiliones*d*, terratas, duos pastus ad duas ventilationes sibi et toti familie persolvendos, insuper quadraginta sol. par. in nostra tallia, omnes etiam emendas usque ad quinque solidos, districta, submonitiones, revestimenta, monagia, trituratores, et omnem omnino justiciam et omnia alia quacumque occasione dicte majorie tam super homines nostros quam in grangia et in tota terra nostra et tota parrochia de Merovilla quocumque modo percipere poterant vel debebant ; furnum preterea et molendinum que in dicta villa de Merovilla supradicti habebant nobis et ecclesie nostre in perpetuum quitaverunt, et etiam concesserunt quod ipsi vel heredes eorum vel homines vel hospites eorumdem in tota parrochia de Merovilla ullo unquam tempore neque furnum neque molendinum construere poterunt, excepto furno de Arrableto in quo homines vel hospites dictorum A. et I. et heredum ipsorum coquere poterunt ; nulli vero alii in eodem furne coquere poterunt nisi de nostra licencia vel permissu, excepto etiam quod dicti A. et I. et heredes eorum infra clausuram herbergagii sui de Merovilla furnum facere poterunt ad coquendos panes proprios qui in domo sua expendentur, et neque suos homines vel hospites neque alios quoscumque ibidem recipient ad coquendum. Item concesserunt predicti quod tam nos quam prior noster de Stampis in quacumque platea ville de Merovilla in terra nostra grangiam et herbergagium facere voluerimus, ab omni tensamento, exactione et consuetudine qualibet libera et quieta construere valeamus. Nos vero in recompensationem tam quitationum quam concessionum predictarum concessimus predictis A. et I. et heredibus eorum totam terram arabilem que in parrochia de Merovilla ad prioratum nostrum de Stampis pertinebat ab eisdem in perpetuum pacifice possidendam ; dictis etiam

---

CCCLXXXIII. — *d.* gaspiliones *dans la charte suivante émanée d'Anseau.*

tione furni et molendini superius expressorum. Concessimus etiam eisdem ut predictam terram et herhergagium suum de Merovilla et vineas et totum gaanagium suum quod tunc temporis iidem habebant et feoda que ab eisdem in dicta parrochia de Merovilla tenentur, insuper et omnes paleas, forragia, fabagia omnium nostrarum decimarum et campipartium, exceptis duabus postatis forragii quas cum viciis et forragio viciarum et leguminibus nobis retinemus, forragia etiam pisorum et lenticularum, si ad grangiam nostram deducta fuerint, que tamen ex necessitate ad dictam grangiam non differentur, homines etiam et hospites eorumdem et omnia quecumque dicti A. et I. in parrochia de Merovilla tunc temporis possidebant, excepto tensamento, in feodum ligium a nobis teneant in futurum, salva fidelitate domini regis et aliorum dominorum quos ante istas conventiones habebant. Segetes vero nostre tam decimarum quam campipartium nostrarum omnium ad nostram grangiam de Merovilla deferentur et infra diem Cinerum triturabuntur. Trituratores etiam segetum nostrarum, prout segetes fuerint triturate quandocumque voluerint, paleas et omnia forragia in curiam grangie nostre projicient, et dicti A. et L. et heredes eorum ea tenentur asportare, et de hiis sic curiam grangie nostre liberare tenentur, quod trituratores nostri non impediantur. Serviens vero noster vel etiam servientes, si plures fuerint, cui vel quibus grangie nostre custodiam deputabimus, dictis A. et I. et heredibus eorum jurabunt quod forragia et alia supradicta que in grangia nostra percipere debent fideliter conservabunt. Sciendum insuper quod de omnibus terris et vineis supradictis que a nobis dicti A. et I. tenent in feodum ligium, ut superius est expressum, omnem decimam nobis et ecclesie nostre reddere tenebuntur. Has autem concessiones et quitationes dicti A. et I., uxor ejus, ac omnes filii et filie eorumdem, qui ad annos discretionis pervenerant, juramento corporaliter prestito, firmaverunt se in omnibus fideliter servaturos. Ne igitur super premissis dissensio oriatur vel de cetero aliquid immu-

A. et I. dedimus sexviginti libras parisiensium pro quitatetur, ad preces et instantiam partium, nos V.*e*, abbas Sancti Evurcii, et L. decanus, et J. cantor, et A. archidiaconus Aurelianensis, presentibus litteris sigilla nostra duximus apponenda. Actum anno Domini M° CC° vicesimo primo.

CCCLXXXIV
1221.

Même convention : charte émanée d'Anseau de Boutervilliers, contre partie de la précédente [1].

C, n° 486, p. 262. — D, fol. 171 v°, d'après B, fol. 118, n° 407. — K. p. 811, d'après l'original du vidimus de Philippe Auguste. — L, fol. 563, d'après B.

CCCLXXXV
Saint-Germain-en-Laye, [novembre] 1221.

Philippe Auguste confirme les lettres de Barthélemy, abbé de Saint-Benoit-sur-Loire, relatant la convention conclue entre le dit abbé et Anseau de Boutervilliers au sujet de la mairie de Mérouville.

C, n° 485, p. 262. — D, fol. 168, d'après B, fol. 117 v°, n° 496.

In nomine sancte et individue Trinitatis, amen. Philippus, Dei gratia Francorum rex. Noverint universi presentes pariter et futuri quod nos litteras dilectorum nostrorum Bartholomei, abbatis, et conventus Sancti Benedicti Floriacensis inspeximus sub hac forma :

Bartholomeus, Dei gratia humilis abbas, et conventus Sancti Benedicti Floriacensis, omnibus ad quos presentes littere pervenerint salutem in Domino. Noverit universitas vestra quod inter nos, ex una parte, et dictum Anselmum de Boterviller, militem, quondam majorem nostrum de Merovilla, super quitatione dicte majorie talis ordinatio intervenit, videlicet quod, etc. *ut in charta precedenti de verbo ad verbum, et in fine* presentes litteras sigillis nostris duximus roborandas. Actum anno gratie M° CC° XXI°.

CCCLXXXIII. — e. W C.

1. Il nous a paru inutile de reproduire le texte de cette charte, exactement identique à celui de la précédente.

Nos autem, ad petitionem partium, presentes litteras sigilli nostri auctoritate et regii nominis caractere inferius annotato, salvo in omnibus jure nostro et alieno confirmamus. Actum apud Sanctum Germanum in Laya, anno incarnati Verbi M° CC° XXI°, regni vero nostri XLIII, astantibus in palatio nostro quorum nomina supposita sunt et signa. Dapifero nullo. Buticulario nullo. S. Bartholomei camerarii. S. Mathei constabularii. Data vacante (*monogramme*)*ª* cancellaria.

CCCLXXXVI

Saint-Germain-en-Laye, [novembre] 1221.

Philippe Auguste confirme les lettres d'Anseau de Boutervilliers relatant la convention précédente.

C, n° 487, p. 263. — D, fol. 175 v°, d'après B, fol. 118 v°, n° 498. — K. p. 811, «ex autographo».

In nomine sancte et individue Trinitatis, amen. Philippus Dei gratia Francorum rex. Noverint universi presentes pariter et futuri quod nos litteras dilecti nostri Anselmi de Boterviller*ª* inspeximus sub hac forma :

Anselmus*ᵇ* de Boterviler, miles, *etc. ut supra in charta*ᵇ *n° CCCLXXXIV.*

Nos autem, ad petitionem partium, presentes litteras sigilli nostri auctoritate et regii nominis caractere inferius annotato, salvo in omnibus jure nostro et alieno confirmavimus. Actum apud Sanctum Germanum in Laya, anno incarnati Verbi M° CC° XX° I°, regni vero nostri XL tertio, astantibus in palatio nostro quorum nomina supposita sunt et signa. Dapifero nullo. Buticulario nullo. S. Bartholomei cemararii. S. Mathei constabularii. Data vacante (*monogramme*)*ᶜ* cancellario.

CCCLXXXVII

Saint-Germain-en-Laye, 1221, novembre.

Philippe Auguste confirme les lettres de l'abbé de Saint-Benoit-sur-Loire relatant la même convention.

CCCLXXXV. — a. *Monogramme omis par* C.
CCCLXXXVI. — a. Botervillier D. — b. etc ut precedens de verbo ad verbum D. — c. *Monogramme omis par* C.

C, n° 489, p. 264. — D, fol. 179 v°, d'après B, n° 499, fol. 119.

Philippus, Dei gratia Francorum rex, universis presentes litteras inspecturis salutem. Noveritis quod nos cartam dilecti et fidelis nostri Bartholomei abbatis et conventus Sancti Benedicti Floriacensis inspeximus in hec verba :

Bartholomeus, etc. Ut igitur premissa, quamdiu dictus Anselmus vixerit, robur et firmitatem obtineant, presentes litteras sigillis nostris duximus roborandas. Actum anno gratie 1221*a*.

Nos itaque prescriptas*b* divisiones sicut superius exprimuntur, ad utriusque partis petitionem, presentes litteras fecimus scribi et sigilli nostri auctoritate, salvo in omnibus jure nostro et alieno, precepimus confirmari. Actum apud Sanctum Germanum in Laya, anno Domini 1221*c*, mense novembri.

CCCLXXXVIII
[*1221*[1]].

Accord conclu entre Barthélemy, abbé de Saint-Benoit-sur-Loire, et le maire de Sonchamp, Geoffroy, au sujet des coutumes réclamées de part et d'autre au territoire du dit lieu, grâce à l'intervention d'Amaury, comte de Montfort.

K, fol. 810, d'après une copie endommagée.

Universis presentes litteras inspecturis, Bartholomeus, Dei permissione Sancti Benedicti Floriacensis humilis abbas, totusque ejusdem loci conventus, salutem in Domino. Noverit universitas vestra quod cum inter nos, ex una parte, et Gaufridum, majorem nostrum de Sumcampo, ex altera, super quibusdam consuetudinibus quas idem Gaufridus in grangia nostra et territorio de Sumcampo petebat, et nos

---

CCCXXXVII. — a. *La date en toutes lettres, D.* — b. presentes *D.* — c. *La date en toutes lettres D.*

---

1. Cette date de 1221 nous est fournie par Dom Chazal, elle est acceptable puisque Amaury avait succédé en 1218 à son père Simon de Montfort. D'ailleurs, à la page 159 du même recueil de Dom Chazal, l'acte est résumé entre une charte de juin 1220 et une autre de 1221, et l'ordre y est rigoureusement chronologique.

ab invicem petebamus, contentio diutius durasset, tandem, mediante nobili viro Amaurico, comite Montisfortis, et aliis bonis viriis in hanc pacis formam convenimus, videlicet quod dictus Gaufridus et uxor ejus et filius ejus Galterus justitiam suam integraliter cum omnibus pertinentiis suis nobis [et] ecclesiae nostrae in perpetuum quittaverunt, nisi solummodo ea quae nos ipsi Gaufredo et haeredibus suis in feodum ligium in perpetuum habenda concessimus, que et presentibus litteris fecimus annotari, videlicet totum herbergagium suum, sicut se comportat, cum proprisia sua, scigagium suum, sicut se comportat, cum proprisia sua, scilicet cum virgulto et fossatis, et prata sua et omnes terras suas quas tenebat de feudo majoriae, et sex arpentos terre que sita sunt juxta carreriam et juxta....[1], de quibus terragium habere solebamus, nec terragium nec aliud a modo poterimus reclamare, hospites etiam feodarios et sensuarios quos dictus Gaufredus possidebat et campipartum vinearum quas idem Gaufredus percipiebat et medietatem vinorum terragiorum grangie nostre quam in territorio nostro de Sumcampo, ubi nobis ad utilitatem et comodum cedere videbimus, quandocumque nobis placuerit, confirmemus, de quibus terragiis sibi et nobis conservandis, scilicet custos in feodo ligio molendinum de Becherel et unum modium bladi quem nos in eodem molendino percipere solebamus et centum arpenta bosci ad perticam que sita sunt, scilicet sexaginta et duo juxta nemus de Baudricurte et triginta et octo juxta Lorreous que poterat essartare et voluntatem ejus facere, et tres modios hybernagii in grangia nostra annuatim percipiendos, et usagium suum ad ardendum et aedificandum et ad faciendum clausuras et etiam ad pastum animalium in omnibus locis nostris, excepta haia de Malo Pertusso, in quibus nullum jus habebat vel usuagium et sextum denarium in venditione nemorum nostrorum quandocumque ea vendi contigerit, excepta haia de Malo Pertusso, et propter hoc non poterit ipse vel heredes sui aliquatenus impedire,

---

1. Les points remplacent des membres de phrases laissés en blanc.

quin disrumpamus nemora et quin de ipsis sicut dictus comes Montisfortis voluntatem suam faciat disrumpendi, et nos similiter voluntatem nostram sine aliqua contradictione faciemus. Quando etiam prior noster tam... de molendinis, scilicet de Boterranie et de Maiere (?), partes suas capiet, idem Gaufredus vel heredes sui in... se sertio recipietur, ita tamen quod si idem... prior denarios vel aliud pro dictis partibus accipiet dictus Gaufredus vel heredes sui in nobis homagium facient, tertiam partem habebit, praeterea totam plateam nostram quas habebamus sitam inter Claium fontem et Sanctum Remigium de Landis, eisdem Gaufredo et heredibus suis concessimus et census quos de eadem platea habebamus, et etiam tres solidos et dimidium censuales quos... de Claro fonte debent annuatim. Volumus tamen quod salvas nostras decimas habeamus et justitias ad nos pertinentes, et dictus miles[a] et heredes sui salvas habeant justitias suas in terris suis. Haec omnia que suprascripta sunt eidem Gaufredo et heredibus suis in perpetuum concedimus et de iis ipsum in homagium ligium recepimus, et ipse et dicta Agatha uxor sua et filius suus Galterius, tactis sacrosanctis evangeliis, juraverunt quod contra quittationem nobis factam ab ipsis de majoria et pertinentiis venire de cetero per se vel alium non presumerent. Si vero de hiis quae pertinent ad feodum contentionem suboriri contigerit, dictus Gaufredus et heredes sui justitiabunt per nos sicut per dominum suum ligium sibi debetur ; et ut haec omnia in perpetuum habeant firmitatem, presentem cartam sigillorum nostrorum munimine fecimus roborari.

CCCLXXXIX

1222, mars (n. st.).

L'official de l'église de Paris notifie que Marie de Beauchamp a approuvé la vente faite à l'abbé et au couvent de Saint-Benoît de Fleury, par sa fille et son gendre, de trois muids de seigle tenus en fief de la dite abbaye.

CCCLXXXVIII. — a. *sic pour* major.

C, n° 181, p. 108. — D, fol. 39, d'après B, fol. 48 v°. — E, n° 170, fol. 214 v°.

Magister... officialis Parisiensis*a*, omnibus presentes litteras inspecturis salutem in Domino. Noverit universitas vestra quod domna Maria de Bello Campo, in nostra presentia constituta, venditionem factam abbati et conventui Sancti Benedicti Floriacensis a Roberto genere suo et Joanne*b* filia sua, uxore dicti Roberti, trium scilicet modiorum sigali*c* quos dicta Maria diu tenuerat in feodum ab abbate et conventu supradictis, quos etiam dicti Robertus et Joanna uxor ejus similiter in feodum de assensu dictae Mariae a predictis postmodum tenuerunt*d* et tempore venditionis tenebant, laudavit, voluit, concessit et fide*e* corporali prestita firmavit, quod de cetero nec per se vel per alium occasione alicujus juris quod in dictis tribus modiis aliquo tempore habuerit vel etiam nunc diceret*f* se habere contra factam venditionem veniet*g*, nec dictos abbatem et conventum supradicta venditione*h* aliquatenus molestaret vel faciet*i* molestari. Nos vero, quia Maria sigillum proprium non habebat, in hujus rei testimonium ad instantiam ipsius presentes litteras sigillo nostro duximus roborandas. Actum anno gratie millesimo ducentesimo vicesimo primo*j*, mense martio.

CCCXC
1222, mars (n. st.).

En présence de Himbert, archiprêtre de la Chapelle, Herbert du Plessis, son fils et sa bru Ermengarde ont engagé à l'abbé et au couvent de Saint-Benoît de Fleury la dîme qu'ils possédaient en la paroisse de Gien-le-Vieux pour trente livres parisis et qu'ils pourront racheter, eux ou leurs héritiers ; et, la dot de la dite Ermengarde étant comprise dans cette dîme, son mari et son beau-père, sur le conseil de son père, maire de Châtillon-sur-Loire, en ont assigné la valeur sur leurs terres ;

CCCLXXXIX. — a. Johanna E. — b. siguli E. — c. Joanna omis par D. — d. tenuerant D. — e. et concessit ac fide D. — f. nunc diceret omis par D qui laisse un blanc. — g. veniret CE. — h. supradictam venditionem E. — i. faceret CE. — j. La date en chiffres arabes C.

trois chevaliers de Châtillon-sur-Loire se portent caution pour les trente livres.

C. n° 762, p. 407.

Universis presentes litteras inspecturis, Hymbertus, archipresbyter de Capella, salutem in Domino. Noverit universitas vestra quod constituti in presentia nostra dominus Herbertus de Plessis et W., filius ejus, et Armenjardis, uxor ejusdem Villermi, decimam quam habebant in parochia de Giemo Veteri, abbati et conventui Sancti Benedicti Floriacensis pro triginta libris parisiensium nomine gageriae obligarunt, ita quod de martio in martium licebit sibi vel eorum haeredibus gageriam redimere supradictam ; quia vero prefata Armenjardis dotem quam habebat in decima supradicta praenominati Herbertus et Villelmus maritus ejus, consilio majoris de Castellione, patris ejusdem Armenjardis et amicorum suorum, in terra suam eidem Armenjardi valentiam dictae dotis assignaverunt ; hanc autem gageriam saepedicti Herbertus, Villelmus et Armenjardis, uxor ejusdem Villelmi, interpositione fidei firmaverunt et garentire contra omnes homines promiserunt. Preterea, si dicti abbas et conventus pro defectu domini Herberti et Villelmi filii sui et A. uxoris ejusdem Villelmi, sive heredum eorumdem, damna vel deperdita aliqua propter ipsam gageriam vel occasione gagerie incurrerent, Regnaudus Forelli, Gaufridus Forelli, major de Castellione, Radulphus Sabardini, milites, pro dictis triginta libris se plegios constituerunt, ita quod infra quindenam submonitionis dictum abbatis et conventus apud Sanctum Benedictum otagium tenerent donec damna et deperdita usque ad decem libras parisiensium dictis abbati et conventui resarcirent. Ut autem hec gageria majoris obtineat robur firmitatis, ad petitionem utriusque partis presentes litteras sigilli nostri munimine fecimus roborari. Actum anno gratie 1221, mense martio.

CCCXCI

1222, avril.

Abandon par Guy de Montfort de son droit de procuration

sur les habitants de Sainville, moyennant le paiement d'une rente par les dits habitants [1].

C, n° 376, p. 218. — D, fol. 158, d'après B, fol. 115 v°. — E, n° 338, fol. 409.

Ego Guido de Monteforti, universis presentes litteras inspecturis, notum facio quod cum universitas hominum de Seinvilla[a] mihi[b] et thesaurario Belvacensi procurationem annuam deberet; ita videlicet quod me duobus annis continuis et thesaurario anno tertio procurare tenebatur, ego sine prejudicio procurationis thesaurarii, super procuratione mea cum eisdem hominibus composui sub hac forma, quod dicti homines et eorum heredes ab ejusdem procurationis onere absoluti[c], mihi[d] sexaginta libras parisiensium ad praesens solverunt et viginti libras ad festum sancti Remigii persolvent, nihil amplius in hoc anno soluturi. Anno vero sequenti et uno quoque alio anno in quo ad solvendam mihi procurationem[e] teneri solebant, decem libras parisiensium[f] exclusa omnino dictae procurationis exactione mihi et heredibus[g] meis in perpetuum in octavis[h] Pasche reddere tenebuntur, et si forte ad predictum terminum illas decem libras non reddiderunt[i], decem solidos parisiensium pro unaquaque die in penam omissionis illius[j] exsolvent. Hujus autem conventionis nostre placitum Philippus primogenitus meus concessit et se ad tenendum et perpetuo garantizandum eamdem conventionem[k] fide prestita corporaliter obligavit, presentibus Simone de Monteforti, Roberto de Praella, milite, baillivo[l] nostro, Garnerio[m] Cellerario[n] et Villelmo

---

CCCXCI. — a. Seninvilla D ; Semivilla C. — b. mea D. — c. honere in perpetuum absoluti E ; homine in perpetuum absoluti D. — d. meas D. — e. meam procurationem D. — f. decem libris parisiensibus D. — g. mihi vel etheredibus E ; mea vel heredibus D. — h. octabis E. — i. reddiderint DE. — j. illius omis par DE. — k. eamdem mentionem D ; eadem conventione E. — l. ballivo DE. — m. Garnero DE. — n. Cellario DE.

---

1. Le cartulaire de Bourges (D), fol. 158, contient une autre charte semblable, destinée aux habitants d'Anthon-la-Plaine et du Plessis-Saint Benoît, qui paieront respectivement 80 livres parisis au lieu de des 60 livres indiquées pour ceux de Sainville. Le texte est à peu près identique, avec cette différence toutefois que la charte porte comme date : *Actum apud Utovdi Curiam anno gratie millesimo ducentesimo vicesimo secundo, mense aprili.*

Salverio, burgensibus Stampensibus, et magistro Milone[o] de Mauriniaco. Quod ut ratum permaneat praesentem inde paginam sigilli mei[p] munimine roboravi. Actum anno gratie millesimo ducentesimo vicesimo secundo[q], mense aprili.

CCCXCII
1222, août.

Accord entre Gautier, évêque de Chartres, et l'abbaye de Saint-Benoît de Fleury au sujet du patronat de l'église de Sonchamp, reconnu à la dite abbaye.

Orig., jadis scellé sur double queue. Archives départementales du Loiret, H 48.

C, n° 262, p. 161. — D, fol. 55, d'après B, n° 269, fol. 69 v°. — E, n° 249, fol. 307. — K, p. 811, « ex autographo ». — L, p. 161, d'après B.

Galterius, divina miseratione Carnotensis ecclesie minister humilis, universis Christi fidelibus presentes, litteras inspecturis in Domino salutem. Noverit universitas vestra quod cum controversia verteretur inter nos, ex una parte, et abbatem et conventum Sancti Benedicti Floriacensis, ex altera, super jure patronatus ecclesie Summicampi, nostre diocesis, coram reverendo patre episcopo Aurelianensi et conjudicibus suis, tamdem, post multas altercationes et allegationes mediantibus bonis viris, pro bono pacis compromisimus nos et dicti monachi in venerabiles viros et discretos A., Senonensem, et L., Aurelianensem decanos, tandem vero, inquisitione per nos ipsos plenius facta secundum nostram conscientiam, quoniam non volebamus nec intendebamus jus alienum aliquatenus usurpare et etiam per ipsos arbitros facta similiter inquisitione diligenti, tam per nos ipsos quam per eosdem arbitros recognitum fuit et declaratum jus patronatus supradicte ecclesie Summicampi esse monasterii Sancti Benedicti Floriacensis et ad idem monasterium indubitanter pertinere. In cujus rei testimonium et cautelam presentes litteras sepedicto monasterio concessimus, sigilli nostri munimine roboratas. Actum anno gratie M° CC° vicesimo secundo, mense augusto.

CCCXCI. — *o.* Symone *E.* — *p.* nostri *DE.* — *q. La date en chiffres arabes C.*

CCCXCIII
Chartres, 1222, 16 août.

Étienne, archidiacre de Chartres, approuve et notifie l'accord précédent.

ORIG., jadis scellé sur double queue. Archives départementales du Loiret, H 48.
C, n° 416, p. 235. — D, fol. 143, d'après B, fol. 108 v°

Stephanus, archidiaconus Carnotensis, universis Christi fidelibus presentes litteras inspecturis, in Domino salutem. Noverint universi quod cum inter reverendum patrem Galterum, Carnotensem episcopum, ex una parte, et viros religiosos abbatem et conventum Sancti Benedicti Floriacensis, ex altera, super jure patronatus ecclesie de Suncampo, Carnotensis dyocesis, diu questio verteretur coram reverendo patre Aurelianensi episcopo et conjudicibus suis, tandem, post multas altercationes et allegationes, mediantibus bonis viris, pro bono pacis reverendus pater dominus Carnotensis et dicti monachi compromiserunt in viros venerabiles et discretos A., Senonensem, et Lebertum, Aurelianensem decanos, tandem vero, inquisitione per dictum episcopum plenius facta secundum conscientiam ipsius, quoniam non volebat nec intendebat jus alienum aliquatenus usurpare et etiam per ipsos arbitros facta similiter inquisitione, tam per ipsum episcopum quam per ipsos arbitros recognitum fuit et declaratum jus patronatus ecclesie Suncampi esse monasterii Sancti Benedicti Floriacensis et id ipsum monasterium indubitanter pertinere. Cui rei ego Stephanus, Carnotensis archidiaconus, interfui et id ipsum indubitanter et firmiter approbavi. In cujus rei testimonium presens scriptum sigilli mei appositione feci communiri. Actum Carnotis, crastino Assumptionis beate Marie Virginis, anno Domini millesimo ducentesimo vicesimo secundo.

CCCXCIV
1223.

Gérard, seigneur de Prungel, ayant longtemps détenu injus-

tement au préjudice du prieuré de Saint-Benoit-du-Sault plusieurs serfs, les remet au dit prieuré sur les instances de son prévôt.

Copie du xvııı^e siècle d'après l'original jadis scellé. Archives nationales, S 6905, fol. 6 v°.

Universis praesentes litteras inspecturis, Gerardus, dominus de Pronge, salutem. Noverint universi quod cum ego in praejudicium ecclesiae Sancti Benedicti detinuissem diutius Blanchetum et Joannam ejus sororem, Trotat et Gofredum Pinet et eos qui Paneti dicuntur, tandem, ad instantiam praepositi Sancti Benedicti ipsos et haeredes eorum quitavi in perpetuum dicto praeposito et ecclesiae Sancti Benedicti ab omni quaerela et servitio jurantes, et hoc fide corporaliter praestita fideliter concessi, et ad majorem securitatem praesentem chartam fidei et sigilli mei munimine feci roborari. Actum anno Domini millesimo ducentesimo vigesimo tertio.

CCCXCV
1223, avril.

Philippe, évêque d'Orléans, notifie que Denis de Bougy, chevalier, et son fils ont cédé à l'abbé et au couvent de Saint-Benoit de Fleury la propriété d'une terre contestée.

C, n° 447, p. 246. — D, fol. 149 v°, d'après B, n° 482, fol. 114 bis.

Philippus, Dei gratia Aurelianensis episcopus, omnibus presentes litteras inspecturis salutem in Domino. Noverint universi quod Dionysius de Bogiaco, miles, et Adam filius ejusdem, terram illam de qua contentio vertebatur inter ipsos, ex una parte, et abbatem et conventum Sancti Benedicti Floriacensis, ex altera, quitaverunt et concesserunt predictis abbati et conventui Sancti Benedicti pacifice in perpetuum possidendam, fide corporali prestita, promittentes quod in predicta terra nil de cetero reclamabunt^a. In cujus rei memoriam et testimonium presentes litteras fieri et sigilli nostri munimine fecimus roborari. Actum anno Domini millesimo ducentesimo vicesimo tertio^b, mense aprili.

CCCXCV. — a. reclamarent D. — b. La date en chiffres arabes C.

CCCXCVI

[1223-1226.]

Louis VIII confirme à l'abbaye de Saint-Benoit-sur-Loire tous ses droits et priviléges.

Indiq. (sans date) : Inventaire des titres déposés aux archives du Châtelet d'Orléans, Archives nationales, R** 632, fol. 23'.

CCCXCVII

1224, janvier (n. st.)

Giraud, vicomte de Brosse, abandonne au prieuré de Saint-Benoit-du-Sault ses droits sur un certain Merchade et sur ses héritiers.

Copie du xviii° siècle d'après l'original scellé. Archives nationales, S 69 5, fol. 7.

Ego G[eraldus], vicecomes Bruciae, notum facio praesentibus et futuris quod ego quito Deo et Beato Benedicto Merchade et ejus haeredes praesentes et futuros et ejus teneuras ab omni servitio quod in eo petebam vel habere me dicebam, ita quod de caetero ego vel haeredes mei nihil pro commenda vel quolibet alio servitio in eo vel haeredibus suis possimus petere vel habere, et super hoc praesentes litteras sigillo nostro roboratas concedimus ecclesiae Beati Benedicti. Actum anno gratiae millesimo ducentesimo vigesimo tertio, mense januario.

CCCXCVIII

1224, janvier (n. st.).

Guy, officiel de Bourges, notifie l'échange conclu entre Henri de Sully, seigneur de Vierzon, et Gibaud, seigneur d'Autry, de tous les droits qu'ils possédaient à Châtillon-sur-Loire; Marie, femme d'Henri, et Pétronille, femme de Gibaud, y ajoutent leur consentement.

C, n° 617, p. 348. — D, fol. 320, d'après B, n° 678, fol. 161.

Universis presentes litteras inspecturis, magister Guido, curie Bituricensis officialis, salutem in Domino. Noveritis

www.ingramcontent.com/pod-product-compliance
Lightning Source LLC
Chambersburg PA
CBHW070754170426
43200CB00007B/777